안녕하세요

Ps Ai

포토샵 &
일러스트레이터
2022

안녕하세요
포토샵 & 일러스트레이터 2022

초판 1쇄 인쇄 | 2022년 5월 3일
초판 1쇄 발행 | 2022년 5월 10일

지 은 이 | 최혜린, 전혜원, 김시완
발 행 인 | 이상만
발 행 처 | 정보문화사

편 집 진 행 | 노미라

주   소 | 서울시 종로구 동숭길 113 (정보빌딩)
전   화 | (02)3673 - 0114
팩   스 | (02)3673 - 0260
등   록 | 1990년 2월 14일 1 - 1013호
홈 페 이 지 | www.infopub.co.kr

I S B N | 978-89-5674-917- 4

Adobe Photoshop & Illustrator 2022

안녕하세요

Ps Ai
포토샵 & 일러스트레이터 2022

최혜린, 전혜원, 김시완 지음

정보문화사
Information Publishing Group

포토샵과 일러스트레이터는 Adobe에서 출시한 대표 프로그램으로 이미지를 다룹니다. 포토샵으로 사진을 편집하고 재구성하여 완성도 높은 그래픽을 제작할 수 있습니다. 일러스트레이터는 드로잉과 로고, 인쇄물 또는 웹에 활용 가능한 그래픽 등 쓰임새가 많습니다. 포토샵과 일러스트레이터는 많은 기능이 있어 어렵게 느껴질 수 있으나, 활용도가 높은 핵심 기능만 알아두어도 원하는 작업을 충분히 할 수 있습니다.

포토샵과 일러스트레이터의 가장 큰 장점은 보편적으로 사용되는 그래픽 프로그램이라는 점입니다. 프로그램 활용법을 인터넷이나 유튜브에서도 쉽게 찾을 수 있어 새로운 기능을 언제든 익힐 수 있습니다. 또한, 포토샵과 일러스트레이터는 같은 Adobe의 프로그램으로 호환성이 높습니다. 일러스트레이터에서 작업한 이미지를 포토샵으로 불러오거나 포토샵에서 작업한 이미지를 영상 편집 프로그램인 프리미어나 애프터이펙트에서 활용할 수 있습니다.

이 책은 포토샵과 일러스트레이터를 처음 만나는 초심자라 하더라도 쉽게 시작할 수 있도록 내용을 구성했습니다. 프로그램을 이해하는 것부터 시작하여 실습 예제를 통해 그래픽 포스터, 카드뉴스, 배너 등 다양한 이미지를 제작할 수 있습니다. 또한, 책의 순서대로 포토샵을 먼저 시작하지 않고 일러스트레이터부터 학습해도 괜찮습니다. 이 책에서는 포토샵과 일러스트레이터 모두 영어 버전이 기준이지만 한글 버전 사용도 문제 없도록 영어와 한글을 함께 표기하였습니다.

이제 본격적으로 포토샵과 일러스트레이터를 배워보겠습니다.

포토샵 및 일러스트레이터의 주요 개념

포토샵과 일러스트레이터를 학습하기에 앞서 미리 알아두어야 하는 기본적인 개념 세 가지를 소개합니다.

픽셀과 해상도

픽셀은 작은 사각형으로, 비트맵 형식의 최소 단위입니다. 픽셀 여러 개가 모이면 하나의 이미지가 완성됩니다. 해상도는 단위 면적당 픽셀 수를 의미합니다. 포토샵과 일러스트레이터에서 주로 사용하는 단위는 PPI (Pixels Per Inch)로 1인치당 몇 개의 픽셀로 이루어져 있는지를 나타냅니다. PPI 값이 클수록 픽셀 수가 많아지기 때문에 이미지의 화질이 좋아지고 용량이 커집니다. 일반적으로 사진을 많이 다루는 포토샵에서는 72 PPI를 사용하며, 인쇄물 작업이 많은 일러스트레이터에서는 300 PPI를 사용합니다.

비트맵과 벡터

이미지는 크게 비트맵 형식과 벡터 형식으로 구분됩니다. 비트맵 형식은 여러 개의 픽셀이 모여서 하나의 이미지를 만듭니다. 픽셀 하나당 하나의 색상 값을 가지기 때문에 정확하고 매끄러운 이미지 표현이 가능합니다. 하지만 사각형 모양인 픽셀의 특성상 이미지를 확대할 시 깨짐 현상이 발생합니다. jpg, png, gif 등의 확장자명을 가진 이미지가 비트맵 형식이며 포토샵에서 주로 사용합니다. 반면, 벡터는 점과 선, 면의 좌표를 이용해 그리는 이미지입니다. 수학적 연산을 통해 만들어지는 이미지로, 이미지를 확대하거나 축소하더라도 깨짐 현상이 발생하지 않습니다. 하지만 정교한 이미지 표현이 어렵고 구현할 수 있는 색상이 제한적입니다. 로고, 캐릭터 등을 제작할 때 많이 사용하는 형식이며 일러스트레이터에서 주로 사용합니다.

색상 모드

일반적으로 색상 모드는 RGB와 CMYK로 나눕니다. RGB는 포토샵에서 기본적으로 사용하는 색상 모드로 빛의 삼원색인 Red(빨강), Green(초록), Blue(파랑)를 섞어 색상을 만듭니다. 색을 섞을수록 점점 밝아져 '가산 혼합'이라 부릅니다. 온라인에서 사용하는 이미지인 웹디자인, 카드뉴스 등에 주로 사용합니다. CMYK는 일반적으로 일러스트레이터에서 사용하는 색상 모드입니다. 원색인 Cyan(시안), Magenta(마젠타), Yellow(노랑), blacK(검정)을 섞어 색상을 만듭니다. 물감처럼 색을 섞을수록 점점 어두워지므로 '감산 혼합'이라 부릅니다. 출력이나 인쇄가 필요한 책, 엽서, 영화 포스터를 제작할 때 주로 사용합니다.

색상 모드는 포토샵 또는 일러스트레이터에서 새로운 파일을 만들 때 설정하며, 작업 중에는 [Image(이미지)] – [Mode(모드)] 에서 언제든지 변경할 수 있습니다.

포토샵 최신 기능

Adobe는 정기적으로 새로운 기능을 출시합니다. 작업 효율을 높이는 포토샵 최신 기능 두 가지를 소개합니다.

Automatic Selections on Hover

개체 선택 도구의 선택 기능이 향상되었습니다. 이미지 중 필요한 개체 위로 마우스를 가져가기만 하면 해당 개체를 선택할 수 있습니다. [Toolbar(도구 모음)]의 [Object Selection Tool(개체 선택 도구)]를 선택합니다.

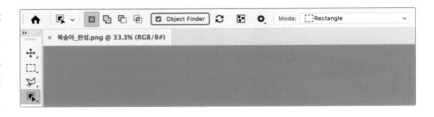

[Control Panel(제어판)]의 [Object Finder(개체 찾기 도구)]를 체크하면 개체 인식 과정이 진행됩니다. 그 후에 원하는 개체 위로 마우스를 가져가면 해당 개체가 파란색으로 표시되며 선택될 수 있는 상태임을 알려줍니다.

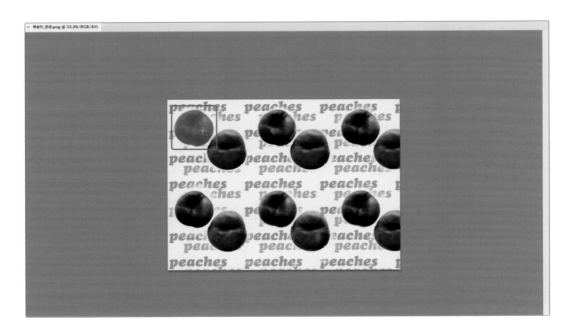

파란색으로 표시된 개체를 클릭하면 자동으로 선택됩니다. Shift를 누른 상태로 여러 개체를 클릭하면 동시에 선택할 수 있습니다.

Improved interoperability with Illustrator

일러스트레이터와 포토샵 간의 상호 작용 기능이 개선되었습니다. 레이어/벡터 모양, 패스 및 벡터 마스크가 포함된 Ai 파일을 포토샵에서도 간편하게 작업할 수 있습니다.

일러스트레이터에서 원하는 오브젝트를 복사한 뒤 포토샵에 붙여 넣으면 어떤 형식으로 붙여 넣을지 묻는 창이 나타납니다. 레이어 옵션을 선택하면 고급 개체, 픽셀, 패스 및 모양 레이어의 기존 옵션을 그대로 유지한 채로 포토샵에서 활용할 수 있습니다.

일러스트레이터 최신 기능

2021년 10월 업데이트된 일러스트레이터 버전 26.0의 새로운 기능 두 가지를 소개합니다.

3D and Materials

3D and Materials 기능으로 일러스트레이터에서 손쉽게 3D 오브젝트를 만들고 수정할 수 있습니다. [Window(윈도우)]-[3D and Materials(3D 및 재질)]에서 3D 오브젝트의 형태와 재질, 빛을 조절합니다. [Object(오브젝트)]의 [3D Type(3D유형)]을 선택한 후 3D의 경사와 회전 등 다양한 속성을 섬세하게 조정할 수 있습니다.

3D 오브젝트의 텍스처 또한 [Materials(재질)]에서 색상을 고르듯 쉽게 바꾸고 적용할 수 있습니다. Adobe Substance에서 기본으로 제공하는 재질을 활용하거나 직접 재질을 추가하여 사용 가능합니다.

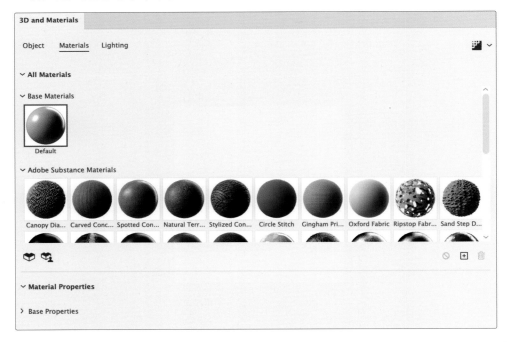

Select Same Text

기존의 [Select(선택)] – [Same(동일하게)]은 같은 속성을 지닌 오브젝트를 한 번에 선택하여 속성을 변경할 수 있는 기능이었습니다. 이제 텍스트도 일반 오브젝트처럼 선택할 수 있는 옵션이 확장되었습니다. [Font Family(글꼴 군)], [Font Size(글꼴 크기)], [Text Fill & Stroke Color(텍스트 채우기 및 선 색상)] 등 여러 가지 옵션 중 하나를 기준으로 텍스트를 선택이 가능합니다.

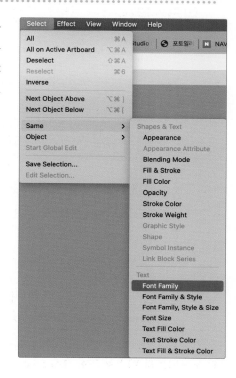

실습 안내

예제를 실습할 수 있도록 jpg, png 또는 psd, ai 파일을 제공합니다. 예제 파일은 정보문화사 홈페이지(infopub.co.kr) 자료실에서 다운로드 받을 수 있습니다.

예제 파일에 사용된 폰트

예제 실습 전 사용할 폰트를 미리 설치할 것을 권장합니다. 예제 파일이 psd나 ai로 제공되는 경우, 폰트를 미리 설치 해야 파일이 올바르게 실행됩니다.

포토샵

페이지	섹션명	폰트	다운로드 받는 곳
78	[Type Tool]로 텍스트 입력 후 서식 설정하기	Dolce Vita	https://www.dafont.com/dolce-vita.font
82	[Layer Style]로 텍스트 꾸미기	나눔스퀘어라운드	https://hangeul.naver.com/font
174	그래픽 포스터	NewYork	https://www.dafont.com/newyork.font
		A Abstract Groovy	https://www.dafont.com/a-abstract-groovy.font
		Bebas	https://www.dafont.com/bebas.font
183	카드뉴스	G마켓 산스	http://company.gmarket.co.kr/company/about/company/company--font.asp
193	감성적인 유튜브 섬네일	나눔명조	https://hangeul.naver.com/font
		Quentin	https://www.dafont.com/quentin-2.font

일러스트레이터

페이지	섹션명	폰트	다운로드 받는 곳
327	[Type Tool]로 텍스트 입력하기	Futura	https://fonts.adobe.com/fonts/futura-pt
363	[Clipping Mask]로 이미지 활용하기	godoMaum	https://design.nhn-commerce.com/custom/free-font.php
372	그래픽 포스터	Anton	https://fonts.google.com/specimen/Anton
382	명함	Aemstel	https://www.dafontfree.io/aemstel-font-family/
		본고딕	https://fonts.google.com/noto/specimen/Noto+Sans+KR
394	카드뉴스	더페이스샵 잉크립퀴드체	https://noonnu.cc/font_page/68
		나눔스퀘어	https://hangeul.naver.com/font

미리 배워보는 단축키

포토샵

분류	기능	Mac OS	Windows
파일	새 문서	Cmd + N	Ctrl + N
	열기	Cmd + O	Ctrl + O
	저장	Cmd + S	Ctrl + S
	다른 이름으로 저장	Cmd + Shift + S	Ctrl + Shift + S
	파일 닫기	Cmd + W	Ctrl + W
보기	확대	Cmd + +	Ctrl + +
	축소	Cmd + −	Ctrl + −
	눈금자	Cmd + R	Ctrl + R
	캔버스 원본 크기로 보기	Cmd + Opt + O	Ctrl + Alt + O
선택	모두 선택	Cmd + A	Ctrl + A
	선택 영역 해제하기	Cmd + D	Ctrl + D
	선택 영역 해제 전으로 돌아가기	Cmd + Shift + D	Ctrl + Shift + D
	선택 영역 반전	Cmd + Shift + I	Ctrl + Shift + I
도구	이동 도구	V	V
	사각형 선택 윤곽 도구 / 원형 선택 윤곽 도구	M	M
	올가미 도구	L	L
	자르기 도구	C	C
	스포이드 도구	I	I
	패치 도구	J	J
	도장 도구	S	S
	브러시 도구	B	B
	그레이디언트 도구 / 페인트 통 도구	G	G
	지우개 도구	E	E
	닷지/번/스폰지 도구	O	O
	패스 도구	P	P
	수평 문자 도구	T	T
	손 도구	H	H
	전경/배경 색상 전환	X	X
	브러시 크기 줄임	[	[
	브러시 더 크게	]	]

분류		기능	Mac OS	Windows
편집		복사	Cmd + C	Ctrl + C
		붙여넣기	Cmd + V	Ctrl + V
		자유 변형	Cmd + T	Ctrl + T
		실행 취소	Cmd + Z	Ctrl + Z
		다시 실행	Cmd + Shift + Z	Ctrl + Shift + Z
		잘라내기	Cmd + X	Ctrl + X
레이어		레이어 복사	Cmd + J	Ctrl + J
		레이어 새로 만들기	Cmd + Shift + N	Ctrl + Shift + N
		레이어 그룹 만들기	Cmd + G	Ctrl + G
		레이어 그룹 해제	Cmd + Shift + G	Ctrl + Shift + G
		레이어 병합	Cmd + E	Ctrl + E
색상		전경색으로 채우기	Opt + Del	Alt + Del
		배경색으로 채우기	Cmd + Del	Ctrl + Del
		색 레벨	Cmd + L	Ctrl + L
		곡선	Cmd + M	Ctrl + M
		색상 반전	Cmd + I	Ctrl + I

일러스트레이터

분류	기능	Mac OS	Windows
파일	새 문서	Cmd + N	Ctrl + N
	열기	Cmd + O	Ctrl + O
	저장	Cmd + S	Ctrl + S
	다른 이름으로 저장	Cmd + Shift + S	Ctrl + Shift + S
	파일 닫기	Cmd + W	Ctrl + W
보기	확대	Cmd + =	Ctrl + =
	축소	Cmd + -	Ctrl + -
선택	모두 선택	Cmd + A	Ctrl + A
	선택 취소	Shift + Cmd + A	Shift + Ctrl + A
	선택된 아트워크 그룹화	Cmd + G	Ctrl + G
	선택된 아트워크 그룹해제	Shift + Cmd + G	Shift + Ctrl + G
	선택 영역 잠그기	Cmd + 2	Ctrl + 2
	선택 영역 잠금 해제	Opt + Cmd + 2	Alt + Ctrl + 2
	선택 내용 숨기기	Cmd + 3	Ctrl + 3
	모든 선택 내용 표시	Opt + Cmd + 3	Alt + Ctrl + 3
	선택 내용을 앞으로 가져오기	Cmd +]	Ctrl +]
	선택 내용을 맨 앞으로 이동	Shift + Cmd +]	Shift + Ctrl +]
	선택 내용을 뒤로 보내기	Cmd + [	Ctrl + [
	선택 내용을 맨 뒤로 이동	Shift + Cmd + [	Shift + Ctrl + [

도구	아트보드 도구		Shift + O	Shift + O
	선택 도구		V	V
	직접 선택 도구		A	A
	자동 선택 도구		Y	Y
	펜 도구		P	P
	고정점 추가 도구		+	+
	고정점 삭제 도구		−	−
	사각형 도구		M	M
	원형 도구		L	L
	회전 도구		R	R
	그레이디언트 도구		G	G
	스포이드 도구		I	I
	손 도구		H	H
	돋보기 도구		Z	Z
아트워크 보기	[표준 화면 모드], [메뉴 막대가 있는 전체 화면 모드], [전체 화면 모드] 사이에서 화면 모드 전환		F	F
	100%로 확대		확대 도구 더블 클릭 또는 Cmd + 1	[돋보기] 도구 더블 클릭 또는 Ctrl + 1
	아트보드 눈금자 표시/숨기기		Cmd + R	Ctrl + R
편집	복사		Cmd + C	Ctrl + C
	붙여넣기		Cmd + V	Ctrl + V
	실행 취소		Cmd + Z	Ctrl + Z
	다시 실행		Cmd + Shift + Z	Ctrl + Shift + Z
	잘라내기		Cmd + X	Ctrl + X

Mac OS : Opt + Shift + Cmd + K

Windows : Alt + Shift + Ctrl + K

키보드 단축키(Keyboard Shortcuts)에서 직접 키보드 단축키를 수정하고 저장하여 사용할 수 있습니다.

포토샵

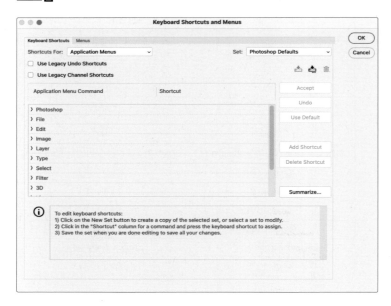

일러스트레이터

Adobe Creative Cloud 설치하기

포토샵과 일러스트레이터 설치에 앞서 Adobe Creative Cloud를 설치해야 합니다. Creative Cloud는 Adobe의
모든 프로그램을 구독하여 사용하고 관리할 수 있는 Adobe의 클라우드 서비스입니다.

01 Adobe 사이트(https://www.adobe.
com/kr)에 접속합니다. 사이트 상단의
[Creative Cloud 소개]를 클릭합니다.

02 상단의 [구매하기]를 클릭합니다.

03 Adobe에서 구매할 수 있는 모든 프로그램이 나와있습니다. Adobe는 단일 앱 외에도 다양한 패키지를 제공하므
로, 필요에 맞게 구매하여 사용할 수 있습니다. 먼저 Photoshop의 [구매하기]를 클릭합니다.

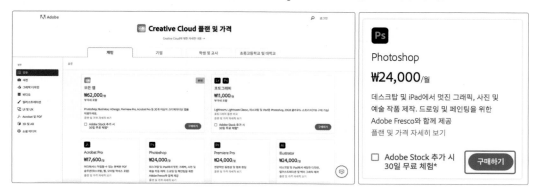

04 Adobe 프로그램에서 사용할 계정 이메일을 입력한 후 [결제 진행]을 클릭합니다. 신규 사용자는 구매 후 암호를 설정할 수 있습니다.

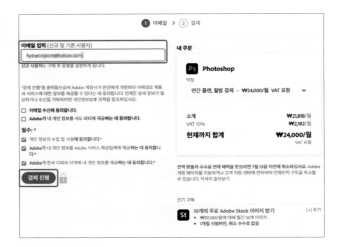

05 결제 방법을 추가한 후 [주문하기]를 클릭하여 결제를 진행합니다.

06 주문이 완료되었습니다. 안내 순서에 따라 Adobe Creative Cloud를 설치합니다.

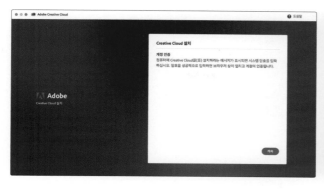

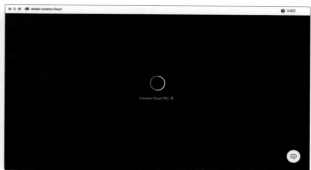

07 설치가 완료되었습니다.
이후 일러스트레이터도 같은
방법으로 구매합니다.

포토샵/일러스트레이터 설치하기

Adobe Creative Cloud를 실행하고 포토샵과 일러스트레이터를 설치합니다.

01 포토샵과 일러스트레이터를 구매했다면 설치한 Adobe Creative Cloud를 실행합니다. [All Apps] – [Available in your plan]에서 Photoshop/Illustrator의 [Install]을 클릭합니다.

02 설치가 완료될 때까지 기다립니다.

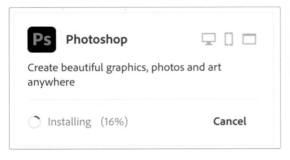

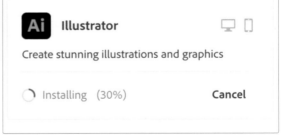

03 Photoshop/Illustrator 설치가 완료되었습니다. [Open]을 눌러 Photoshop/Illustrator를 실행합니다.

04 Adobe Photoshop 2022와 Illustrator2022 설치가 완료되었습니다.

차례

Adobe Photoshop 2022

01 포토샵 시작하기

02 짧게 배워 길게 써먹는 포토샵 핵심 기능

Adobe Illustrator 2022

Adobe Photoshop 2022

Adobe Photoshop 2022

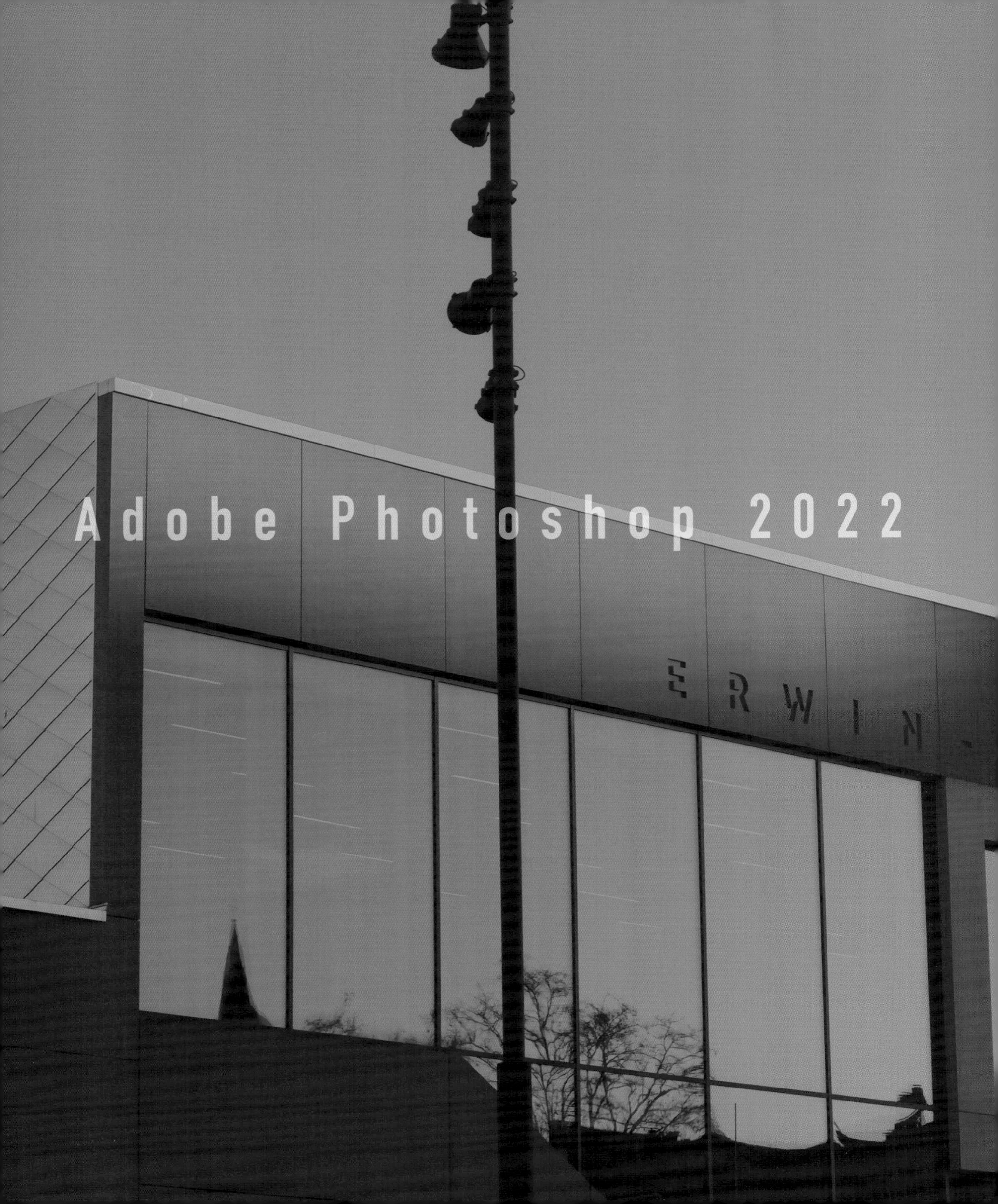

PART
01

포토샵 시작하기

01 파일 생성하기

포토샵 작업을 시작하기 위해 새로운 파일을 생성합니다.

01 포토샵을 실행하면 가장 먼저 [Home(홈)]이 나타납니다.

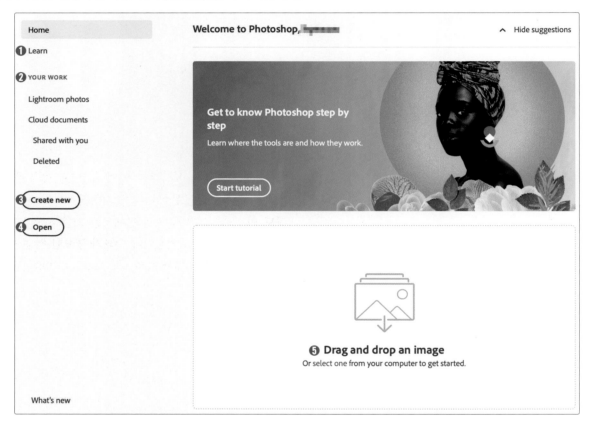

❶ Learn: 포토샵을 시작하는 데 도움이 되는 학습 기능을 제공합니다.

❷ Your Work: 라이트룸 혹은 클라우드에 있는 파일을 포토샵으로 가져옵니다.

❸ Create new: 포토샵 작업을 위한 새로운 파일을 생성할 수 있습니다. 일반적으로 포토샵을 시작할 때 가장 많이 사용하는 기능입니다.

❹ Open: 포토샵으로 편집한 기존 이미지 혹은 파일을 불러올 수 있습니다.

❺ Drag and drop an image: 컴퓨터 파일에서 드래그 앤 드롭으로 간편하게 이미지를 불러올 수 있습니다.

02 [Create new]를 클릭하여 새로운 파일을 생성합니다. [New Document(새로 만들기 문서)] 창에서 파일의 사전 설정을 변경할 수 있으며, 일반적으로 많이 사용하는 템플릿 중 하나를 선택하여 사용할 수도 있습니다.

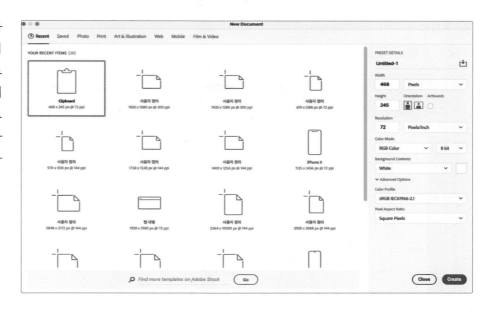

03 단위를 [Pixels(픽셀)]로 설정한 후 [Width(폭)]를 1920, [Height(높이)]를 1080으로 변경합니다.

04 [Resolution(해상도)]은 파일의 해상도를 의미합니다. 해상도의 숫자가 높을수록 이미지가 선명하며, 파일의 용량도 커집니다. 일반적으로 웹에서는 72를 사용하며, 고화질이 필요한 웹 작업물이나 인쇄가 필요한 작업물에는 300을 사용합니다. [Resolution]을 300으로 변경합니다.

05 새로운 파일이 생성되었습니다.

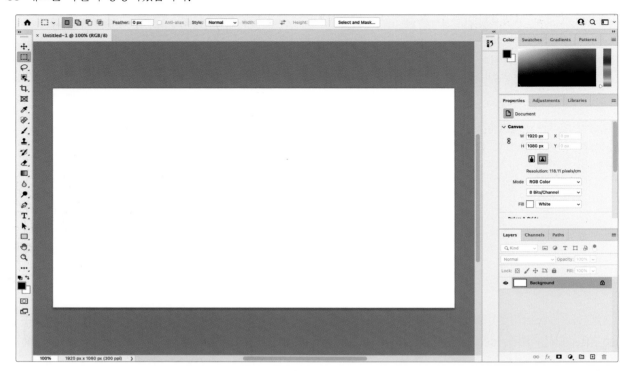

02 저장하기

그래픽 툴의 특성상 편집 도중 프로그램이 종료되어 작업물이 날라가는 경우가 있습니다. 파일을 생성했다면 반드시 포토샵 파일을 저장하고, 이후에도 수시로 저장을 업데이트하며 관리하는 것이 중요합니다.

01 [File(파일)] – [Save As(다른 이름으로 저장)]를 클릭합니다.

02 파일을 저장할 장치를 선택합니다. 편의에 따라 [Cloud documents(클라우드 문서)] 혹은 [On your computer(내 컴퓨터에서)]를 선택합니다. 저장 옵션은 언제든지 변경할 수 있으며, 해당 화면을 다시 표시하지 않으려면 [Don't show again(다시 표시 안 함)]을 체크합니다.

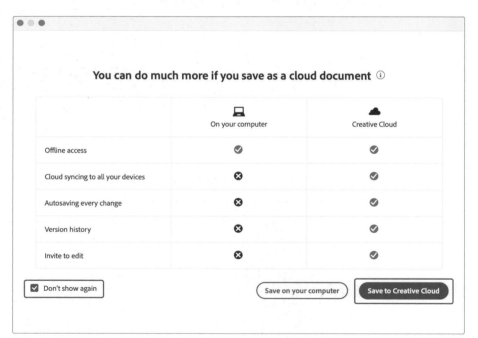

03 [Format(형식)]에서 저장
형식을 선택할 수 있습니다.
포토샵 파일을 저장하기 위
해 [Format]은 Photoshop으
로 지정합니다.

TIP

포토샵 파일의 확장자

기본적으로 컴퓨터 소프트웨어는 파일 확장자를 가지고 있습니다. 예를 들어 한글은 'hwp', 파워포인트는 'pptx', 엑셀은 'xlsx'라고 부릅니다. 포토샵 파일의 확장자명은 'psd'입니다.

04 [Save As]의 파일 이름
을 '연습하기'로 변경하고,
파일 저장 위치를 설정한 후
[Save(저장)]를 눌러 파일을
저장합니다.

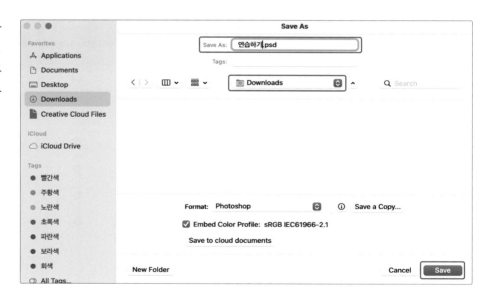

05 포토샵 파일이 저장되었습니다.

06 작업 영역으로 돌아오면 'Untitled-1.psd'이었던 파일명이 '연습하기.psd'로 변경된 것을 확인할 수 있습니다. 변경 사항이 생길 때마다 [File] – [Save] 혹은 Cmd/Ctrl + S를 눌러 수시로 저장하며 작업을 진행합니다.

03 이미지 저장하고 내보내기

포토샵으로 작업한 파일을 이미지로 내보내는 방법은 여러 가지입니다. 가장 많이 쓰는 [Save As]와 [Export]를 이용해 이미지를 저장하고 추출해봅니다.

01 [Save As]

01 [File(파일)]-[Save As(다른 이름으로 저장)]를 클릭합니다.

02 [Format(형식)]을 JPEG로 선택하고, 파일명을 변경한 후 [Save(저장)]를 누릅니다.

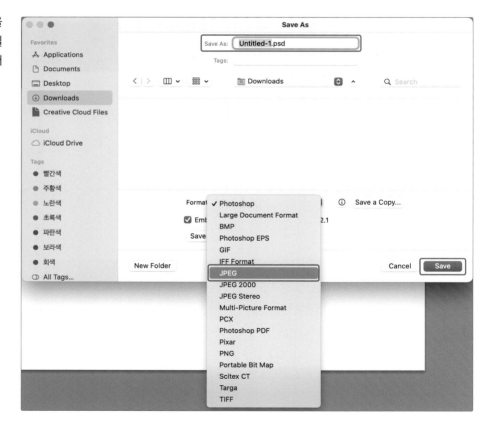

03 [JPEG Options(JPEG 옵션)]를 조정합니다. [Quality(품질)]가 높을수록 이미지 화질이 좋으며 용량이 커집니다. [Format Options(형식 옵션)]는 가장 많이 활용하는 [Baseline ("Standard") (기본 ("표준"))]을 선택합니다. [OK(확인)]를 눌러 파일 저장을 완료합니다.

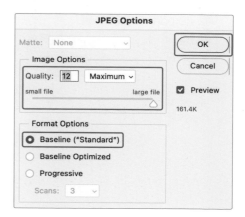

04 저장한 위치에서 파일을 확인합니다.

02 [Export]

01 [File]-[Export(내보내기)] - [Export As(내보내기 형식)]를 클릭합니다.

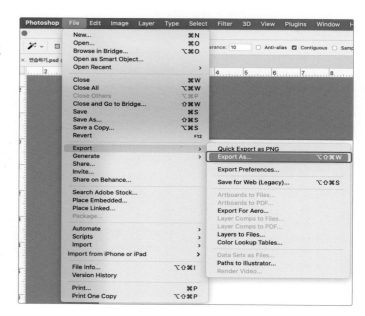

02 [Export As] 창이 열
립니다.

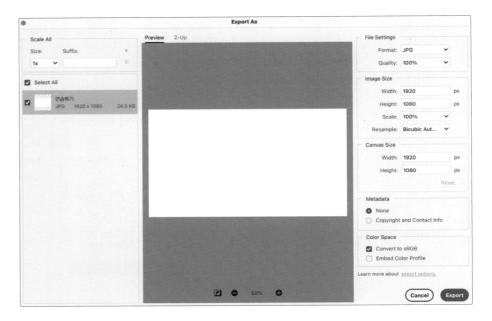

03 [File Settings(파일 설정)]에서 [Format]을 JPG로 변경합니다. 만약 이미지 크
기를 변경하여 저장하고 싶다면 [Width(폭)]와 [Height(높이)]를 조절합니다. 모든 설
정 변경을 완료한 후 [Export]를 클릭합니다.

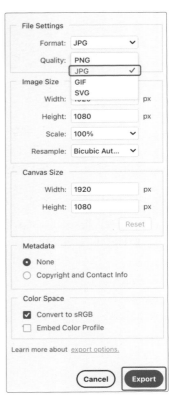

04 파일명을 변경하고 저장 위치를 설정합니다. [Save]를 누르면 파일 저장이 완
료됩니다.

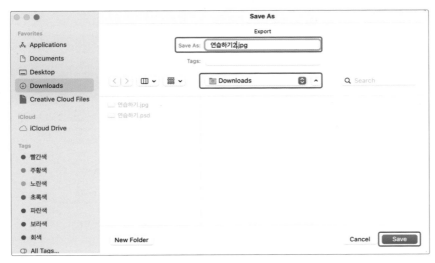

04 패널 이해하기

패널의 역할과 구성 요소를 차근 차근 살펴보고 작업 도구를 이해합니다.

01 포토샵에서 새로운 파일을 하나 생성하면 다음과 같은 화면이 나타납니다.

❶ [Tools(도구)] 패널
❷ 옵션 바
❸ 보조 패널
❹ 작업 영역

02 [Tools] 패널

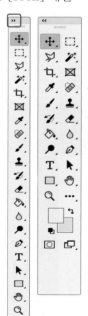

01 작업에 사용하는 모든 도구를 담고 있습니다. 이 도구를 활용하여 다양한 기능을 실행할 수 있습니다. ▶▶을 클릭하여 패널을 2열로 확장하거나 1열로 축소할 수 있으며, ⬚⬚⬚⬚ 를 클릭한 채 드래그 하면 패널의 위치를 이동할 수 있습니다.

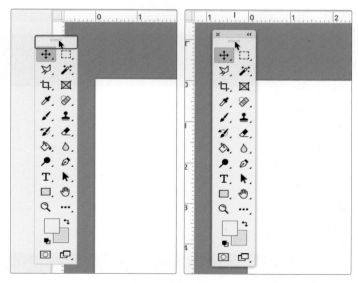

02 🖱️를 클릭하여 화
면 모드를 기본 화면에
서 전체 화면으로 전환
할 수 있습니다.

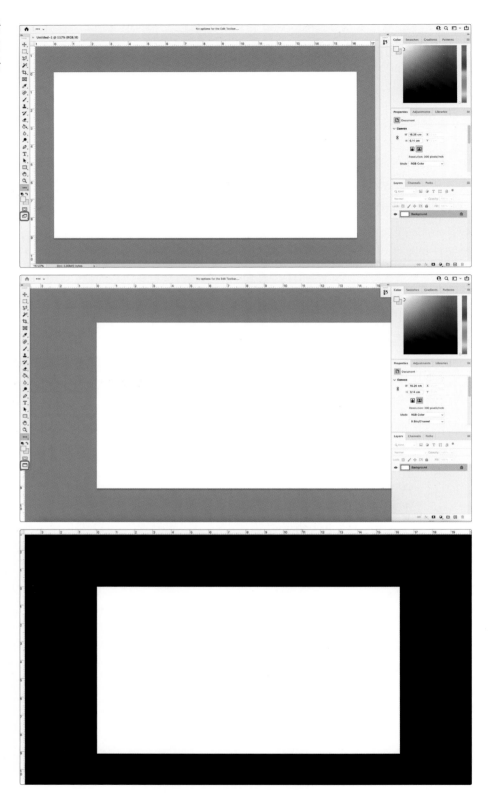

03 도구 아이콘을 길게 누르거나 마우스 오른쪽 버튼을 누르면 숨겨
진 도구를 선택할 수 있습니다.

	아이콘	도구명	설명	단축키
1		Move Tool(이동 도구)	선택한 레이어나 가이드라인, 선택 영역의 이미지를 이동합니다.	V
		Artboard Tool(대지 도구)	여러 캔버스를 만들고 캔버스의 크기를 조절하거나 이동합니다.	V
2		Rectangular Marquee Tool(사각형 선택 윤곽 도구)	사각형 선택 영역을 만듭니다.	M
		Elliptical Marquee Tool(원형 선택 윤곽 도구)	원형 선택 영역을 만듭니다.	M
		Single Row Marquee Tool(단일 행 선택 윤곽 도구)	가로 캔버스 크기, 세로 1픽셀 크기의 단일 행 선택 영역을 만듭니다.	
		Single Column Marquee Tool(단일 열 선택 윤곽 도구)	가로 1픽셀 크기, 세로 캔버스 크기의 단일 열 선택 영역을 만듭니다.	
3		Lasso Tool(올가미 도구)	불규칙한 자유 형태의 선택 영역을 만듭니다.	L
		Polygonal Lasso Tool(다각형 올가미 도구)	다각형 선택 영역을 만듭니다.	L
		Magnetic Lasso Tool(자석 올가미 도구)	색상 차이가 있는 경계를 구분하여 선택 영역을 만듭니다.	L
4		Object Selection Tool(개체 선택 도구)	특정 영역 안에서 개체를 찾아 자동으로 선택합니다.	W
		Quick Selection Tool(빠른 선택 도구)	브러시를 사용하여 드래그하는 부분을 빠르게 선택 영역으로 선택합니다.	W
		Magic Wand Tool(자동 선택 도구)	유사한 색상 영역을 한번에 선택합니다.	W
5		Crop Tool(자르기 도구)	이미지를 잘라냅니다.	C
		Perspective Crop Tool(원근 자르기 도구)	원근을 변형하여 이미지를 잘라냅니다.	C
		Slice Tool(분할 영역 도구)	이미지를 여러 조각으로 분할합니다.	C
		Slice Select Tool(분할 영역 선택 도구)	분할 영역을 선택하고 편집합니다.	C
6		Frame Tool(프레임 도구)	프레임 마스크를 만들어 이미지를 프레임 마스크 모양에 맞게 잘라낼 수 있습니다.	K
7		Eyedropper Tool(스포이드 도구)	클릭하는 지점의 색상을 추출합니다.	I
		3D Material Eyedropper Tool (3D 재질 스포이드 도구)	3D 오브젝트에 적용된 재질을 추출합니다.	I
		Color Sampler Tool(컬러 샘플러 도구)	클릭하는 지점의 최대 4개 영역 색상 값을 표시합니다. Info 패널에서 확인할 수 있습니다.	I
		Ruler Tool(측정 도구)	거리, 위치 및 각도를 측정합니다.	I
		Note Tool(메모 도구)	메모를 입력합니다.	I
		Count Tool(카운트 도구)	이미지에 있는 개체를 카운트합니다.	I

8		Spot Healing Brush Tool(스팟 복구 브러시 도구)	반점이나 개체 등 사진의 결점을 쉽게 제거합니다.	J
		Healing Brush Tool(복구 브러시 도구)	복사한 부분의 이미지와 색을 복제 및 혼합하여 결함을 복구합니다.	J
		Patch Tool(패치 도구)	선택한 영역에 있는 결함을 샘플이나 패턴을 사용하여 복구합니다.	J
		Content-Aware Move Tool(내용 인식 이동 도구)	선택 영역의 이미지를 이동하여 자연스럽게 합성합니다.	J
		Red Eye Tool(적목 현상 도구)	플래시로 인해 발생하는 빨간색 반사를 제거합니다.	J
9		Brush Tool(브러시 도구)	브러시의 획을 그립니다.	B
		Pencil Tool(연필 도구)	가장자리가 선명한 획을 그립니다.	B
		Color Replacement Tool(색상 대체 도구)	선택된 색상을 새 색상으로 대체합니다.	B
		Mixer Brush Tool(혼합 브러시 도구)	캔버스의 색상 혼합 및 페인트 젖은 정보 변화와 같은 사실적인 페인팅 기법을 시뮬레이션합니다.	B
10		Clone Stamp Tool(복제 도장 도구)	이미지 특정 부분을 복제합니다.	S
		Pattern Stamp Tool(패턴 도장 도구)	이미지 특정 부분에 패턴을 칠합니다.	S
11		History Brush Tool(작업 내역 브러시 도구)	손상된 이미지를 초기 상태로 복원합니다.	Y
		Art History Brush Tool(미술 작업 내역 브러시 도구)	손상된 이미지를 초기 상태로 복원하면서 미술 효과를 적용합니다.	Y
12		Eraser Tool(지우개 도구)	이미지의 특정 부분을 지웁니다.	E
		Background Eraser Tool(자동 지우개 도구)	배경을 쉽게 지웁니다.	E
		Magic Eraser Tool(자동 지우개 도구)	선택한 지점과 비슷한 색상의 영역이 투명하게 지워집니다.	E
13		Gradient Tool(그레이디언트 도구)	직선, 방사형, 각도, 반사 및 다이아몬드 패턴으로 색상을 혼합하여 2개 이상의 색상이 자연스럽게 섞이는 효과를 만듭니다.	G
		Paint Bucket Tool(페인트 통 도구)	특정 색상이나 패턴을 칠합니다.	G
		3D Material Drop Tool(3D 재질 놓기 도구)	3D 오브젝트에 재질을 적용합니다.	G
14		Blur Tool(흐림 효과 도구)	이미지의 선명한 가장자리를 흐리게 합니다.	
		Sharpen Tool(선명 효과 도구)	이미지의 흐린 가장자리를 선명하게 합니다.	
		Smudge Tool(손가락 도구)	이미지의 데이터에 문지르기 효과를 만들어 부드럽게 만듭니다.	
15		Dodge Tool(닷지 도구)	이미지의 영역을 밝게 합니다.	O
		Burn Tool(번 도구)	이미지의 영역을 어둡게 합니다.	O
		Sponge Tool(스폰지 도구)	영역의 색상 채도를 변경합니다.	O
16		Pen Tool(펜 도구)	가장자리가 매끄러운 패스를 그릴 수 있습니다.	P
		Freeform Pen Tool(자유 형태 펜 도구)	기준점을 만들어 자유롭게 패스를 그립니다.	P
		Curvature Pen Tool(곡률 펜 도구)	드래그로 자유 곡선을 만들어 패스를 편리하게 그릴 수 있습니다.	P
		Add Anchor TIP Tool(기준점 추가 도구)	이미 그린 패스에 기준점을 추가합니다.	
		Delete Anchor TIP Tool(기준점 삭제 도구)	패스의 기준점을 제거합니다.	
		Convert TIP Tool(기준점 변환 도구)	패스 기준점을 변환하여 직선을 곡선으로, 곡선을 직선으로 만듭니다.	

17	T	Horizontal Type Tool(수평 문자 도구)	텍스트를 가로 방향으로 입력합니다.	T
	↓T	Vertical Type Tool(세로 문자 도구)	텍스트를 세로 방향으로 입력합니다.	T
	↓T	Horizontal Type Mask Tool(수평 문자 마스크 도구)	가로 방향으로 텍스트를 입력한 후 선택 영역으로 지정합니다.	T
	T	Vertical Type Mask Tool(세로 문자 마스크 도구)	세로 방향으로 텍스트를 입력한 후 선택 영역으로 지정합니다.	T
18	▶	Path Selection Tool(패스 선택 도구)	기준점, 방향선 및 방향점이 표시된 모양이나 선분 선택 영역을 만듭니다.	A
	▷	Direct Selection Tool(직접 선택 도구)	기준점을 선택하여 패스를 수정합니다.	A
19	□	Rectangle Tool(사각형 도구)	사각형을 만듭니다.	U
	○	Ellipse Tool(타원 도구)	타원을 만듭니다.	U
	△	Triangle Tool(삼각형 도구)	삼각형을 만듭니다.	U
	⬡	Polygon Tool(다각형 도구)	다각형을 만듭니다.	U
	/	Line Tool(선 도구)	직선을 그립니다.	U
	☆	Custom Shape Tool(사용자 정의 모양 도구)	사용자 정의 모양 목록에서 선택하여 다양한 모양을 만듭니다.	U
20	✋	Hand Tool(손 도구)	작업 영역 안에서 이미지를 이동시킵니다.	H
	✋	Rotate View Tool(회전 보기 도구)	작업 중인 캔버스를 회전합니다.	R
	🔍	Zoom Tool(돋보기 도구)	이미지 보기를 확대하고 축소합니다.	Z

03 옵션 바는 [Tools] 패널에서 선택한 도구의 옵션을 설정할 수 있습니다. 예를 들어 [Brush Tool(브러시 도구)]의 경우 [Size(크기)], [Hardness(경도)], [Blend Mode(혼합 모드)]를 설정할 수 있습니다.

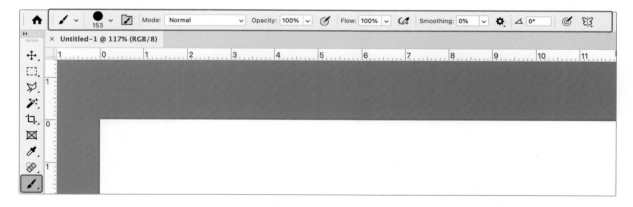

04 보조 패널은 [Tools] 패널의 도구와 함께 작업에 사용하는 보조 패널로 상단 [Window(창)]에서 목록을 확인할 수 있습니다. 필요에 따라 선택하여 패널에 표시합니다.

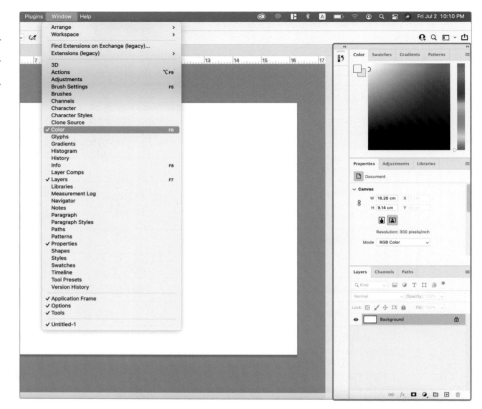

01 ▶▶을 클릭하면 패널을 아이콘으로 축소할 수 있으며, ☰를 클릭하면 패널의 숨겨진 메뉴가 나타납니다.

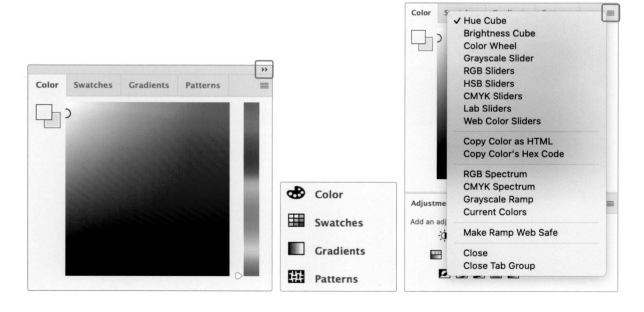

02 패널 이름이 적힌 탭을 드래그하여 패널을 이동시킬 수 있습니다.

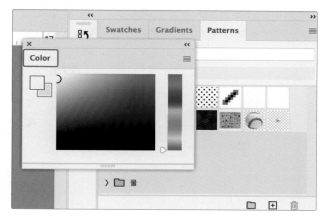

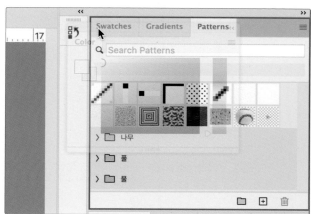

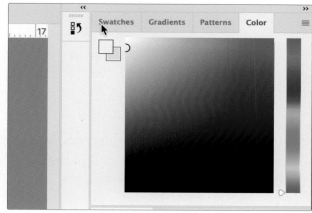

03 보편적으로 많이 사용하는 보조 패널은 [Character(문자)], [Character Styles(문자 스타일)], [Color(색상)], [History(작업 내역)], [Layers(레이어)], [Navigator(내비게이터)], [Paragraph Styles(단락 스타일)], [Swatches(색상 견본)], [Properties(속성)] 패널입니다.

· [Character]: [Type Tool]로 입력한 텍스트의 종류, 크기, 자간, 행간, 색상 등 서식을 설정하는 패널입니다.

· [Color]: 색상을 설정하는 패널입니다. 작업 중인 파일의 색상 모드와 상관없이 원하는 색상 모델의 슬라이더나 스펙트럼으로 색상을 설정할 수 있습니다.

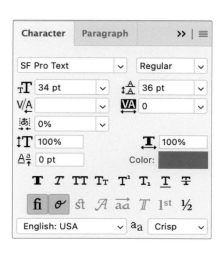

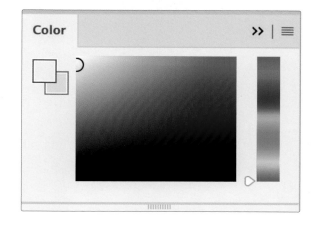

• [History]: 실행한 작업 내역을 기록하는 패널입니다. 작업 내역을 확인하고 해당 단계로 돌아갈 수 있어 포토샵 작업에서 필수로 사용합니다.

• [Layers]: 레이어를 관리하는 패널입니다. 레이어는 포토샵에서 가장 기본적인 요소로 마찬가지로 필수로 사용합니다. 레이어의 더 자세한 내용은 Part 02 – Chapter 03 레이어(p. 70)를 참고합니다.

• [Navigator]: 작업 중인 파일의 이미지를 확인하고 화면을 확대 및 축소, 이동해볼 수 있는 패널입니다. 빨간색 사각형 안의 이미지가 현재 화면에 나타나고 있는 이미지입니다.

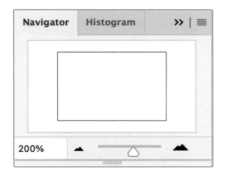

• [Paragraph Styles]: [Type Tool]로 입력한 텍스트의 문단 서식을 설정하는 패널입니다. 정렬이나 들여쓰기, 간격 등을 설정할 수 있습니다.

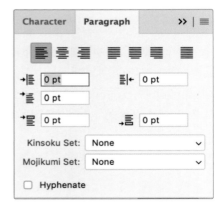

• [Swatches]: 자주 사용하는 색상을 등록하는 패널입니다. 색상을 프리셋으로 등록하여 한번에 확인하거나, 이미 만들어둔 프리셋을 불러올 수 있습니다.

• [Properties]: 파일의 속성을 빠르게 수정할 수 있는 패널입니다. [Color Mode(색상 모드)], [Rulers & Grids(눈금자 및 안내선)], [Guides(안내선)], [Image Size(이미지 크기)] 등을 클릭 한번으로 간편하게 적용할 수 있습니다.

05 작업 영역은 파일을 생성하거나 불러올 때 사용하는 공간입니다. 파일명이 적힌 탭을 드래그하여 분리할 수 있습니다.

05 눈금자 및 안내선 살펴보기

안내선과 격자는 이미지의 수직과 수평을 맞추고 위치를 조절하는 데 도움이 됩니다. 안내선을 생성하여 이동하고 제거할 수 있으며, 정확한 위치에 고정할 수도 있습니다. 작업 중에 사용했던 안내선은 이미지를 추출했을 때 나타나지 않습니다.

01 이미지 파일을 실행하고 [Window(창)] – [Properties(속성)] 패널을 표시합니다.

02 [Rulers & Grids(눈금자 및 안내선)]에서 눈금자와 안내선을 선택하면 작업 영역에 눈금자, 안내선이 나타납니다.

03 눈금자를 클릭한 후 이미지 방향으로 드래그하여 안내선을 생성합니다. 수평 안내선을 생성하고 싶다면 가로 눈금자에서, 수직 안내선을 생성하고 싶다면 세로 눈금자에서 안내선을 드래그하면 됩니다.

TIP

일정한 간격으로 안내선 생성하기

[View(보기)]-[New Guide Layout(새 안내선 레이아웃)]을 클릭합니다. [Columns(열)]의 [Number(번호)]에 원하는 Column 수를 입력합니다. [OK(확인)]를 누르면 사이즈에 맞게 자동으로 안내선이 생성됩니다.

---

04 [Properties] − [Guides(안내선)]에서 ▦를 선택하면 생성한 모든 안내선이 고정됩니다. 한번 더 클릭하면 고정된 안내선의 잠금이 해제됩니다.

05 이미지 위의 안내선을 다시 눈금자로 드래그하면 안내선이 삭제됩니다.

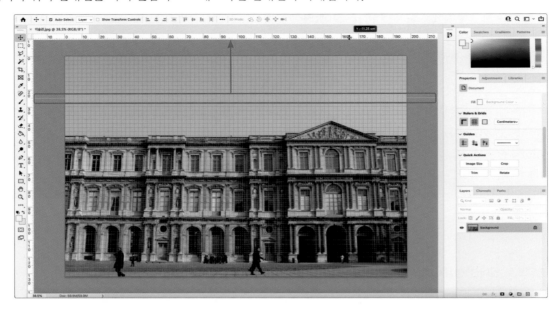

TIP

눈금자, 격자, 안내선 설정 변경하기

[Photoshop] – [Preferences(환경 설정)] – [Units & Rulers(단위와 눈금자)]를 클릭합니다. [Column Size(단 크기)]에서 격자의 단위를 조절할 수 있습니다. [Guides, Grids & Slices(안내선, 격자 및 분할 영역)]에서는 안내선의 종류나 색을 변경할 수 있습니다.

06 작업 영역의 색상 테마 변경하기

포토샵은 작업하는 사용자의 선호도를 고려하여 다양한 색상 테마를 제공합니다. 밝은 색상 테마로 변경하는 방법을 알아봅니다.

01 포토샵을 실행한 후 상단의 [Photoshop(포토샵)] - [Preferences(환경 설정)] - [Interface(인터페이스)]를 선택합니다.

02 [Appearance(모양)] - [Color Theme(색상 테마)]에서 검은색, 진한 회색, 중간 회색, 밝은 회색 중 하나를 선택하여 [Interface] 색상을 변경할 수 있습니다. 밝은 회색을 클릭한 후 [OK(확인)]를 클릭합니다.

03 [Interface] 색상이 검은색에서 밝은 회색으로 변경되었습니다.

Adobe Photoshop 2022

PART

02

짧게 배워 길게 써먹는
포토샵 핵심 기능

01

이미지 변형하기

포토샵에서 이미지의 크기를 다양한 방법으로 조절하는 것은 물론, 이미지를 자르거나 수평 수직을 맞춰 간단하게 이미지를 조정할 수 있습니다. [Image Size]와 [Canvas Size]를 변경하고 [Crop Tool], [Straighten]을 통해 이미지를 변형해봅니다.

01 이미지 불러오기 및 화면 크기 조절하기

새로운 이미지를 열어 포토샵 파일을 만들고 작업이 수월하도록 화면의 크기를 조절해봅니다.

예제 파일 바다.jpg

01 포토샵 프로그램을 실행합니다. [Open(열기)]을 클릭합니다.

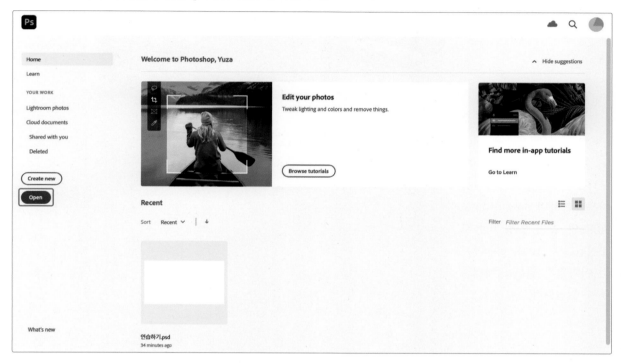

02 바다.jpg 파일을 선택하여 [Open]을 누릅니다.

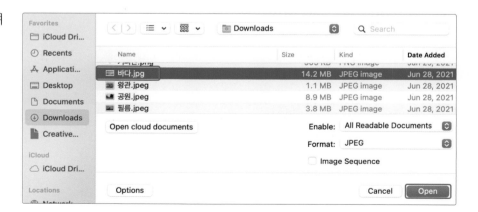

03 이미지 파일을 열면 이
미지 이름으로 포토샵 파일
이 생성됩니다. 바다.jpg 포
토샵 파일이 열린 것을 확인
합니다.

04 [Zoom Tool(돋보기 도
구)]을 선택하고 이미지를
더블클릭하면 50%, 100%,
300%와 같이 일정 비율로
조정됩니다. 100% 비율에서
는 이미지의 원본 크기대로
볼 수 있습니다.

05 [Hand Tool(손 도구)]을 선택하고 이미지를 선택하여 드래그하면 화면을 이동시킬 수 있습니다. 작업 영역의 스크롤바나 노트북의 트랙패드, 마우스를 통해서도 화면 이동이 가능합니다.

06 옵션 바 [100%], [Fit Screen(화면 맞추기)], [Fill Screen(화면 채우기)] 버튼을 누르면 각 버튼의 이름에 알맞게 화면의 크기와 비율이 자동으로 조절됩니다.

02 [Image Size] 변경하기

[Image Size] 창을 통해 이미지 사이즈를 직접 변경하는 방법을 학습합니다.

예제 파일 바다.jpg

01 바다.jpg 파일을 실행합니다.

02 상단 메뉴에서 [Image(이미지)] – [Image Size(이미지 크기)]를 선택합니다.

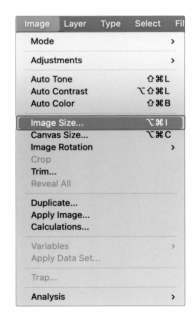

03 [Image Size] 창에는 이미지 크기에 대한 정보가 나타납니다. 현재 이미지의 크기는 6000px×4000px입니다.

04 [Width(폭)]과 [Height(높이)]의 단위를 [Centimeters(센티미터)]에서 [Pixels(픽셀)]로 변경합니다.

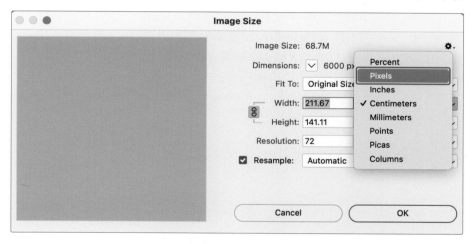

05 폭을 1000px로 변경하면 비율에 맞춰 높이도 변경됩니다. 만약 높이가 제대로 변경되지 않는다면 폭과 높이의 좌측에 있는 🔗이 활성화되어 있는지 다시 한번 확인합니다. 🔗은 폭과 높이의 비율이 유지되도록 연결하는 기능입니다. 폭과 높이 설정을 마치면 [OK(확인)]를 누릅니다.

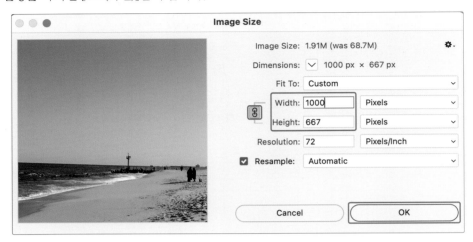

06 이미지가 작게 줄어든 것을 확인할 수 있습니다. 작업에 불편함이 없도록 Cmd/Ctrl + ⊕를 누르거나 [Zoom Tool(돋보기 도구)], [Hand Tool(손 도구)]을 이용해 화면을 확대합니다.

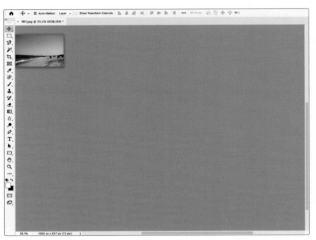

03 [Canvas Size] 변경하기

[Canvas]는 이미지를 편집할 수 있는 영역을 의미합니다. 이미지가 있는 [Canvas]의 크기를 늘리면 여백이 생기고 [Canvas]의 크기를 줄이면 이미지의 일부가 잘립니다. 크기를 조절하며 [Canvas]의 속성을 이해합니다.

예제 파일 산.jpg   완성 파일 산_완성.png, 산_완성.psd

01 포토샵을 실행하고 [Create new(새로 만들기)]를 누릅니다.

02 [New Document(새로 만들기 문서)] 창에서 [Photo(사진)] – [Default Photoshop Size(기본 Photoshop 크기)]를 선택합니다. 제목을 설정한 후 [Create(만들기)]를 누릅니다.

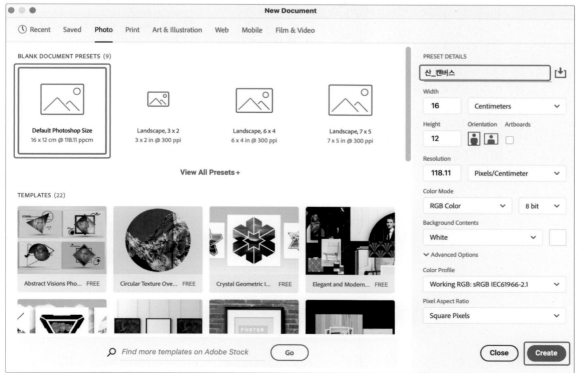

03 포토샵 파일에 새 캔버스를 생성합니다.

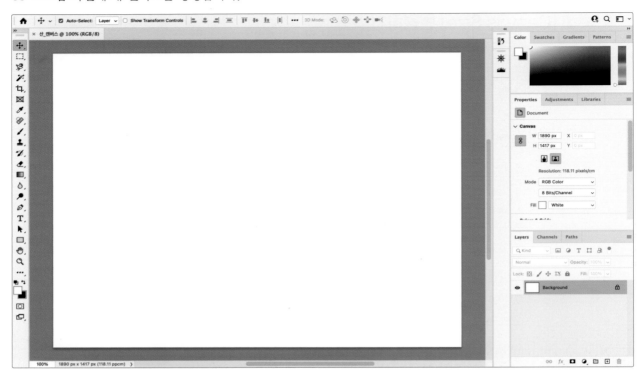

04 [File(파일)] – [Place Embedded(포함 가져오기)]를 누릅니다.

05 산.jpg 파일을 선택하고 [Place(가져오기)]를 누릅니다.

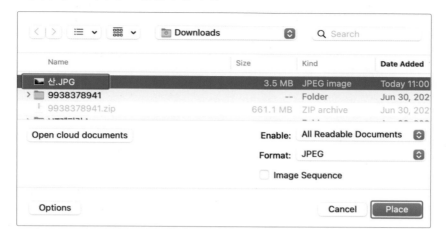

06 캔버스에 가져온 이미지를 확인하고 상단의 체크 아이콘을 선택하거나 Enter 를 누르면 이미지가 포함됩니다.

07 [Image(이미지)] – [Canvas Size(캔버스 크기)]를 선택합니다.

08 [Canvas Size] 창이 나타나면 캔버스의 [Current Size(현재 크기)]를 확인할 수 있습니다. [New Size(새로운 크기)]에서 폭과 높이의 값을 각각 1000 Pixels(픽셀)로 조정합니다. [Anchor(기준)]는 캔버스의 크기를 변경할 때 기준이 되는 위치로, 화살표 방향으로 크기가 늘어나거나 줄어듭니다. 정중앙을 기준으로 캔버스 크기를 조절하기 위해서는 별도로 기준을 선택하지 않고 그대로 [OK(확인)]를 누릅니다.

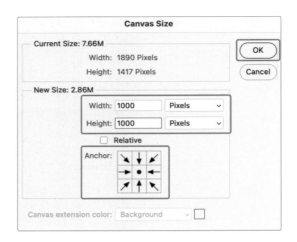

09 새 캔버스의 크기가 현재 캔버스 크기보다 작아 이미지의 일부가 잘릴 수 있다는 경고창이 나타납니다. [Proceed(계속)]를 누릅니다.

10 캔버스의 크기가 변경됩니다. 변경된 캔버스 크기에 따라 이미지의 일부 또한 잘린 것을 확인할 수 있습니다.

04 [Crop Tool]로 이미지 자르기

[Crop Tool]을 활용하여 이미지의 일부를 잘라 정사각형 비율의 이미지를 만들어봅니다.

예제 파일 왕관.jpg 완성 파일 왕관_완성.psd, 왕관_완성.png

01 왕관.jpg 파일을 열어 새 파일을 생성합니다.

02 이미지를 확인하고 [Crop Tool(자르기 도구)]을 선택합니다.

03 이미지를 자를 수 있는 자르기 상자가 이미지 위에 나타납니다. 자르기 상자의 모서리를 드래그하여 이미지에서 자르고자 하는 부분만큼 조절합니다. 옵션 바에 나타난 ✔을 선택하거나 Enter를 눌러 이미지를 자릅니다.

04 [Crop Tool]을 활용하여 자유롭게 이미지를 잘라봤다면, 이번에는 비율에 맞춰 이미지를 잘라봅니다. 옵션 바의 [Ratio(비율)]를 [1:1(Square) (1:1 (정사각형))]로 설정합니다.

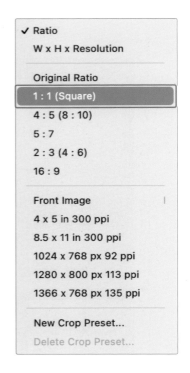

05 비율을 설정한 후 자르기 상자의 모서리를 드래그하면 1:1 비율에 맞출 수 있습니다. 1:1 비율에 맞춰 자르기 상자를 조절한 후, ✓을 선택하거나 (Enter)를 누릅니다.

06 이미지가 1:1 비율에 맞춰 잘린 것을 확인합니다.

05 [Straighten]으로 수평과 수직 바로잡기

[Crop Tool]을 이용해 직접 이미지를 회전시키거나 [Straighten] 기능으로 이미지 속 요소에 맞춰 수평을 빠르게 조절할 수 있습니다.

예제 파일 공원.png   완성 파일 공원_완성.png, 공원_완성.psd

01 공원.png 파일을 실행합니다.

02 [Crop Tool(자르기 도구)]을 선택한 후, 자르기 상자 모서리의 밖에 마우스를 올리면 마우스 커서가 둥근 화살표 모양으로 변경됩니다. 이는 이미지를 회전할 수 있다는 뜻으로, 그 상태에서 드래그하면 원하는 각도만큼 이미지를 기울일 수 있습니다. 각도를 조절하여 수평을 맞춥니다.

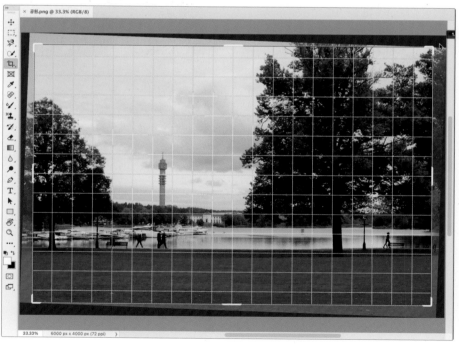

03 (Cmd)/(Ctrl) + (Z)를 누르면 이전 작업 내역으로 돌아갑니다. 뒤로 돌아가서 이번에는 자동으로 수평을 조절해보겠습니다. [Crop Tool]이 선택된 것을 확인하고 옵션 바에 있는 [Straighten(똑바르게 하기)]을 누릅니다. [Straighten]은 이미지 안에서 가로나 세로 선을 지정한 후 이에 맞춰 수평이나 수직을 바로잡을 수 있는 기능입니다.

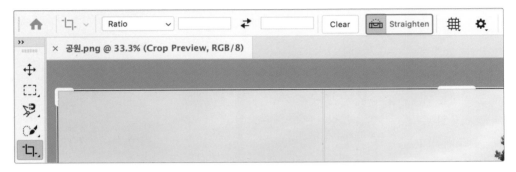

04 이미지에서 잔디밭과 호수의 경계선에 맞춰 수평을 조절하기 위해 이미지 중앙에 보이는 경계선을 드래그합니다.

05 드래그하면 이미지의 수
평이 자동으로 조절된 것을
확인할 수 있습니다. 각도를
확인한 후 상단 ✔을 선택하
거나 (Enter)를 누릅니다.

06 이미지 각도가 조절되면
서 수평에 맞지 않는 가장자
리가 제거됩니다.

Chapter

02

선택 영역 이해하기

선택 영역을 설정하면 이미지 안에서 원하는 개체 외의 배경을 지워 다양한 방식으로 이미지를 변형할 수 있습니다. [Magic Wand Tool], [Magnetic Lasso Tool], [Quick Mask] 세 가지 방법으로 선택 영역을 설정하는 방법을 배워봅니다.

01 [Magic Wand Tool]로 배경 제거하기

[Magic Wand Tool]은 비슷한 색상을 한번에 선택할 수 있어 배경과 피사체의 색상 구분이 뚜렷할 때 유용합니다.

예제 파일 강아지.jpg **완성 파일** 강아지_완성.png

01 강아지.jpg 파일을 실행합니다.

02 [Layers(레이어)] 패널에서 'Background' 레이어 옆에 있는 🔒을 클릭하여 일반 레이어로 변환합니다. 🔒에 대한 자세한 내용은 Part 02 - Chapter 03 - Section 01 레이어 이해하기(p.63)를 참고합니다.

03 [Magic Wand Tool(자동 선택 도구)]을 선택합니다.

04 [Magic Wand Tool]로 이미지의 배경 부분을 클릭합니다. Shift 를 누르고 추가로 선택할 영역을 클릭하여 최대한 배경에 해당하는 모든 부분을 선택합니다.

05 [Magic Wand Tool]을 사용하더라도 머리카락이나 털이 있는 개체처럼 경계가 흐릿하면 완벽하게 개체를 선택하기 어렵습니다. 그러나 선택 영역을 더하거나 빼서 세부적으로 조정할 수 있습니다. 먼저, 강아지의 목 부분에 있는 레이스의 선택 영역을 빼보겠습니다. [Magic Wand Tool]을 선택한 채 Opt/Alt를 누르고 선택되지 않아야 하는 영역을 마우스로 클릭합니다.

06 한번 클릭할 때 선택되는 영역의 범위가 너무 작다면, 옵션 바의 [Sample Size(샘플 크기)]를 [5 by 5 Average(5×5 평균값)]로 변경하면 좀 더 빠르게 지울 수 있습니다.

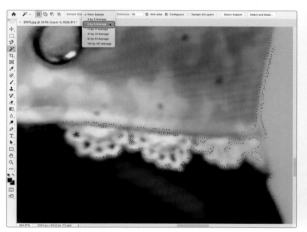
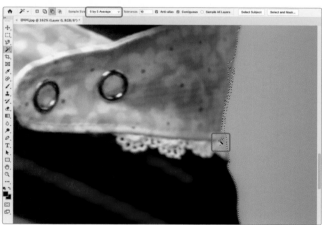

07 반대로 선택 영역을 더할 수도 있습니다. 배경에서 충분히 선택되지 않은 부분은 Shift를 누르고 마우스를 클릭하여 선택 영역을 정돈합니다.

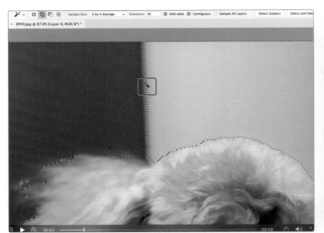 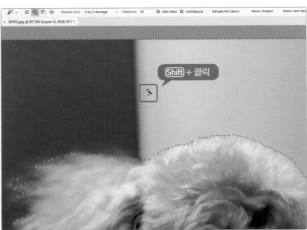

08 깨끗하게 선택 영역이 설정되었는지 확인합니다.

09 Delete를 누르면 강아지 개체만 남고 선택 영역 배경이 제거됩니다.

10 [File(파일)] – [Export(내보내기)] – [Export As(내보내기 형식)]를 선택합니다.

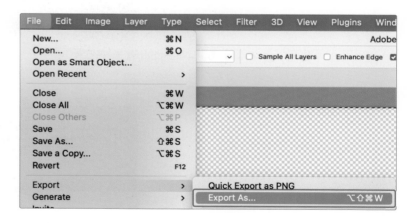

11 [Export As] 창에서 이미지 추출 결과를 미리 볼 수 있습니다. [File Settings(파일 설정)]의 [Format(형식)]이 [PNG]로 선택되어 있는지, [Transparency(투명)]가 체크되어 있는지 확인한 후 [Export]를 누릅니다.

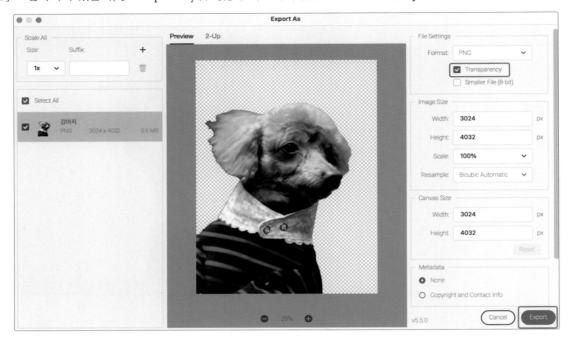

12 파일명과 저장 위치를 설정한 후 [Save(저장)]를 누릅니다.

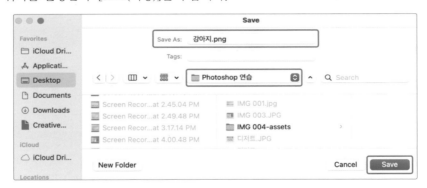

13 배경이 제거되고 강아지 개체만 남은 이미지가 완성되었습니다.

TIP

Object Selection Tool(개체 선택 도구)

[Object Selection Tool]은 Photoshop 2020 CC 버전에서 추가된 새로운 기능입니다. 인물, 자동차, 동물 등 특정 개체의 주변에 사각형 영역을 그리면 개체만 자동으로 선택됩니다. 개체가 아닌 배경을 지우기 위해서는 Cmd/Ctrl + Shift + I 를 눌러 선택 영역을 반전시킨 후 Delete 를 누릅니다.

02 [Magnetic Lasso Tool]로 개체 복제하기

[Magnetic Lasso Tool]은 개체의 테두리가 복잡할 때 유용하게 사용할 수 있는 도구입니다. 개체의 테두리를 따라 마우스 커서를 움직이면 배경의 대비를 감지하여 개체의 형태에 맞게 올가미가 생성됩니다.

예제 파일 커피.jpg **완성 파일** 커피_완성.png, 커피_완성.psd

01 커피.jpg 파일을 실행합니다.

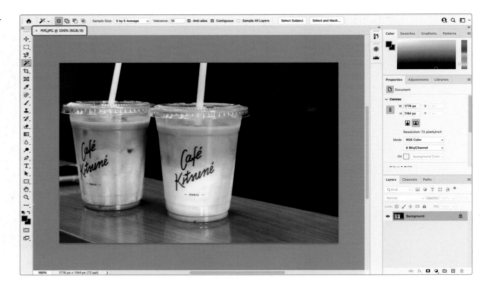

02 [Magnetic Lasso Tool(자석 올가미 도구)]을 선택합니다.

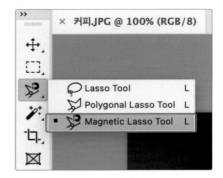

03 [Magnetic Lasso Tool]로 커피의 바닥 부분에 시작점을 찍습니다. 커피잔의 테두리를 따라 그리면 커피잔 형태에 맞게 올가미가 생성됩니다. 올가미를 지우고 싶다면 Esc를 누른 후 다시 처음부터 올가미를 그립다.

04 올가미를 완성한 후 마우스에서 손을 떼면 올가미 형태로 선택 영역이 표시됩니다.

05 [Layers(레이어)] 패널에서 'Background' 레이어를 더블클릭하면 [New Layer(새 레이어)] 창이 나타납니다. [OK(확인)]를 눌러 일반 레이어인 'Layer 0'으로 만듭니다.

06 커피잔에 만들어진 선택 영역을 확인한 상태에서 Cmd/Ctrl + J를 누르면 커피잔만 추출된 'Layer 1'이 [Layers] 패널에 복사됩니다.

07 [Layers] 패널의 'Layer 1'을 선택한 상태에서 복사한 커피잔을 [Move Tool(이동 도구)]을 이용하여 오른쪽으로 이동합니다.

08 [Properties(속성)] 패널의 [Transform(변형)]에서 복사한 커피잔의 폭을 900px로 변경합니다. 🔗이 활성화되어 있어 높이도 자동으로 변경되었는지 확인한 후, 크기를 변경한 커피잔을 [Move Tool]로 선택하여 적절한 위치로 이동합니다. 완성된 이미지를 확인합니다.

03 [Quick Mask]를 이용하여 선택 영역의 색상 변경하기

[Quick Mask] 모드에서 브러시로 선택 영역을 만든 후 색상을 변경해봅니다. 이미지 안에서 일부분만 선택하여 변경할 때 사용할 수 있는 방법입니다.

예제 파일 디저트.jpg 완성 파일 디저트_완성.png

01 디저트.jpg 파일을 실행합니다.

02 도구 패널 하단에서 [Quick Mask(빠른 마스크)]를 눌러 활성화합니다. [Quick Mask]가 활성화되면 파일명 옆에도 Quick Mask가 표기됩니다.

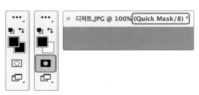

03 [Brush Tool(브러시 도구)]을 선택합니다.

04 브러시의 옵션을 조절합니다. [Size(크기)]는 80px, [Hardness(경도)]는 100%, 브러시 종류는 [General Brushes(일반 브러시)] – [Hard Round(선명한 원)]를 선택합니다.

05 [Brush Tool]로 디저트가 담긴 접시의 테두리를 따라 칠합니다. 먼저 테두리를 그려 형태를 잡아준 후 내부를 브러시로 칠합니다. 튀어나온 부분은 추후에 지울 수 있기 때문에 충분히 칠하는 것이 중요합니다.

06 브러시로 칠한 부분을 섬세하게 조정하기 위해 [Eraser Tool(지우개 도구)]을 선택합니다.

07 지우개의 옵션을 조절합니다. [Size]는 20px, [Hardness]는 100%, 브러시 종류는 [General Brushes] - [Hard Round]를 선택합니다.

08 화면을 확대하고, 브러시로 칠한 부분 중 튀어나온 부분을 [Eraser Tool]로 지웁니다.

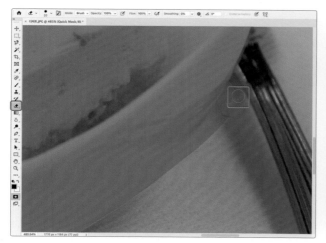 

09 다시 [Quick Mask] 아이콘을 눌러 비활성화하면 빨간 브러시로 칠한 부분이 선택 영역으로 표시됩니다.

10 [Image(이미지)] - [Adjustments(조정)] - [Hue/Saturation(색조/채도)]을 선택합니다.

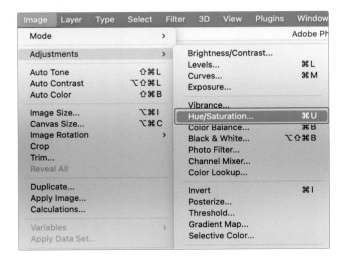

11 디저트 색상이 노란빛을 띠도록 색조와 채도의 값을 조정합니다. 각각 [Hue] +14, [Saturation] +49, [Lightness(밝기)] −5로 조정하고 [OK(확인)]를 누릅니다.

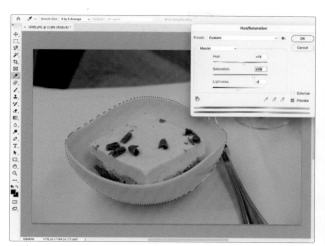

12 Cmd/Ctrl + D를 눌러 선택 영역을 해제하고 완성된 이미지를 확인합니다.

레이어

포토샵의 필수 요소인 레이어에 대해 학습합니다. 레이어 조작 시 알아야 할 도구와 기능을 파악하고, 레이어를 활용해 마스크를 씌우고 이미지의 형식을 변경하는 방법까지 알아봅니다.

레이어 이해하기

레이어는 이미지들의 각 층을 의미합니다. 한 이미지를 구성할 때 하나의 레이어로 구성할 수도 있지만 이미지를 구성하는 요소들이 다양해지고 이를 각각 관리해야 할 경우, 다양한 레이어가 하나의 이미지를 구성하기도 합니다.

레이어

레이어는 투명한 유리판과 같습니다. 레이어의 투명한 부분을 통해서 아래에 있는 레이어까지 볼 수 있고, 이러한 특성을 활용해 여러 레이어를 합쳐서 하나의 이미지를 만들 수 있습니다. 우측 이미지는 텍스트와 이미지가 있는 하나의 이미지로 보이지만 사실은 문자 레이어, 이미지 레이어, 배경 레이어, 총 3개의 레이어로 이루어진 이미지입니다.

레이어를 분리하여 작업할 경우, 레이어를 각각 수정할 수 있기 때문에 원본을 유지하면서 자유롭게 작업할 수 있다는 장점이 있습니다. 위 이미지에서 텍스트 색상을 바꿔야 하는 경우에는 문자 레이어만 선택하여 색을 바꿔주면 되고, 이미지의 크기를 변경할 때는 이미지 레이어만 선택하여 사이즈를 변경하면 됩니다.

[Layers(레이어)] 패널의 'Background' 레이어를 배경 레이어라고 합니다. jpg 형식이나 bmp 형식의 파일을 불러올 경우, 혹은 포토샵에서 새 파일을 만들 경우 배경 레이어가 기본으로 생성됩니다.

배경 레이어는 기본적으로 잠금 설정되어 있기 때문에 위치 이동이나 형태 변형, 순서 변경, 레이어 스타일 설정 등 일부 작업이 불가합니다. 잠금 설정되어 있는 배경 레이어를 일반 레이어로 변환하기 위해서는 [Layer(레이어)] – [New(새로 만들기)] – [Layer from Background(레이어에서 배경 가져오기)] 혹은 🔒을 클릭합니다.

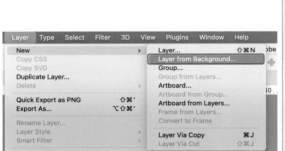
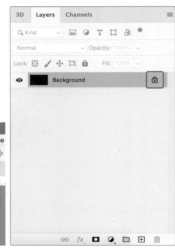

[Smart Object(고급 개체)] 레이어

포토샵에서 일반적으로 사용하는 레이어는 비트맵 방식의 레이어로, 이미지 크기를 줄였다가 다시 늘리면 해상도가 저하되어 이미지의 화질이 나빠집니다.

이런 상황에서 해상도 저하 없이 이미지를 활용하려면 [Smart Object] 레이어를 활용합니다. [Smart Object] 레이어는 벡터 방식의 레이어로 이미지 크기를 줄였다가 늘려도 해상도가 깨지지 않는다는 장점이 있습니다.

일반 레이어를 [Smart Object] 레이어로 변환하기 위해서는 레이어를 선택한 후 마우스 오른쪽 버튼을 클릭하여 [Convert to Smart Object(고급 개체로 변환)]를 선택합니다. 레이어에 🖻 모양이 생성되면서 [Smart Object] 레이어로 변환됩니다. 혹은 [File(파일)]-[Place Embedded(포함 가져오기)]를 통해 이미지를 불러오면 고급 개체 레이어로 이미지가 열립니다.

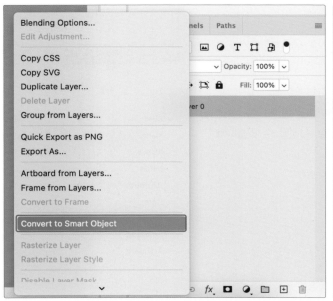

02 [Layers] 패널 이해하기

[Layers] 패널은 다양한 기능을 포함하고 있습니다. [Layers] 패널을 자세히 살펴보며 레이어를 사용하는 방법에 대해 알아봅니다.

01 [Layers(레이어)] 패널에서는 레이어 필터링, 혼합 모드, 투명도 조절, 레이어 스타일 등을 설정할 수 있습니다.

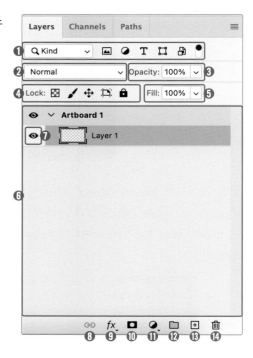

❶ 레이어 필터링

왼쪽의 카테고리에 따라 원하는 레이어를 필터링할 수 있습니다. 이름, 유형, 효과, 모드, 특성 또는 색상 레이블을 기준으로 설정할 수 있습니다.

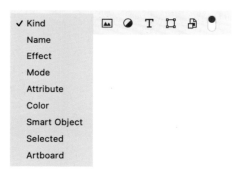

❷ [Blend Mode(혼합 모드)]

[Blend Mode]는 두 개 이상의 레이어를 합성할 때 사용하는 기능입니다. Dissolve(디졸브), Darken(어둡게 하기), Multiply(곱하기) 등 총 25개의 효과가 있습니다. 이에 대한 더 자세한 설명은 Part 03 – Chapter 03 조정(p.143)을 참고합니다.

❸ [Opacity(투명도)] 조절

레이어 전체의 [Opacity]를 조절할 수 있습니다. 기본값은 100으로 설정되어 있으며 값이 낮아질수록 레이어는 더 투명해집니다.

Normal	Opacity: 100%
✓ Normal	
Dissolve	
Darken	
Multiply	
Color Burn	
Linear Burn	
Darker Color	
Lighten	
Screen	
Color Dodge	
Linear Dodge (Add)	
Lighter Color	
Overlay	
Soft Light	
Hard Light	
Vivid Light	
Linear Light	
Pin Light	
Hard Mix	
Difference	
Exclusion	
Subtract	
Divide	
Hue	
Saturation	
Color	
Luminosity	

❹ 레이어 잠그기

현재 선택된 레이어를 완전히 혹은 부분적으로 원하는 부분을 선택 후 수정하지 못하도록 설정할 수 있는 기능입니다.

- 투명 픽셀 잠그기: 레이어의 불투명한 부분의 편집이 제한됩니다.
- 이미지 픽셀 잠그기: 페인팅 도구로 레이어의 픽셀을 편집하지 못하도록 제한됩니다.
- 위치 잠그기: 레이어의 위치를 이동할 수 없도록 제한됩니다.
- 전체 잠그기: 레이어의 모든 속성이 편집되지 않도록 제한됩니다.

❺ 칠 투명도 조절

칠 투명도 조절은 3번의 투명도 조절과는 다르게 레이어 안의 오브젝트에만 투명도 조절이 적용되고 해당 오브젝트에 부여된 효과(그림자 효과, 획 등)에는 투명도 조절이 적용되지 않습니다.

❻ 레이어

현재 이미지에 포함되어 있는 레이어와 그룹들을 확인할 수 있습니다.

❼ 레이어 활성화

레이어를 표시하거나 감출 수 있는 버튼입니다. 레이어를 삭제하는 것이 아니라 일시적으로 비활성화시키는 것이기 때문에 버튼을 반복적으로 눌러 활성화 여부를 설정해줄 수 있습니다.

❽ 레이어 연결

두 개 이상의 레이어나 그룹을 선택하여 연결시킬 수 있습니다. 연결된 레이어에 대해 변형을 가할 경우, 함께 연결된 모든 레이어들에 동일한 변형이 적용됩니다.

❾ 레이어 스타일

현재 선택한 레이어에 대해 경사와 엠보스, 획, 내부 그림자, 광선 등 스타일을 편집할 수 있습니다. 레이어 스타일에 대한 자세한 내용은 Part 03-Chapter 01-Section 05 [Layer Style]로 텍스트 꾸미기(P. 109)를 참고합니다.

⑩ 레이어 마스크

현재 선택한 레이어에 대해 마스크를 생성할 수 있습니다. 레이어 마스크는 원본 레이어를 보호하면서 이미지를 편집할 수 있는 기능입니다. 레이어 마스크를 활용하여 레이어의 일부분을 보이거나 보이지 않게 설정할 수 있습니다.

TIP

레이어 마스크를 사용하는 이유

레이어는 편집 및 합성 작업에서 가장 많이 사용하는 기능입니다. [Selection Tool(선택 도구)]로 선택한 후 [Eraser Tool(지우개 도구)]로 레이어를 지우는 방법도 있지만, 이렇게 작업할 경우 원본 레이어를 직접 편집하기 때문에 추후 수정이 필요할 때 원본 상태로 돌리지 못한다는 한계가 있습니다. 따라서 이러한 단점을 보완하기 위해 레이어 마스크를 활용합니다.

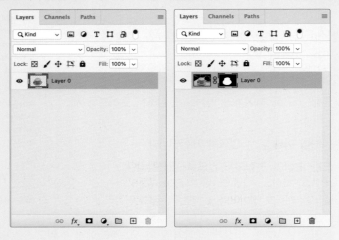

레이어 마스크는 흰색에서 검은색까지 회색 색조로만 칠할 수 있습니다. 레이어 마스크를 적용한 후 흰색(ffffff)으로 칠하면 원본 이미지가 나타나며, 검은색(000000)으로 칠하면 원본 이미지가 가려져 보입니다. 회색으로 칠할 경우 밝기에 따라 단계별로 투명도가 적용되어 나타납니다. 다시 말하면, 흰색으로 칠하면 원본 이미지가 복구되는 것처럼 보이고, 검은색으로 칠하면 원본 이미지가 지워지는 것처럼 보인다고 생각하면 이해하기 쉽습니다.

⑪ 칠/조정 레이어

현재 선택한 레이어에 대해 칠/조정 레이어를 생성하여 색상, 밝기, 채도 등의 보정 기능을 활용할 수 있습니다.

⑫ 새 그룹 생성

하나 이상의 레이어에 대해 그룹을 생성하여 그룹을 단위로 레이어를 관리할 수 있습니다. 추후에 레이어의 양이 관리하기 힘들 정도로 늘어난 경우, 같은 작업의 단위로 레이어를 그룹화 시켜주어 편리하게 관리할 수 있습니다.

⑬ 새 레이어 생성

새로운 레이어를 생성할 수 있습니다.

⑭ 레이어 삭제

필요하지 않은 레이어를 선택 후 삭제할 수 있습니다.

TIP

레이어를 재활용하기 위한 저장 포맷 설정

포토샵 파일에 레이어 별로 작업을 하고 저장한 뒤 추후에 레이어를 활용하여 작업을 다시 하고 싶은 경우에는 반드시 psd 파일로 저장해야 합니다. 만약에 이미지 파일(jpg, png 등)로 파일을 추출하고 psd 파일로 저장하지 않는 경우, 모든 레이어가 하나로 합쳐진 이미지 파일만 남아있기 때문에 레이어의 일부분만 수정하는 작업을 할 수 없습니다.

03

레이어 활용하기

레이어의 사이즈 조절, 이동, 순서 변경, 복제, 회전을 통해 다양한 방식으로 이미지를 합성하고 조정할 수 있습니다. 하나의 완성된 이미지를 만들어보며 앞에서 배운 레이어 활용법을 익힙니다.

예제 파일 바다_배경.jpg, 폴라로이드틀.png, 에펠탑.jpg, 파리_레터링.png　**완성 파일** 레이어활용_완성.psd, 레이어활용_완성.png

01 바다_배경.jpg 파일을 실행합니다.

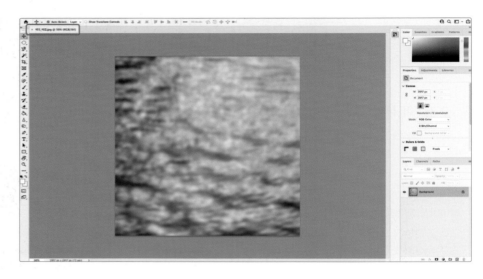

02 이미지 불러오기

01 [File(파일)]-[Place Embedded(포함 가져오기)] 메뉴를 선택합니다.

02 폴라로이드틀.png 파일을 불러온 후 Enter를 눌러 이미지를 포함합니다.

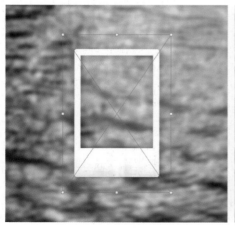
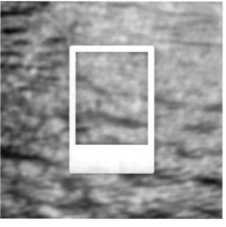

03 다시 한번 [File]-[Place Embedded] 메뉴를 선택하여 에펠탑.jpg 파일을 불러옵니다.

03 레이어 사이즈 조절하기

01 레이어의 모서리 조절점에 마우스를 올리면 커서 모양이 바뀝니다.

02 Shift + Opt/Alt를 누르고 레이어의 모서리 조절점을 클릭 후 드래그하여 이미지의 중심을 기준으로 사이즈를 조절합니다.

03 사이즈 조절이 끝나면 Enter를 눌러 완료합니다.

> **TIP**
>
> **이미지 비율 유지하면서 사이즈 조절하기**
>
> Shift를 누르고 드래그를 하면 이미지의 현재 비율을 유지하면서 사이즈 조절을 할 수 있고, Shift + Opt /Alt를 누르고 드래그를 하면 현재 비율을 유지하면서 이미지의 중심을 기준으로 사이즈 조절을 할 수 있습니다. 만약 키를 누르지 않고 조절할 경우에는 비율이 전혀 보장되지 않은 상태에서 이미지가 변형됩니다.

04 레이어 선택하기

01 [Move Tool(이동 도구)]을 선택합니다.

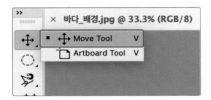

02 [Layers(레이어)] 패널에서 '에펠탑' 레이어를 클릭하여 선택합니다.

05 레이어 이동하기

작업 공간에서 '에펠탑' 레이어를 드래그하여 위로 이동합니다.

06 레이어 순서 변경하기

01 [Layers] 패널에서 '에펠탑' 레이어를 선택합니다.

02 '에펠탑' 레이어를 선택한 후 '폴라로이드틀' 레이어 아래로 드래그합니다. 이때 레이어 사이에 표시되는 하늘색 선은 레이어 순서 이동이 인지됐다는 뜻입니다. 드래그를 놓으면 레이어의 순서가 변경됩니다.

07 레이어 복제

01 [File] – [Place Embedded]로 파리_레터링.png 파일을 불러온 후 Enter를 눌러 이미지를 포함시킵니다.

02 [Layers] 패널에서 '파리_레터링' 레이어가 '폴라로이드틀' 레이어 위에 배치되도록 순서를 변경합니다.

03 [Move Tool]의 옵션 바에서 [Auto-Select(자동 선택)]를 해제합니다.

레이어 선택 옵션

[Move Tool]의 [Auto-Select]가 활성화된 상태에서 레이어를 이동시키고자 하면 클릭한 위치의 가장 상단에 위치된 레이어가 자동으로 선택됩니다. 이는 매우 편리한 기능이나 레이어의 개수가 많은 경우에는 정확히 원하는 레이어를 선택하고 이동하는데 어려움을 겪을 수 있습니다. 정확하게 원하는 레이어를 이동시키기 위해서 일반적으로는 [Auto-Select]를 해제하고 [Layers] 패널에서 원하는 레이어를 선택한 후 이동시킵니다.

04 '파리_레터링' 레이어를 드래그하여 오른쪽 하단으로 이동합니다.

05 '파리_레터링' 레이어를 선택
한 상태에서 (Cmd)/(Ctrl) + (J)를
눌러 해당 레이어를 복사합니다.

08 레이어 회전

01 복사한 '파리_레터링' 레이어를 [Layers] 패널에서
선택합니다.

02 [Move Tool]을 선택하고 작업 공간에 띄워진 '파
리_레터링' 레이어를 드래그하여 왼쪽 상단으로 이동합
니다.

03 이미지를 변형하기 위해 (Cmd)/(Ctrl) + (T)를 누릅니다.

04 레이어의 모서리 위에 마우스를 올리면 마우스 커서가 둥근 화살표 모양으로 바뀝니다. 이는 레이어를 회전시킬 수 있다는 의미입니다.

05 마우스를 왼쪽 상단으로 드래그하여 레이어를 회전시킵니다.

06 레이어 회전 후 (Enter)를 눌러 완료합니다.

TIP

정확한 각도로 이미지 회전하기

레이어 회전 시 (Shift)를 누르고 드래그하면 15도 단위로 정확하게 각도를 조절할 수 있습니다.

Chapter

04

문자

[Type Tool] 및 문자 레이어의 특성을 파악합니다. 다양한 방법으로 텍스트를
입력하고 변형하여 이미지에 활용해봅니다.

01 [Type Tool]로 텍스트 입력하고 서식 설정하기

[Type Tool]을 활용하여 텍스트를 입력하고 서식을 설정하는 방법을 학습합니다. 엽서 이미지 위에 텍스트를 입력해봅니다.

예제 파일 해질녘.jpg   **완성 파일** 문자도구_완성.png, 문자도구_완성.psd

01 [Create new(새로 만들기)] – [Art & Illustration(아트 및 일러스트레이션)] – [Postcard(엽서)]를 선택하여 새로운 문서를 생성합니다.

02 [File(파일)] – [Place Embedded(포함 가져오기)]를 클릭합니다.

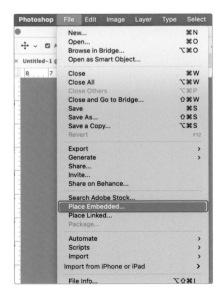

03 해질녘.jpg 파일을 작업 영역으로 가져온 후 (Enter)를 눌러 이미지를 포함시킵니다.

 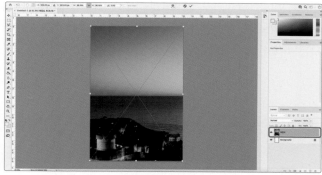

04 [Horizontal Type Tool(수평 문자 도구)]을 선택한 후 이미지를 클릭하면 클릭한 지점을 기준으로 가로 방향으로 텍스트를 입력할 수 있습니다. 'Croatia'를 입력합니다.

TIP

텍스트 상자 만들어서 텍스트 입력하기

[Type Tool]을 선택한 후 사각형을 그리면 텍스트 상자가 생성됩니다. 사각형 영역만큼 텍스트를 입력할 수 있어 특정 영역에 텍스트를 입력해야 할 때 사용합니다. 내용이 길어지면 자동으로 텍스트 상자의 영역에 맞춰 단락이 구분됩니다. 텍스트 상자는 조절점으로 크기를 조절할 수 있습니다.

05 텍스트를 드래그하여 서식을 변경할 수 있습니다. 옵션 바에서 [폰트] Dolce Vita Heavy, [두께] A Few Extra Pounds, [사이즈] 48, 좌측 정렬로 설정합니다. 색상 팔레트를 클릭하면 [Color Picker(색상 피커)] 창이 나타나며 폰트 색상을 변경할 수 있습니다. 색상은 fff4d2로 변경합니다.

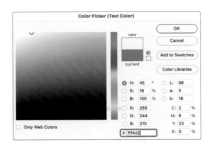

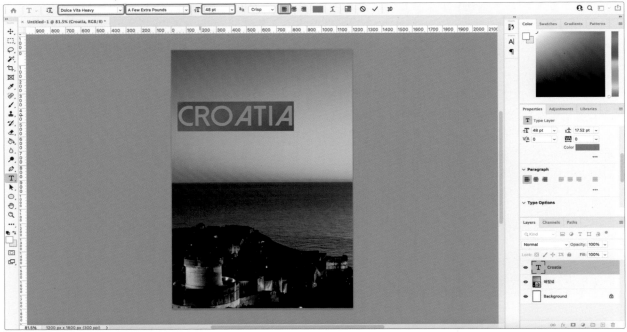

06 중앙 안내선을 생성한 후 [Move Tool(이동 도구)]을 선택하여 텍스트를 중앙으로 옮깁니다. 텍스트를 선택한 후 Cmd/Ctrl + T를 누르면 기준선에 맞춰 텍스트를 정중앙으로 옮길 수 있습니다.

07 텍스트를 드래그한 후 [Properties(속성)] 패널에서 자간을 수정합니다. [자간]을 −50으로 수정하면 알파벳 사이의
간격이 좁아집니다.

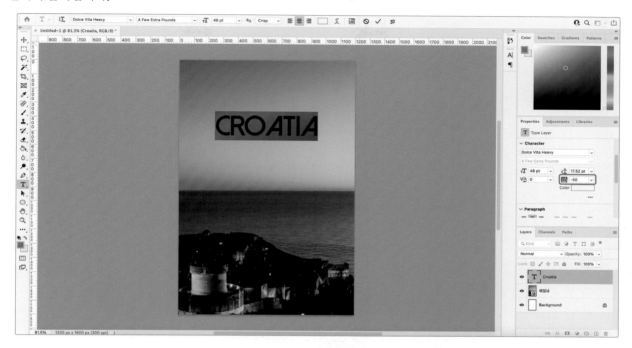

08 [Horizontal Type Tool]로 'Dubrovnik'을 입력하고 같은 방법으로 폰트 종류와 크기, 색상 등을 변경하여 이미지를
완성합니다.

02 [Layer Style]로 텍스트 꾸미기

[Type Tool]과 [Layer Style]을 활용하여 네온사인 효과를 만들어봅니다. 문자 레이어를 일반 레이어로 변환하는 방법을 이해합니다.

예제 파일 네온사인배경.jpg   완성 파일 네온사인_완성.png, 네온사인_완성.psd

01 네온사인배경.jpg 파일을 실행합니다.

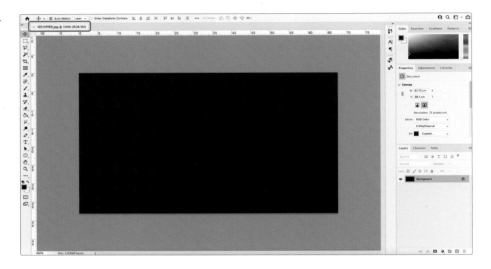

02 [Horizontal Type Tool(수평 문자 도구)]로 '도시의 침묵보다는 바다의 속삭임이 좋아요'를 입력합니다. [폰트]는 나눔스퀘어라운드, [두께]는 ExtraBold, [크기]는 180, [정렬]은 가운데 정렬로 설정합니다.

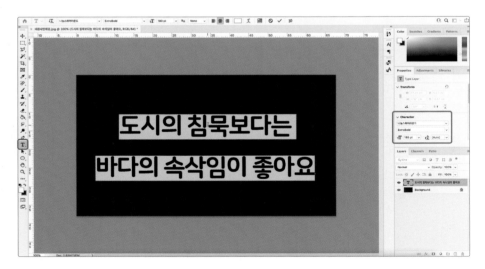

03 '도시의 침묵보다는 바다의 속삭임이 좋아요'
문자 레이어를 ⊞로 드래그하거나 Cmd/Ctrl +
J를 눌러 해당 레이어를 복제합니다.

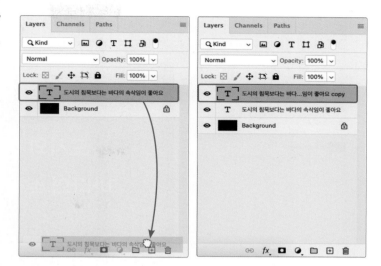

04 복제한 문자 레이어를 마우스 오른쪽 버튼으
로 클릭한 후 [Rasterize Type(레이어 래스터화)]
을 실행합니다. 문자 레이어가 일반 레이어로 변
환됩니다.

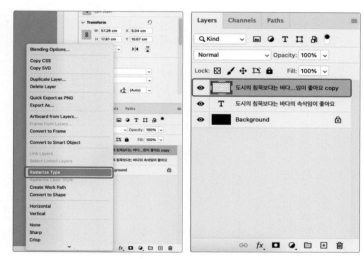

TIP

문자 레이어를 일반 레이어로 변환하기

[Type Tool]로 만들어진 문자 레이어는 텍스트 입력을 위한 것으로 페인팅, 필터, 변형 등 일부 작업을 적용할 수 있습니다. 페
인팅, 필터 등의 효과를 적용하기 위해서는 [Rasterize Type]을 실행하여 일반 레이어로 변환한 후 사용해야 합니다. 일반 레이
어로 변환된 후에는 내용을 수정하거나 서식을 변경할 수 없으며 다시 문자 레이어로 만들 수 없습니다.

05 Cmd/Ctrl을 누르고 레이어를 클릭하면 텍스트 전체가 선택 영역으로 표시됩니다.

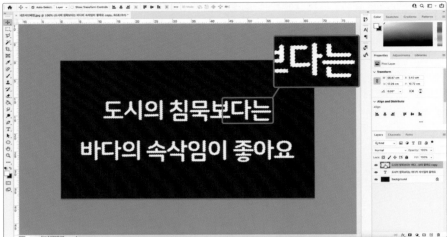

06 텍스트가 선택된 상태에서 [Select(선택)] - [Modify(수정)] - [Contract(축소)]를 클릭합니다.

07 선택된 텍스트의 테두리 범위를 조절할 수 있습니다. [Contract By(축소량)]를 5로 수정한 후 [OK(확인)]를 누릅니다.

08 Delete를 눌러 해당 선택영역을 삭제합니다. [Layers] 패널에서 문자 레이어의 눈을 끄면 텍스트의 테두리만 남아 있는 것을 확인할 수 있습니다. Cmd/Ctrl + D를 눌러 선택 영역 표시를 해제합니다.

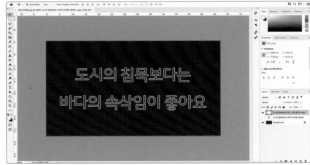

09 테두리만 남아있는 레이어를 클릭한 채 *fx.*을 누르고 [Outer Glow(외부 광선)]를 선택하여 레이어 스타일을 추가합니다.

10 네온사인 효과를 적용하기 위해 색상을 지정하고 옵션을 변경합니다. [Layer Style] 창의 Preview(미리 보기)에 체크하면 레이어에 적용되는 효과를 미리 확인할 수 있습니다. [색]은 98ffe6, [Opacity(불투명도)]는 80, [Spread(스프레드)]는 5, [Size(크기)]는 8, [Range(범위)]는 50로 조절합니다.

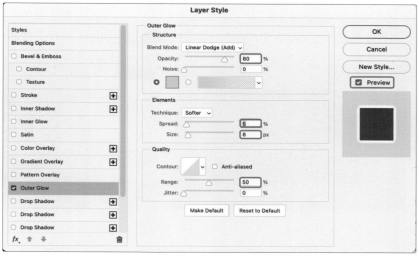

11 깊이감을 적용하기 위해 그림자 효과를 추가합니다. [Blending Options(혼합 옵션)]에서 [Drop Shadow(드롭 섀도)]에 체크한 후 [Opacity] 30, [Angle(각도)] 136, [Distance(거리)] 10, [Spread] 10, [Size] 5로 조절합니다. [OK]를 눌러 적용합니다.

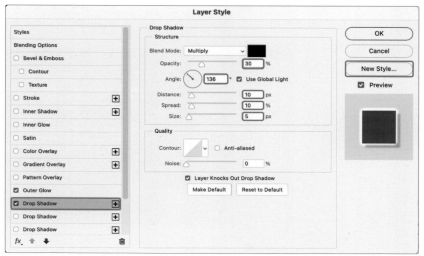

12 [Layers] 패널에서 ⊞을 클릭하여 새 레이어를 생성합니다.

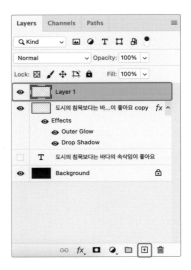

13 [Rectangle Marquee Tool(사각형 선택 윤곽 도구)]로 긴 사각형을 생성한 후 [Paint Bucket Tool(페인트 통 도구)]로 검은색을 칠하여 텍스트 지지대를 만듭니다. Cmd/Ctrl + D를 눌러 선택 영역 표시를 해제합니다.

14 'Layer 1' 레이어를 복사 및 변형하여 모든 텍스트의 지지대를 만듭니다.

15 텍스트 지지대 레이어를 모두 선택한 후 Cmd/Ctrl + G를 눌러 그룹을 생성합니다.

16 [Layers] 패널에서 'Group 1' 레이어의 위치를 아래로 이동하여 텍스트가 보이도록 합니다. 'Group 1' 레이어의 *fx.*을 선택한 후 [Bevel & Emboss(경사와 엠보스)]를 선택합니다.

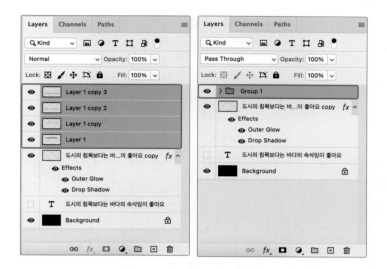

17 [Size]를 4, [Soften(부드럽게)]을 5, [Angle]을 120로 설정하고 [Highlight Mode(밝은 영역 모드)] 색상을 90fddf로 설정한 후 [OK]를 눌러 적용합니다.

18 '도시의 침묵보다는 바다의 속삭임이 좋아요 copy' 레이어를 선택한 후 ◙을 클릭하여 마스크를 추가합니다.

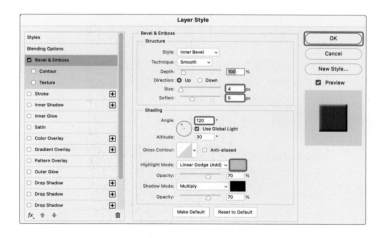

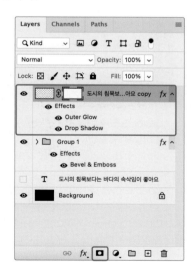

19 마스크를 선택한 후 텍스트와 지지대가 접하는 부분을 검은색 브러시로 칠합니다. 네온사인 효과를 보다 자연스럽게 만들 수 있습니다.

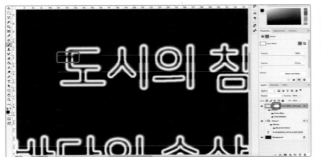 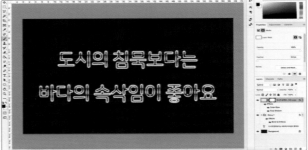

20 텍스트와 지지대에 비해 배경색이 너무 밝다면 [Paint Bucket Tool]로 색을 변경한 후 이미지를 완성합니다.

TIP

[Layer Style] 종류 알아보기

[Layer Style]에는 레이어에 적용할 수 있는 다양한 효과가 있습니다. 레이어를 편집하더라도 적용된 효과는 그대로 유지되며, 레이어뿐만 아니라 그룹 레이어에도 스타일을 적용할 수 있습니다. 드래그 앤 드롭으로 [Layer Style]을 수정하거나 이동, 삭제할 수도 있습니다.

- Bevel & Emboss: 밝은 빛과 그림자를 추가하여 입체적으로 보이도록 만듭니다.
- Stroke: 레이어에 외곽선을 만듭니다.
- Inner Shadow: 레이어의 안쪽으로 그림자를 만듭니다.
- Inner Glow: 레이어의 내부로 빛이 퍼지는 효과를 만듭니다.
- Satin: 매끈하게 윤이나는 음역을 레이어 내부에 적용합니다.
- Color Overlay: 레이어 전체 영역에 특정 색상을 칠합니다.
- Gradient Overlay: 레이어 전체 영역에 그레이디언트를 칠합니다.
- Pattern Overlay: 레이어 전체 영역에 패턴을 칠합니다.
- Outer Glow: 레이어의 외부로 빛이 퍼지는 효과를 만듭니다.
- Drop Shadow: 레이어의 뒤쪽으로 그림자를 만듭니다.

Chapter
05

그리기 및 페인팅

[Paint Bucket Tool], [Gradient Tool], [Shape Tool], [Brush Tool], [Magic Eraser] 등 다양한 그리기 및 페인팅 도구로 새로운 그림을 그리거나 기존 이미지를 다채롭게 만들 수 있습니다.

01 [Paint Bucket Tool]로 채색하기

[Paint Bucket Tool]의 옵션을 이해하고 채색하는 방법을 이해합니다.

예제 파일 페인트채색.psd 완성 파일 페인트채색_완성.png, 페인트채색_완성.psd

01 페인트채색.psd 파일을 실행합니다.

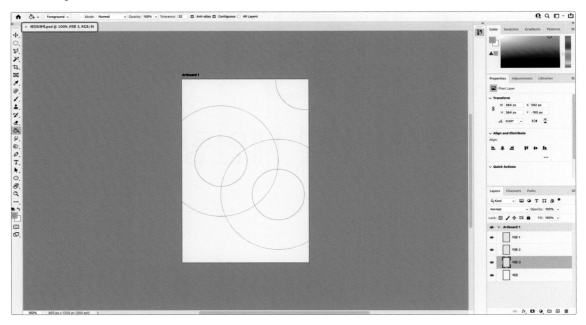

02 [Layers(레이어)] 패널에서 '타원 1' 레이어를 선택합니다.

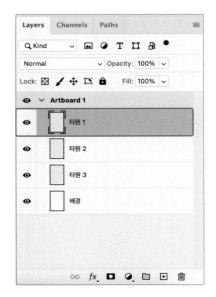

03 [Foreground Color(전경색)]를 클릭하면 [Color Picker(색상 피커)] 창이 나타납니다. [Foreground Color]를 e6762b로 변경합니다.

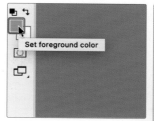

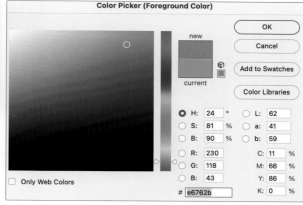

04 [Paint Bucket Tool(페인트 통 도구)]을 선택합니다.

05 작업 영역에서 '타원1' 레이어를 클릭하여 칠합니다.

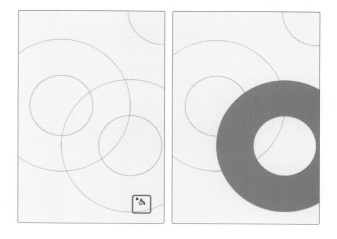

06 [Layers] 패널에서 '타원 2' 레이어를 선택한 후 전경색을 2b8c21로 변경합니다.

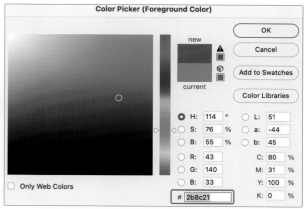

07 '타원 2' 레이어를 클릭하여 칠합니다.

08 [Layers] 패널에서 '타원 3' 레이어를 선택합니다.

09 [Eyedropper Tool(스포이드 도구)]을 선택합니다.

10 '타원 1' 레이어를 클릭하여 색을 추출합니다.

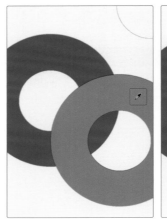

11 [Foreground Color]가 전경색이 '타원 1'에서 추출한 색으로 변경된 것을 확인할 수 있습니다.

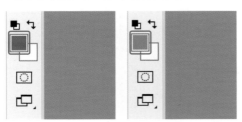

12 [Paint Bucket Tool]을 선택하고 '타원 3' 레이어를 클릭하면 '타원 1' 레이어와 동일한 색으로 '타원 3' 레이어를 칠할 수 있습니다. 완성된 이미지를 확인합니다.

02 [Gradient Tool]로 채색하기

[Gradient Tool]로 두 개 이상의 색상을 활용하여 자연스럽게 색상을 칠할 수 있습니다.

예제 파일 그라디언트채색.psd 완성 파일 그라디언트채색_완성.png, 그라디언트채색_완성.psd

01 그라디언트채색.psd 파일을 실행합니다.

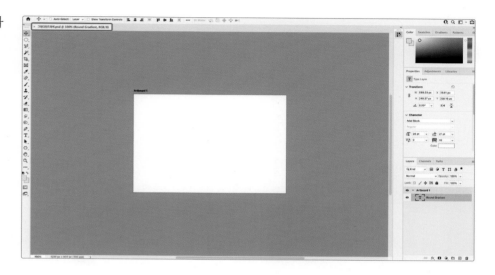

02 [Elliptical Marquee Tool(원형 선택 윤곽 도구)]을 선택합니다.

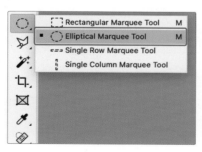

03 [Layers(레이어)] 패널에서 □을 클릭하여 새 레이어를 생성합니다.

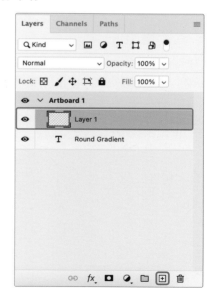

04 왼쪽 상단에서 오른쪽 하단으로 드래그하여 타원 모양의 선택 영역을 생성합니다.

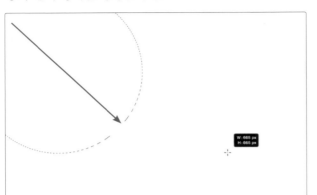

05 [Gradient Tool(그레이디언트 도구)]을 선택합니다.

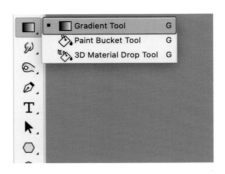

06 [Foreground Color(전경색)]와 [Background Color(배경색)]를 각각 e5d8e4, e0dde7으로 변경합니다.

07 옵션 바의 [Gradient Editor(그레이디언트 편집)]에서 [기본 사항] - [전경색에서 배경색으로]를 선택하고 [Gradient Editor] 옵션 중 [Radial Gradient(방사형 그레이디언트)]를 선택합니다.

08 선택 영역의 왼쪽 상단에서 오른쪽 아래 대각선 방향으로 드래그하여 그레이디언트를 적용합니다.

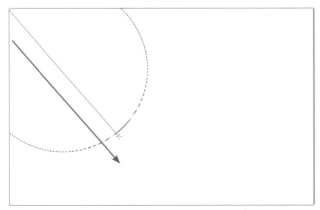
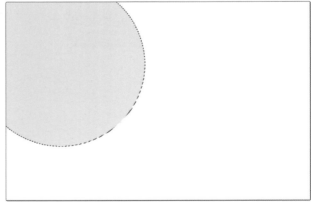

09 Cmd/Ctrl + D를 눌러 선택 영역 표시를 해제합니다.

10 [Layers] 패널에서 'Layer 1' 레이어를 아래로 드래그하여 순서를 변경합니다.

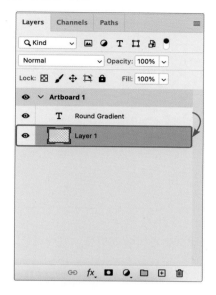

11 [Foreground Color]와 [Background Color]를 e8e0dc, 73afc0으로 변경합니다. 이후 [Elliptical Marquee Tool]을 클릭하여 오른쪽에 타원 모양의 선택 영역을 생성합니다.

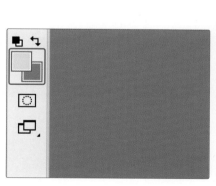

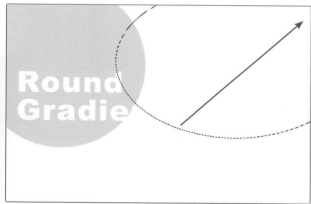

12 앞과 동일한 방식으로 [Gradient Tool]을 선택하고 왼쪽 하단에서 오른쪽 위 대각선 방향으로 드래그하여 그레이디언트를 적용합니다.

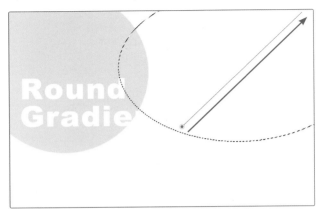 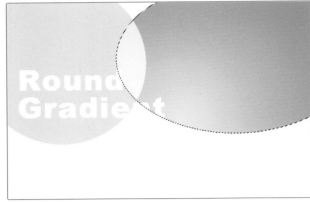

13 같은 방법으로 레이어 하단에 그레이디언트를 적용한 타원 모양을 생성합니다.

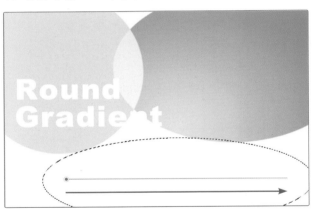 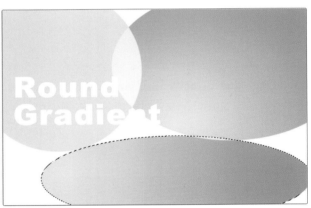

14 [Layers] 패널에서 'Layer 1'을 선택한 뒤 [Filter(필터)] – [Blur(흐림 효과)] – [Gaussian Blur(가우시안 흐림 효과)]를 선택합니다.

15 [Gaussian Blur] 창에서 [Radius(반경)] 값을 73.7로 변경합니다.

16 그레이디언트가 적용된 레이어에 흐림 효과가 적용되어 더 부드러운 그레이디언트 이미지가 완성됩니다.

03 [Shape Tool]로 도형 그리기

[Shape Tool]을 사용하여 삼각형, 사각형, 별 등 원하는 모양의 도형을 그릴 수 있습니다.

완성 파일 모양도구활용_완성.png, 모양도구활용_완성.psd

01 [Create new(새로 만들기)]를 클릭하여 [Width(폭)] 800px, [Height(높이)] 800px 크기의 새 파일을 생성합니다.

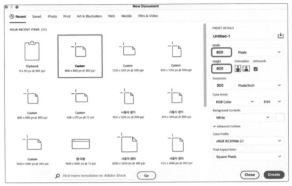 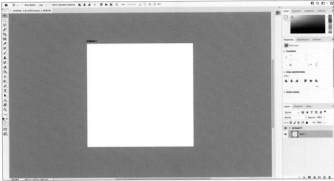

02 [Foreground Color(전경색)]를 e5dce3으로 변경한 후 [Paint Bucket Tool(페인트 통 도구)]로 'Layer 1' 레이어를 칠합니다.

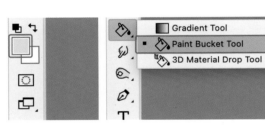 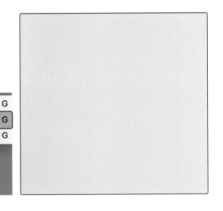

03 [Rectangle Tool(사각형 도구)]을 선택한 후 옵션 바에서 [Fill(칠)] − [Fill Type(칠 유형 설정)]을 클릭하고 색상을 [Foreground Color]와 동일한 e5dce3으로 설정합니다. [Stroke(획)] − [Stroke Type(획 유형 설정)]을 선택하여 색상은 000000으로, 두께는 2px로 변경합니다.

04 Shift를 누른 채로 드래그하여 사각형을 그립니다. [Move Tool(이동 도구)]을 선택한 뒤 레이어의 위치를 옮깁니다.

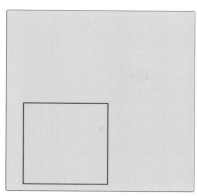 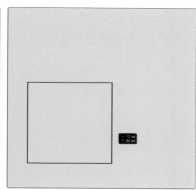

05 같은 방법으로 정사각형을 하나 더 그립니다.

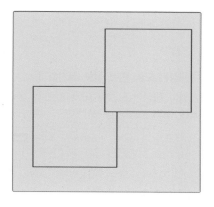

06 [Layers(레이어)] 패널에서 두 번째로 그린 사각형 레이어를 선택합니다. 옵션 바에서 [Color Picker(색상 피커)]를 클릭하여 색상을 dfdfdf으로 변경합니다. [OK(확인)]를 눌러 색상이 변경된 것을 확인합니다.

 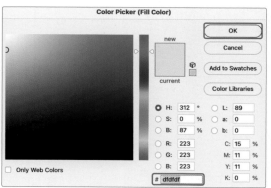 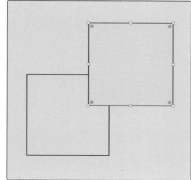

07 [Rectangle Tool]을 선택한 상태에서 작업 영역을 한번 클릭하면 [Create Rectangle(사각형 만들기)] 창이 나타납니다.

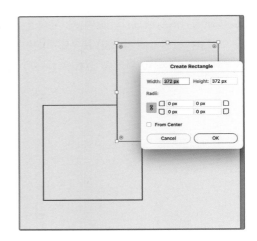

TIP

생성된 모양 관련 정보 확인하기

이미 생성한 모양에 대한 정보(폭, 높이 등)를 확인해야 할 경우 모양 도구 옵션 바에서 확인할 수 있습니다. 현재 도형과 동일한 폭의 모양을 생성할 경우 기존 모양의 폭을 확인하고 동일한 값을 입력하면 됩니다.

---

08 옵션 바에서 현재 사각형의 [Width(폭)]를 확인하고, [Create Rectangle] 창에서 [Width]는 현재 사각형과 동일한 372px, [Height(높이)]는 35px을 입력하여 새로운 사각형을 생성합니다.

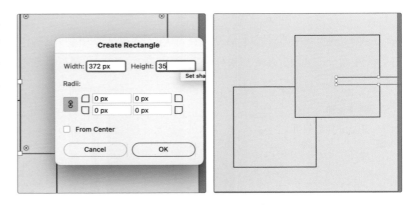

09 옵션 바에서 [Fill Type]을 선택한 후 색상을 ffffff로 변경합니다.

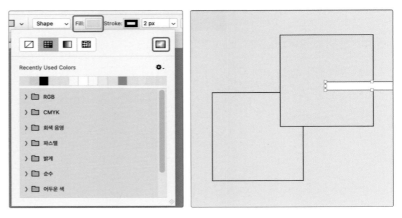

10 [Move Tool]로 현재 선택된 레이어를 'Rectangle 2' 레이어의 위로 옮깁니다. Cmd/Ctrl + J로 레이어를 복사한 후 복사한 레이어는 'Rectangle 1' 레이어의 위로 옮깁니다.

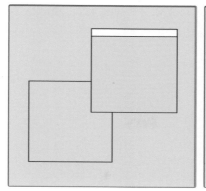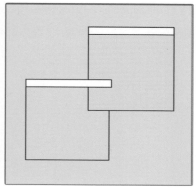

11 [Layers] 패널에서 'Rectangle 3' 레이어의 순서를 'Rectangle 2' 레이어와 'Rectangle 1' 레이어의 사이로 변경합니다.

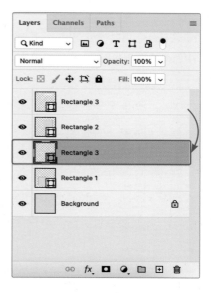

12 [Ellipse Tool(타원 도구)]을 선택하고 Shift를 누른 채로 드래그하여 원을 그립니다. 이때 원의 [Width]와 [Height] 모두 16px로 그립니다.

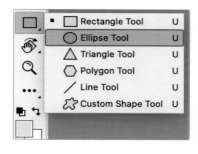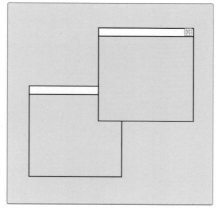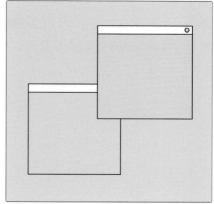

13 [Fill Type]에서 원 색상을 배경색과 동일하게 변경하고, [Stroke Type]을 클릭하여 색상은 000000, 두께는 2px로 변경합니다.

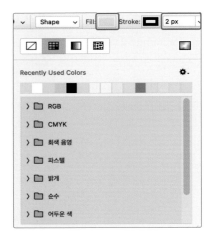

14 [Layers] 패널에서 'Ellipse 1' 레이어를 선택한 후 Cmd/Ctrl + J를 두 번 눌러서 레이어를 두 번 복사합니다. 복사된 레이어들을 'Ellipse 1' 레이어와 동일한 수직선상으로 이동합니다.

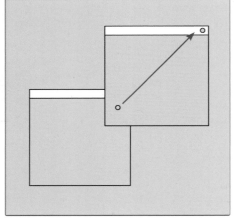
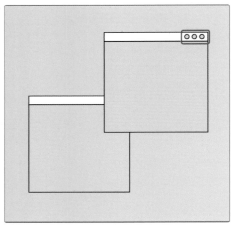

15 편리한 레이어 관리를 위하여 [Layers] 패널에서 배경 레이어를 제외한 모든 레이어를 선택합니다. 이후 Cmd/Ctrl + G 혹은 ▣을 클릭하여 하나의 그룹으로 만듭니다.

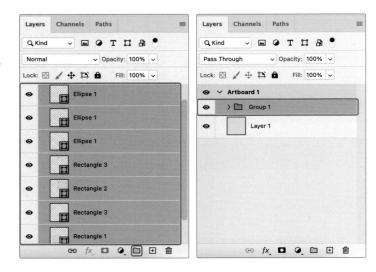

16 [Polygon Tool(다각형 도구)]을 선택하고 레이어를 클릭하면 [Create Polygon(다각형 만들기)] 창이 나타납니다. [Width(폭)]는 100px, [Height(높이)]는 100px, [Number of Sides(면의 수)]는 5, [Corner Radius(모퉁이 반경)]는 0px, [Star Ratio(별 비율)]는 60%로 변경한 후 [OK(확인)]를 누릅니다.

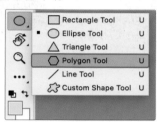
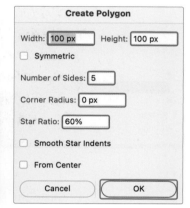

17 별 모양 레이어가 생성됩니다. 생성된 레이어의 크기를 적절하게 조절합니다.

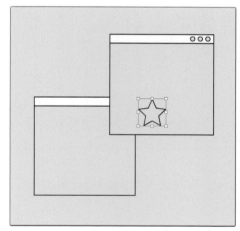
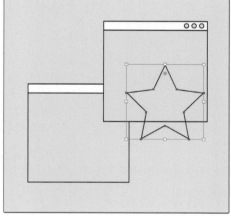

18 [Fill Type]의 옵션 중 [Gradient(그레이디언트)]를 클릭하면 색상 프리셋을 확인할 수 있습니다. [무지갯빛] 프리셋 세트 중 5번째 프리셋을 클릭하여 그레이디언트로 레이어 색상을 변경합니다.

  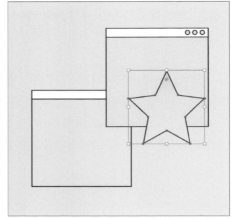

19 [Gradient] 창의 [Rotate the gradient(그레이디언트 회전)]값을 132로 변경하면 그레이디언트 적용 방향이 상하에서 대각선으로 변경됩니다.

 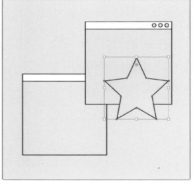

20 [Triangle Tool(삼각형 도구)]로 삼각형을 그린 후 옵션 바의 [Fill Type] – [Gradient]를 선택하여 그레이디언트를 적용합니다.

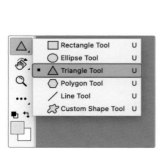 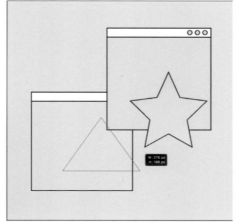 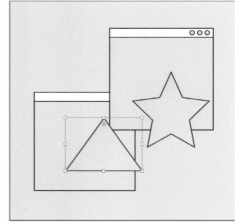

21 [Rectangle Tool(사각
형 도구)]로 긴 직사각형
을 그립니다. 옵션 바의
[Fill Type]에서 색상을 배
경색과 동일하게 변경하고
[Stroke Type]에서 000000,
2px로 변경합니다.

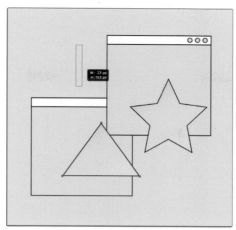

22 긴 직사각형 레이어를
복사한 후 [Move Tool]로
해당 레이어의 위치를 이동
합니다.

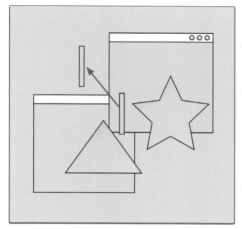
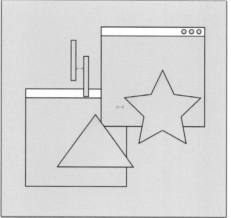

23 [Layers] 패널에서 'Rectangle 4' 레이어를 누르고 Cmd/Ctrl을 누른 채로 복
사된 'Rectangle 4' 레이어를 눌러 두 개의 레이어를 동시에 선택합니다.

24 [Cmd]/[Ctrl] + [T]를 누른 후 레이어의 모서리 조절점에 마우스를 올립니다. 커서 모양이 변할 때 [Shift]를 누른 채 드래그하여 정확한 각도로 두 레이어를 회전합니다.

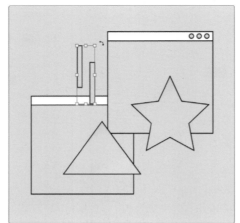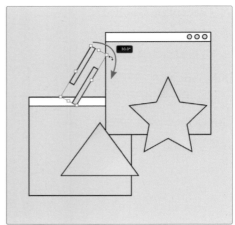

25 완성된 이미지를 확인합니다.

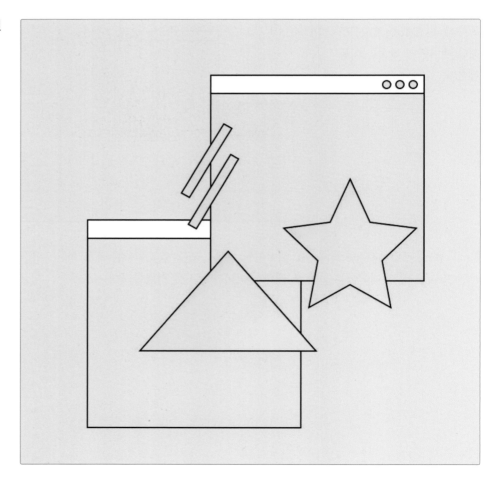

04 [Brush Tool] 활용하기

포토샵에서 제공하는 다양한 [Brush Tool]을 활용하여 이미지를 다채롭게 장식할 수 있습니다.

예제 파일 와인플래터.png   완성 파일 브러시활용_완성.png, 브러시활용_완성.psd

01 와인플래터.png 파일을
실행합니다.

02 [Layers(레이어)] 패널에서 ⊞을 클릭하여 새 레이어
를 생성합니다.

03 [Brush Tool(브러시 도구)]을 선택합니다.

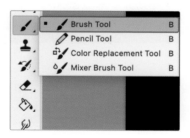

04 [Brush Tool]의 옵션 바에서 ✓을 눌러 [Brush Preset Picker(브러시 사전 설정 피커)]를 활성화합니다. 브러시 카테고리 중 [드라이 재질 브러시] – [KYLE 궁극의 하드 연필]을 선택하고 [Size(크기)]를 20px로 변경합니다.

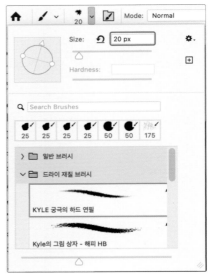

05 캔버스를 클릭한 채 드래그하면 선이 그려집니다. 이를 활용해 다음과 같이 브러시를 사용하여 이미지를 꾸며봅니다.

06 옵션 바에서 [Brush Settings(브러시 설정)]를 선택합니다. 우측 패널에 [Brush Settings] 창이 활성화됩니다.

07 [Shape Dynamics(모양)]를 클릭한 후 [Size Jitter(크기 지터)] 값을 50%로 변경합니다. 100% 크기부터 50% 크기까지 랜덤으로 캔버스에 찍힙니다.

09 [Transfer(전달)]를 선택한 후 [Opacity Jitter(불투명도 지터)]와 [Flow Jitter(플로우 지터)]의 값을 50%로 변경합니다. 브러시의 불투명도와 칠이 100%부터 50%까지 랜덤으로 캔버스에 찍힙니다.

08 [Color Dynamics(색상)]를 클릭한 후 [Apply Per Tip(끝단 적용)]을 체크합니다. [Hue Jitter(색조 지터)]와 [Purity(순도)]의 값을 50%로 변경합니다. 브러시의 색상이 랜덤으로 캔버스에 찍힙니다.

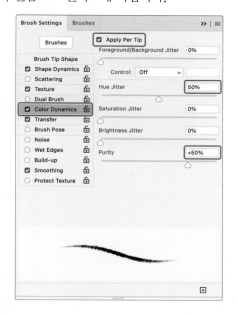

10 [Brush Tip Shape(브러시 모양)]을 선택하고 [Spacing (간격)] 값을 200%로 변경합니다.

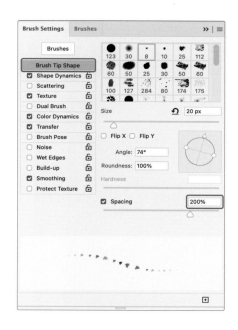

11 [Foreground Color(전경색)]를 afe7c4로 변경하고 [OK(확인)]를 누릅니다.

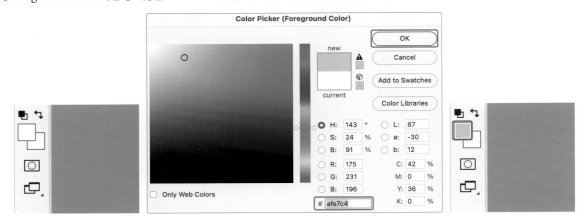

12 브러시로 드래그하여 레이어에 장식을 그립니다.

13 [Brush Tool]의 [Size(크기)]를 60px로 변경하고 [Flow(흐름)]를 100%로 변경합니다.

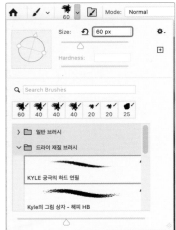

14 [Brush Settings]에서 다시 [Spacing]을 10%로 변경합니다.

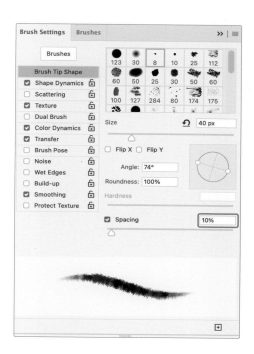

15 이미지 위에 브러시로 텍스트를 작성합니다. 완성된 이미지를 확인합니다.

06

조정

[Adjustments] 메뉴에서 이미지의 밝기와 대비, 색상, 채도 등을 조정할 수 있습니다. 각 효과를 한번에 적용하지 않고 [Adjustments Layer]를 만들어 각 [Adjustments Layer]에 효과를 하나씩 입히면 원본을 손상시키지 않고 다양하게 조정을 시도해볼 수 있습니다.

01 이미지의 밝기와 대비 조정하기

[Adjustments] 메뉴에서 [Bright/Contrast], [Levels], [Curves], [Exposure]를 활용해 이미지의 명도, 명암, 대비, 색상을 조정합니다.

예제 파일 비행기.jpg   완성 파일 비행기_완성.psd, 비행기_완성.png

01 비행기.jpg 파일을 실행합니다.

02 [Images(이미지)] - [Adjustments(조정)] - [Bright/Contrast(명도/대비)]를 선택합니다.

03 [Bright(명도)]는 30으로 설정하여 명도를 높입니다. [Contrast(대비)]는 −20으로 조절하여 대비를 낮춥니다. [Preview(미리보기)]를 체크하여 [Bright]와 [Contrast]의 값에 따라 이미지가 어떻게 달라지는지 확인하고 [OK(확인)]를 누릅니다.

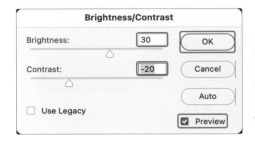

TIP

[Use Legacy(레거시 사용)]

[Use Legacy]는 조정 범위를 설정합니다. 체크되지 않은 기본 상태는 이미지의 톤을 보호하면서 명도와 대비가 자연스럽게 보정해주기 때문에 [Use Legacy]가 체크되지 않도록 주의해야 합니다. 만약 체크를 선택하면 모든 픽셀에 설정값이 적용되어 변화가 도드라지고 이미지의 세부적인 묘사가 사라질 수 있습니다.

---

04 [Images] – [Adjustments] – [Levels(레벨)]를 선택합니다.

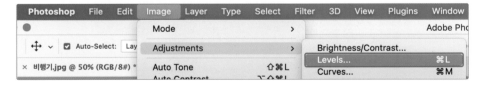

05 [Levels] 창에서 히스토그램을 보고 명암과 색상 균형을 조정할 수 있습니다. 어두운 영역, 중간 밝기 영역, 밝은 영역 순서대로 값을 조절할 수 있습니다.

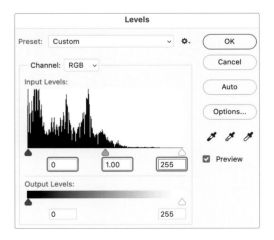

06 어두운 영역 값을 10으로 높이고 중간 밝기 영역을 0.78로 낮춘 후, 밝은 영역 값을 180으로 낮추면 어두운 부분이 강한 이미지로 조정됩니다.

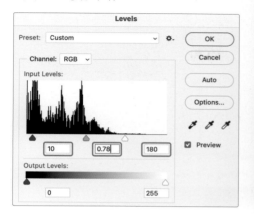

07 [Images] – [Adjustments] – [Curves(곡선)]를 선택합니다.

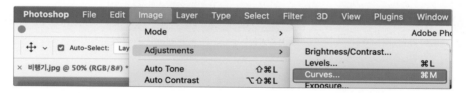

08 [Curves] 창의 [Channels(채널)]를 [Red(빨강)]로 전환합니다.

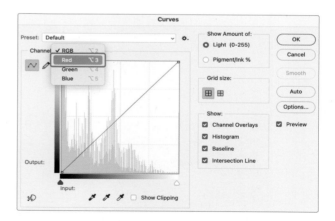

09 곡선의 중앙에 위치한 조절점을 오른쪽 하단으로 내리면 [Output(출력)] 값이 줄어들고 [Input(입력)] 값이 커집니다. 이때, 붉은 색상의 양이 줄어듭니다. 반대로 조절점을 왼쪽 상단으로 올리면 [Output] 값이 커지고 [Input] 값이 줄어들면서 붉은 색상의 양이 많아집니다. 조절점의 위치에 따라 달라지는 이미지를 확인하면서 이미지가 부자연스럽지 않은 범위 안에서 조절점을 움직입니다.

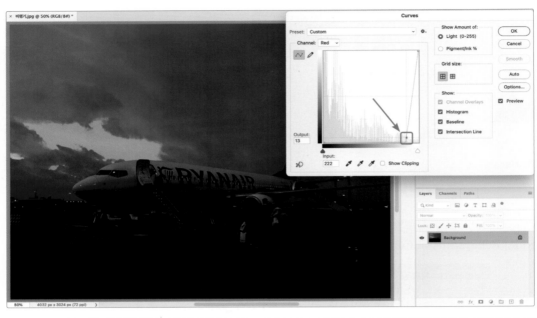

10 Opt / Alt + ④를 눌러 [Channel]을 [Green(녹색)]으로 변경합니다. 초록색의 양이 많아진 결과를 확인한 후, 적절하게 곡선의 조절점을 움직입니다.

11 Opt / Alt + ⑤를 눌러 [Channel]을 [Blue(파랑)]로 변경합니다. 이번에는 파란색의 양이 많아진 결과를 확인한 후, 적절하게 곡선의 조절점을 움직입니다.

12 Opt / Alt + ②를 눌러 [Channel]을 [RGB]로 변경합니다. 중앙에 있는 곡선의 조절점을 왼쪽 상단으로 올리면 이미지가 밝아지고 오른쪽 하단으로 내리면 이미지가 어두워집니다. 조절점을 자유롭게 움직여 효과를 확인해본 후, 이미지의 명암과 색상이 적절하다고 느껴질 때까지 조절점을 움직입니다.

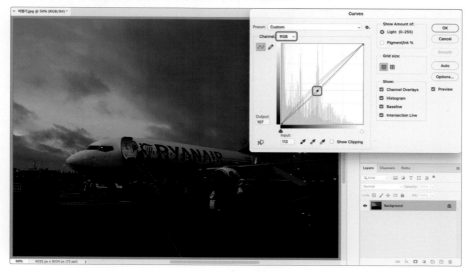

13 [Images] – [Adjustments] – [Exposure(노출)]를 선택합니다.

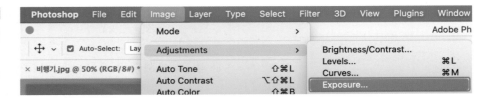

14 [Exposure] 창에서 [Exposure], [Offset(오프셋)], [Gamma Correction (감마 교정)]을 조절할 수 있습니다. [Exposure]를 높이면 밝은 영역이 더욱 밝아지고, [Offset]은 높일수록 대비가 흐려집니다. [Gamma Correction]은 값이 높아지면 어두운 영역이 더욱 어두워집니다. 이미지의 균형이 깨지지 않도록 값을 조금씩 움직여 조절합니다.

15 완성한 이미지를 확인합니다.

02 이미지의 색상 조절하기

[Adjustments] 메뉴에서 [Vibrance], [Hue/Saturation], [Color Balance]를 활용해 이미지의 채도를 높이고 전체적인 색상 균형을 조절하여 생동감 있는 이미지를 만들어봅니다.

예제 파일 열매.jpg **완성 파일** 열매_완성.psd, 열매_완성.png

01 열매.jpg 파일을 실행합니다.

02 [Images(이미지)] – [Adjustments(조정)] – [Vibrance(활기)]를 선택합니다.

03 [Vibrance]의 슬라이더 값을 +100으로 조정합니다. 값이 높을수록 이미지의 채도가 높아집니다.

04 [Saturation(채도)]의 슬라이더 값은 +20으로 조정합니다. [Saturation]은 기존 채도와 상관없이 모든 픽셀에 동일한 정도로 채도를 적용합니다. 과하게 높은 값으로 조정하면 픽셀이 깨질 수 있기 때문에 [Vibrance]로 충분히 조절한 후 적정 범위 내에서 [Saturation] 값을 조절하는 것이 좋습니다.

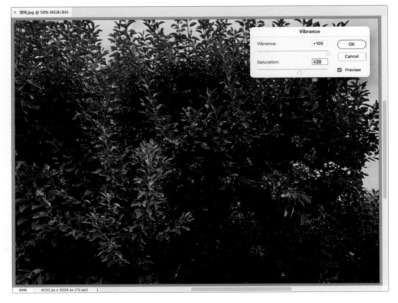

05 [Images] – [Adjustments] – [Hue/Saturation(색조/채도)]을 선택합니다.

06 [Hue/Saturation]을 통해 이미지 전체 또는 일부의 색조, 채도, 명도를 조정할 수 있습니다. 먼저, [Hue] 값을 −15로 조정하여 이미지 전체의 색조를 변경합니다.

07 [Saturation] 값을 +20으로 조정하면 전체적인 채도가 높아집니다. 전체적으로 색조와 채도를 조절한 후 비교해보면, 이전보다 열매의 색상이 붉어진 결과를 확인할 수 있습니다.

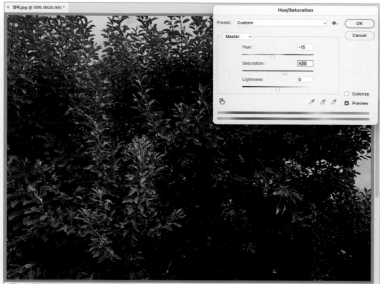

TIP

이미지의 일부 영역 색상 조정하기

전체 색상 범위를 조정하는 [Master]와 달리 이미지의 일부 영역만 조정하고 싶다면 👆을 클릭합니다. 이미지에 마우스 커서를 올리고 클릭한 채 드래그하면 해당 색상 영역의 채도를 조정할 수 있습니다.

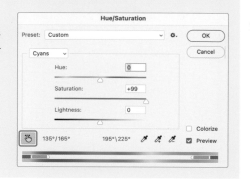

08 [Images] – [Adjustments] – [Color Balance(색상 균형)] 을 선택합니다.

09 [Tone Balance(색조 균형)]는 어떤 밝기 영역을 변 경할지 선택할 수 있으며, [Shadows(어두운 영역)], [Midtones(중간 영역)], [Highlights(밝은 영역)] 중 [Midtones]를 선택합니다. [Preserve Luminosity(광도 유 지)]에도 체크하여 이미지의 색상을 변경하더라도 광도 값이 유지되도록 합니다.

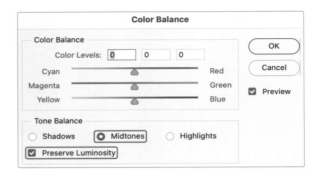

10 [Color Balance(색상 레벨)]의 입력란 에 값을 직접 입력하거나, [Cyan(녹청)], [Magenta(마젠타)], [Yellow(노랑)]의 슬라 이더를 조절할 수 있습니다. [Cyan]의 값 을 −100, [Magenta]의 값을 +10, [Yellow] 의 값을 −30으로 조정하여 이미지의 색상 을 변경합니다.

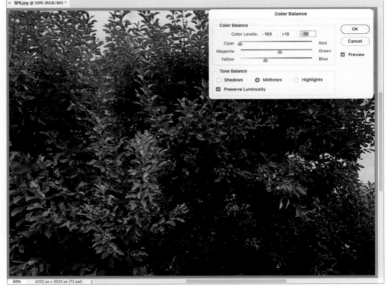

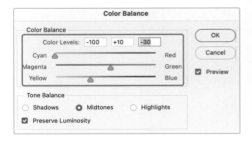

03 [Shadows/Highlights]로 어두운 영역과 밝은 영역의 균형 잡기

[Shadows/Highlights]를 활용하면 그림자 또는 빛에 의해 보이지 않는 부분을 보정하여 이미지의 밝기 균형을 맞출 수 있습니다.

예제 파일 펍.jpg **완성 파일** 펍_완성.psd, 펍_완성.png

01 펍.jpg 파일을 실행합니다.

02 [Images(이미지)] – [Adjustments(조정)] – [Shadows/Highlights(어두운 영역/밝은 영역)]을 선택합니다.

03 [Shadows(어두운 영역)]의 [Amount (양)]를 50%로 설정하면 가장자리의 어두운 영역이 밝아집니다.

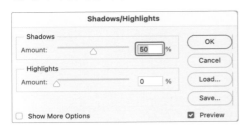

04 [Highlights(밝은 영역)]의 [Amount]를 30%로 설정하면 중앙의 밝은 영역이 어두워지고 전체적으로 명도의 차이가 작아집니다.

05 [Show More Options(옵션 확장 표시)]를 체크하면 [Shadows], [Highlights], [Adjustments(조정)]의 옵션이 확장됩니다.

06 [Adjustments]의 [Color(색상)]를 40으로 설정하여 색상을 보정합니다.

07 [Adjustments]의 [Midtone(중간 색조)]을 −15로 설정하여 대비를 살짝 낮춥니다.

08 완성된 이미지를 확인합니다.

04 [Adjustments]와 [Adjustments Layer]

[Adjustments]의 다양한 기능을 살펴봤다면, [Adjustments Layer]와의 차이점을 살펴보고 [Adjustments] 패널에서 해당 기능을 활용하는 법을 배워봅니다.

01 [Image(이미지)] – [Adjustments(조정)]를 선택하여 활용했던 다양한 기능은 [Adjustments(조정)] 패널에서도 사용할 수 있습니다.

❶ ☀ Brightness/Contrast(명도/대비): 명도와 대비로 이미지의 색조 범위를 간단하게 보정합니다.

❷ ⅲⅲⅲ Levels(레벨): 이미지의 어두운 영역과 중간 영역, 밝은 영역 각각의 강도를 조정하여 색상 균형을 조정합니다.

❸ ▦ Curves(곡선): 곡선에 조절점을 추가하고 곡선 모양을 변경하여 이미지의 색상과 색조를 조정합니다.

❹ ⅈ Exposure(노출): 빛의 노출 정도를 통해 명도와 대비를 조정합니다.

❺ ▽ Vibrance(활기): 활기와 채도를 조절하여 이미지의 채도를 보정합니다.

❻ ▦ Hue/Saturation(색조/채도): 특정 색상 범위 또는 전체 색상 범위의 색조와 채도, 밝기를 조절합니다.

❼ ⚇ Color Balance(색상 균형): 색상별 값을 조정하여 전체적인 색상 균형을 교정합니다.

❽ ◼ Black & White(흑백): 색조를 조절하면서 표현이 풍부한 흑백 이미지를 만듭니다.

❾ ⚈ Photo Filter(포토 필터): 색조나 색 온도에 따른 필터 효과를 적용합니다.

❿ ⚬ Channel Mixer(채널 혼합): 색상 채널을 조절하여 자연스러운 색상 혼합 결과를 만듭니다.

⓫ ▦ Color Lookup(색상 검색): 포토샵에서 제공하는 기본 설정을 통해 이미지에 색감을 더합니다.

⓬ ◪ Invert(반전): 색상을 반전시켜 네거티브 필름 효과를 적용합니다.

⓭ ◪ Posterize(포스터화): 레벨을 통해 이미지에 사용된 색상 수를 조절합니다.

⓮ ◪ Threshold(한계값): 이미지의 명암을 조절하여 흑백 이미지를 만듭니다.

⓯ ◪ Gradient Map(그레이디언트 맵): 그레이디언트 색상을 매핑하여 이미지를 보정합니다.

⓰ ◼ Selective Color(선택 색상): 특정 색상을 선택해 해당 색상 값만을 조절합니다.

02 [Adjustments]는 두 가지 방법으로 효과를 적용할 수 있습니다. 먼저, [Image]-[Adjustments]를 선택하면 별도의 레이어를 새로 만들지 않고 대화상자를 통해 선택된 레이어에 조정 효과가 바로 적용됩니다.

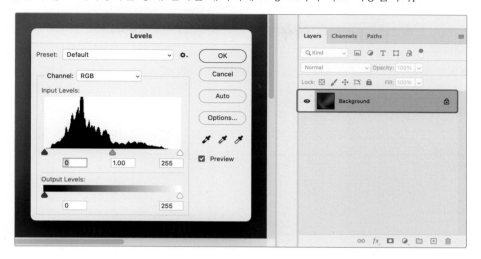

03 [Adjustments] 패널에 있는 아이콘을 선택하면 새로운 레이어를 만들고 해당 레이어에 조정 효과를 적용할 수 있습니다. 조정 레이어를 만들어 작업하면 다양한 효과를 적용하더라도 조정 레이어를 삭제하거나 숨기면 원본 이미지로 되돌리기 쉽습니다. 또한, 불투명도나 블렌드 모드를 적용하거나 마스크를 만드는 것도 가능합니다.

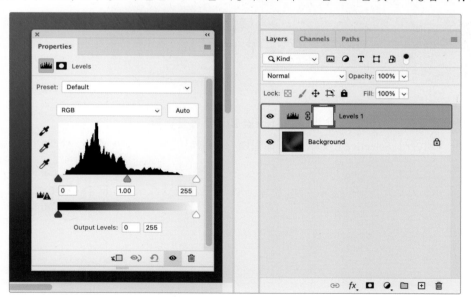

[Adjustments Layer] 만들고 다른 이미지에 적용하기

[Adjustments Layer] 중 특정 색상만 값을 조절할 수 있는 [Selective Color] 레이어를 만들어보고, 만든 레이어를 다른 이미지에도 적용해봅니다.

예제 파일 돌해변1.jpg, 돌해변2.jpg **완성 파일** 돌해변1_완성.psd, 돌해변2_완성.psd

01 돌해변1.jpg 파일을 실행합니다.

02 [Layers] 패널에서 ◑.을 클릭하면 다양한 [Adjustment Layer] 옵션을 확인할 수 있습니다. 목록에서 [Selective Color(선택 색상)]를 선택합니다.

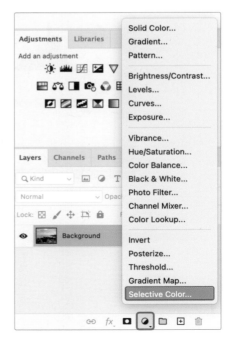

03 'Selective Color 1' 조정 레이어가 생성되고, [Properties(속성)] 패널이 활성화됩니다.

04 조정하고자 하는 [Colors(색상)]를 [Reds(빨간 계열)]에서 [Cyans(녹청 계열)]로 변경합니다.

05 각 색상값은 −100%와 100% 사이에서 조정할 수 있습니다. [Cyan(녹청)] −100%, [Magenta(마젠타)] +100%, [Yellow(노랑)] −100%, [Black(검정)] +100%로 조절하면 녹청색이었던 하늘이 보라색으로 보정됩니다.

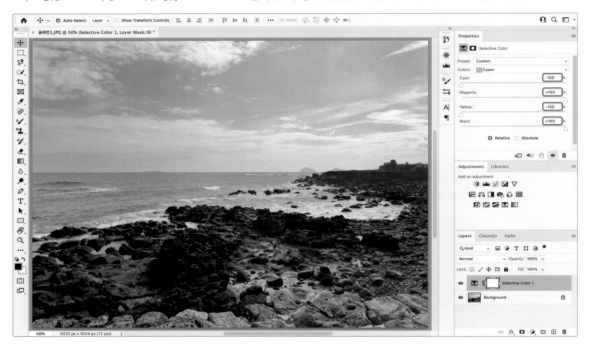

06 결과적으로는 이미지의 색상이 변한 것처럼 보이지만 조정 레이어만 조절한 것이기 때문에 'Selective Color 1' 레이어의 눈을 끄면 손상 없는 원본 이미지를 다시 확인할 수 있습니다.

07 만든 조정 레이어를 다른 이미지에 그대로 적용해 보겠습니다. [File(파일)] - [Open(열기)]을 눌러 돌해변 2.jpg 파일을 엽니다.

08 돌해변 1.jpg 파일에 있는 'Selective Color 1' 조정 레이어를 선택하고 돌해변2.jpg 파일 탭으로 드래그 앤 드롭하면 같은 조정 레이어의 효과가 적용됩니다.

09 두 번째 이미지에 적용된 조정 레이어를 선택하고 [Properties]에서 추가적으로 색상 값을 조절할 수 있습니다. [Colors]를 [Blacks(검정 계열)]로 선택하고 각 색상값을 [Cyan] +24%, [Magenta] −11%, [Yellow] +27%, [Black] −12%로 조정합니다.

10 이미지를 완성한 후 저장하면 다음 작업에서도 레이어를 통해 이미지를 조정할 수 있습니다. [File]-[Save as(다른 이름으로 저장)]를 선택합니다.

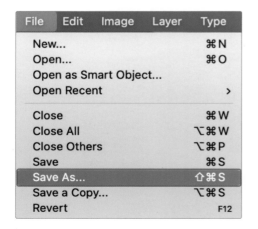

11 [Format(형식)]을 Photoshop으로 지정하고 [Save(저장)] 옵션에서 [Layers(레이어)]를 반드시 체크합니다. 레이어를 유지하는 포토샵 파일(psd 파일 형식)로 저장해야 추후 저장된 레이어를 편집하고 사용할 수 있습니다.

Chapter

07

필터

필터를 이용하면 기존 이미지에 다양한 효과를 적용하여 색다른 느낌을 줄 수 있습니다. [Filter Gallery]를 이해하고 적용하는 방식을 배워봅니다.

01

[Filter Gallery] 이해하기

필터를 이용하면 다양한 효과를 이미지에 적용할 수 있습니다. [Filter Gallery]에서 필터를 적용하거나 일반 필터를 적용하는 방법을 배워봅니다.

01 [Filter(필터)]는 크게 필터 갤러리와 [3D], [Blur(흐림 효과)], [Sharpen(선명 효과)] 등 일반적인 필터로 구분할 수 있습니다. [Last Filter(마지막 필터)]에는 가장 마지막으로 사용한 필터 효과가 표시됩니다. 이를 활용하여 같은 효과를 반복하여 적용할 수 있습니다.

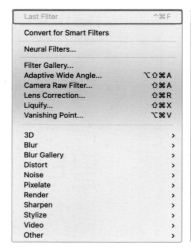

02 먼저 [Filter] – [Filter Gallery(필터 갤러리)]를 클릭하여 필터 갤러리를 살펴봅니다.

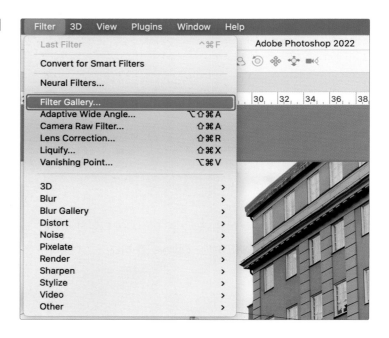

03 [Filter Gallery] 창이 나타납니다. 총 47가지 종류의 필터를 적용할 수 있으며, 선택한 필터의 옵션을 설정하고 적용될 모습을 미리보기로 확인할 수 있습니다. 또한, [Effect Layer(효과 레이어)]를 활용하여 2가지 효과를 중복하여 적용할 수도 있습니다.

❶ 선택한 필터가 이미지에 적용된 모습을 미리 확인합니다.

❷ 카테고리를 클릭하여 나타나는 필터의 섬네일 이미지 목록입니다. 클릭하면 해당 필터가 선택됩니다.

❸ 필터 선택 창이 숨겨지고 미리 보기 화면이 확장됩니다.

❹ 섬네일 이미지 목록 화면에서 선택할 수 있는 필터 목록을 드롭 리스트로 확인할 수 있습니다.

❺ 선택한 필터의 옵션을 설정합니다.

❻ [Effect Layer] 패널로 [Layers] 패널과 같은 방법으로 레이어의 순서를 변경하거나 특정 레이어를 숨기거나 보이게 할 수 있습니다.

❼ [New Effect Layer(새 효과 레이어)]: 새로운 이펙트 레이어를 만듭니다.

❽ [Delete Effect Layer(효과 레이어 삭제)]: 선택한 이펙트 레이어를 삭제합니다.

04 [Filter Gallery]에 있는 필터를 제외한 나머지 필터는 필터 명을 클릭하면 레이어에 바로 적용됩니다.

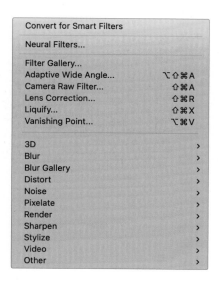

02 [Filter Gallery]로 연필 스케치 효과 만들기

[Filter Gallery]를 활용하여 연필로 스케치한 듯한 효과를 만들어봅니다.

예제 파일 거리.jpg **완성 파일** 연필스케치_완성.png, 연필스케치_완성.psd

01 거리.jpg 파일을 실행합니다. Cmd/Ctrl + J를 눌러 레이어를 복제합니다.

02 [Layers(레이어)] 패널에서 복제한 레이어의 눈을 끄고 'Background' 레이어를 선택한 후 [Filter(필터)] – [Filter Gallery(필터 갤러리)]를 클릭합니다.

03 [Artistic(예술 효과)] – [Colored Pencil(색연필)]을 선택합니다. 레이어가 연필로 칠한 것처럼 바뀐 것을 확인할 수 있습니다. [Pencil Width(연필 두께)]는 4, [Stroke Pressure(획 압력)]는 8, [Paper Brightness(용지 밝기)]는 45로 변경합니다.

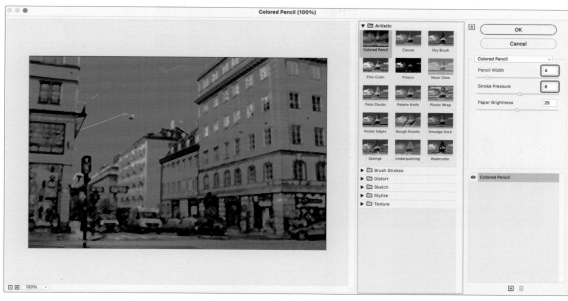

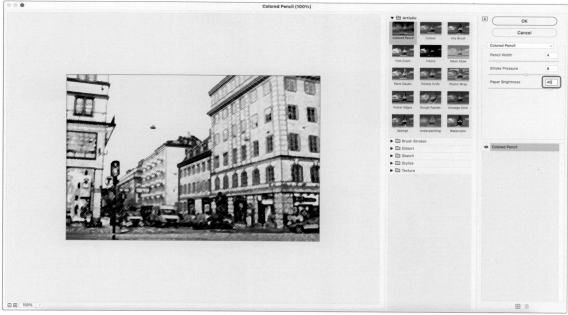

04 ⊞을 클릭하여 새로운 필터를 추가합니다. [Texture(텍스처)] – [Texturizer(텍스처화)]를 클릭하고 [Scaling(비율)]을 130, [Relief(부조)]를 5로 변경합니다. [OK(확인)]를 누릅니다.

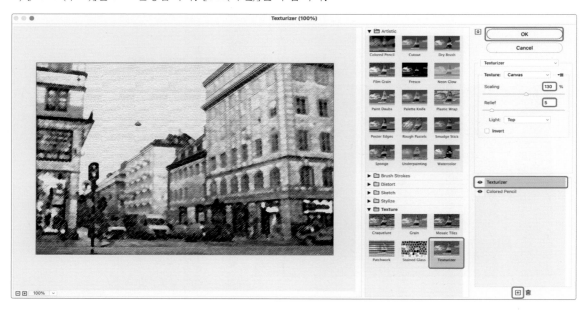

05 레이어에 적용된 필터 효과를 확인합니다.

06 [Image(이미지)] – [Adjustments(조정)] – [Black & White(흑백)]를 클릭합니다.

07 [Black and White] 창이 나타납니다. [Preset(사전 설정)]을 Green Filter(녹색 필터)로 변경한 후 [OK(확인)]를 누릅니다.

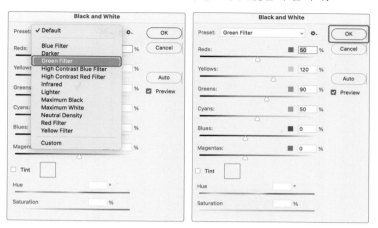

08 이미지가 흑백으로 변경됩니다.

09 [Image] – [Adjustments] – [Brightness/Contrast(명도/대비)]를 클릭합니다.

10 [Brightness/Contrast] 창에서 [Brightness]를 25, [Contrast]를 −50으로 변경한 후 [OK]를 클릭합니다.

11 [Layers] 패널에서 다시 'Layer 1' 레이어를 선택한 후 [Filter] – [Filter Gallery]를 클릭합니다.

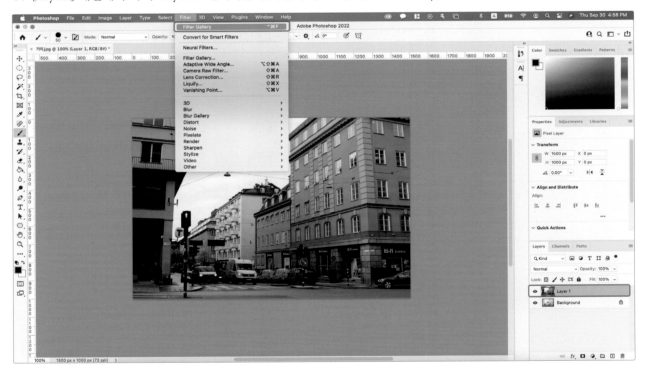

12 필터 레이어 'Texturizer'를 선택하고 🗑을 클릭하여 필터를 삭제합니다.

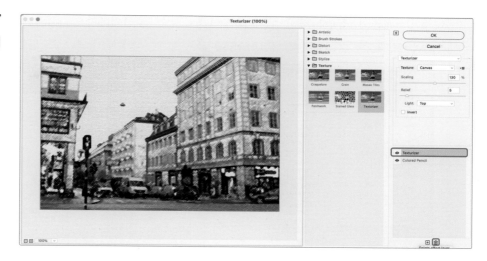

13 [Filter Layers] 패널의 [Colored Pencil]을 클릭한 후 [Stylize(스타일화)] – [Glowing Edges(가장자리 광선)]를 클릭하여 필터를 변경합니다. [Smoothness(매끄러움)]를 8로 조정하고 [OK]를 눌러 적용합니다.

 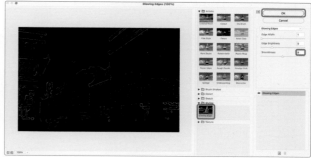

14 [Image] – [Adjustments] – [Invert(반전)]를 클릭하여 이미지의 색을 반전시킵니다.

 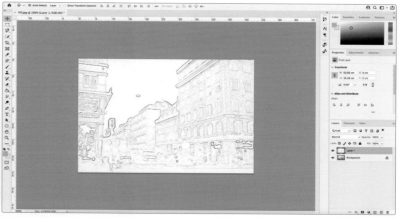

15 [Image] – [Adjustments] – [Desaturate(채도 감소)]를 클릭하여 이미지의 채도를 줄입니다.

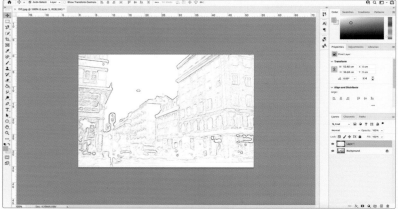

16 [Layers] 패널에서 'Layer 1' 레이어를 클릭한 채로 [Blend Mode(혼합 모드)]를 [Multiply(곱하기)]로 변경합니다.

17 연필 스케치 효과가 완성된 이미지를 확인합니다.

03 [Smart Filters] 활용하기

[Smart Filters]는 레이어를 [Smart Object]로 변환한 후 적용하는 필터입니다. [Smart Filters]를 활용할 시 필터를 적용한 후에도 수정하거나 삭제할 수 있어, 다양한 필터를 적용하거나 삭제하며 결과물을 확인해야 할 때 유용하게 사용할 수 있습니다.

예제 파일 자전거.jpg　완성 파일 스마트필터_완성.png, 스마트필터_완성.psd

01 자전거.jpg 파일을 실행합니다.

02 [Filter(필터)]-[Convert for Smart Filters(고급 필터용으로 변환)]를 클릭합니다. 'To enable re-editable smart filters, the selected layer will be converted into a smart object.(다시 편집할 수 있는 고급 필터를 사용할 수 있도록 선택한 레이어가 고급 개체로 변환됩니다.)'라는 창이 뜨면 [OK(확인)]를 클릭합니다.

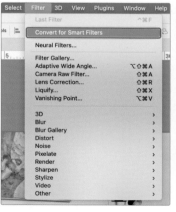

03 'Background' 레이어가 [Smart Object(고급 개체)]로 변환됩니다.

04 [Background Color(배경색)]를 ffffff로 변경합니다. [Filter(필터)] – [Pixelate(픽셀화)] – [Pointillize(점묘화)]를 클릭한 후 [Cell Size(셀 크기)]를 10으로 설정하여 적용합니다.

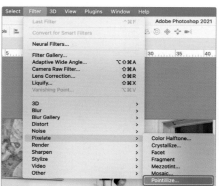
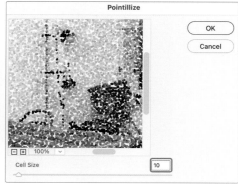

05 일반 필터를 적용할 때와 다르게 레이어 하단에 [Smart Filters]가 생성됩니다.

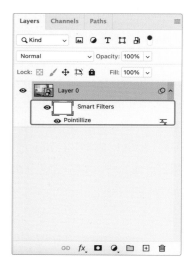

06 [Brush Tool(브러시 도구)]을 클릭한 후 [Foreground Color(전경색)]를 000000으로 변경합니다. [Smart Filters]의 섬네일을 한번 클릭한 후, 브러시로 책상 부분을 칠하면 필터가 적용된 부분이 지워집니다.

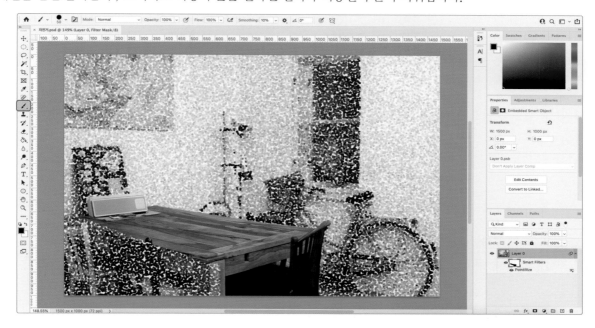

07 작업 내역을 확대하여 꼼꼼하게 책상 부분을 지웁니다. [Foreground Color]를 ffffff로 변경한 후 칠하면 지웠던 부분이 되돌아옵니다. 000000과 ffffff을 번갈아서 활용합니다.

08 브러시로 칠한 책상 부분만 필터 효과가 지워집니다.

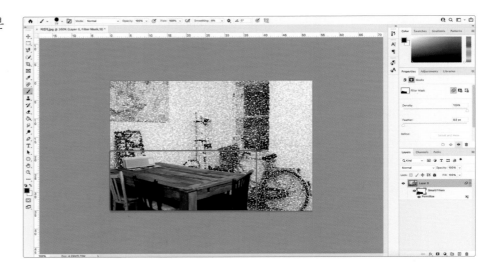

09 [Layers(레이어)] 패널에서 ![icon]을 더블클릭하면 필터의 [Blend Mode(혼합 모드)]를 조절할 수 있습니다.

10 [Mode(모드)]를 [Screen (스크린)]으로 변경한 후 [OK]를 눌러 적용합니다.

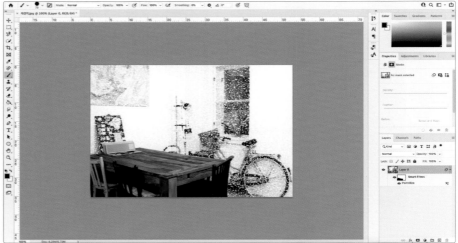

11 [Smart Filters]는 여러가지 필터를 한 번에 적용할 수도 있습니다. 'Layer 1' 레이어를 클릭한 채로 [Filter] – [Stylize(스타일화)] – [Tiles(타일)]를 클릭하여 필터를 중복 적용합니다.

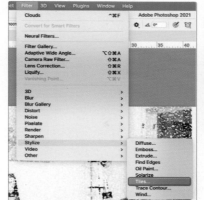

12 완성된 이미지를 확인합니다.

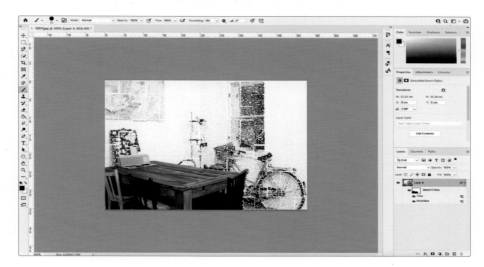

TIP

[Smart Filters] 삭제하기

[Smart Filters]를 클릭한 후 🗑으로 드래그 앤 드롭하면 [Smart Filters]가 삭제됩니다. 삭제 기능으로 [Smart Filters]를 자유롭게 적용하고 활용할 수 있습니다.

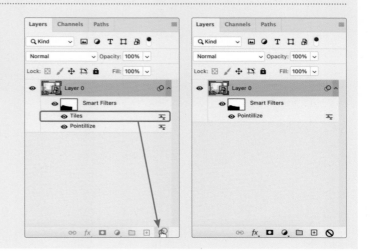

PART
03
포토샵 응용하기

이미지 보정

[Tools(도구)] 패널의 다양한 도구를 활용하여 이미지를 보정할 수 있습니다.
보정에 활용할 수 있는 도구의 사용법을 익히고 인물, 사물, 배경 등 이미지를
목적에 맞게 보정해봅니다.

[Spot Healing Brush Tool]과 [Patch Tool]로 불필요한 요소 제거

이미지에서 불필요한 요소를 제거하는 방법을 배워봅니다. [Spot Healing Brush Tool]은 이미지에서 지우고자 하는 부분을 선택하면 자동으로 이미지가 보정되는 반면, [Patch tool]은 이미지에서 지울 부분을 직접 선택하여 보정할 수 있다는 차이점이 있습니다.

예제 파일 세비야.jpg **완성 파일** 세비야_완성.png

01 세비야.jpg 파일을 실행합니다.

02 [Spot Healing Brush Tool(스팟 복구 브러시 도구)]을 선택합니다.

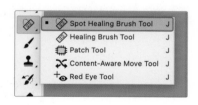

03 옵션 바에서 [Size(크기)]는 164px, [Mode(모드)]는 [Normal(표준)], [Type(유형)]은 [Content-Aware(내용 인식)]로 설정합니다.

04 레이어에서 삭제하고자 하는 부분인 가로등을 드래그하여 칠합니다. 해당 영역의 이미지가 자동으로 수정됩니다.

05 원하는 결과가 나오지 않은 경우 한번 더 드래그하여 칠하여 정리합니다.

06 [Patch Tool(패치 도구)]을 선택하고 옵션 바에서 [Patch (패치)]를 [Normal]로 설정합니다. [Source(소스)]를 활성화한 후 [Transparent(투명)]의 체크를 해제합니다.

 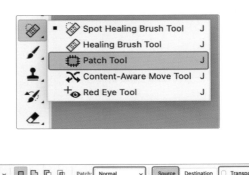

07 [Patch Tool]로 레이어 우측에 삭제하고 싶은 건물 주변을 드래그하여 영역을 선택합니다.

08 선택된 영역을 클릭하여 왼쪽으로 드래그하면 드래그한 영역의 이미지가 선택 영역 안으로 자연스럽게 합성됩니다.

09 Cmd/Ctrl + D를 눌러 선택 영역을 해제합니다. 완성된 이미지를 확인합니다.

02 [Content-Aware Move Tool]로 사물 이동 및 복제하기

[Content-Aware Move Tool]은 이미지의 내용을 인식해서 이동 및 복제할 수 있는 도구입니다. 이미지의 일부 영역을 선택한 후 이동시키고 복제해봅니다.

예제 파일 책.jpg   완성 파일 책_완성.png

01 책.jpg 파일을 실행합니다.

02 [Content-Aware Move Tool(내용 인식 이동 도구)]을 선택합니다.

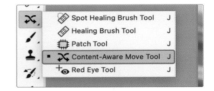

03 이동시키고자 하는 2층의 작은 창문 근처를 드래그하여 영역을 선택합니다.

04 옵션 바에서 [Mode(모드)]를 [Move(이동)]로 설정합니다.

05 선택된 영역을 아래로 드래그하면 선택 영역의 이미지가 이동됩니다.

06 Enter를 누르면 창문이 아래로 이동하면서 기존 영역은 자연스럽게 수정됩니다.

07 옵션 바에서 [Move]를 [Extend(확장)]로 변경합니다.

08 책 주변을 드래그하여 선택 영역을 지정합니다.

 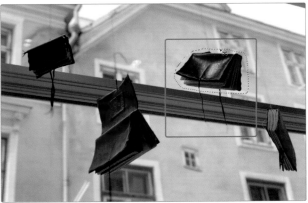

09 해당 선택 영역을 왼쪽으로 드래그한 후 Enter 를 누르면 선택 영역의 이미지가 복제됩니다. 완성된 이미지를 확인
합니다.

Chapter

02

이미지 합성

[Clone Stamp Tool]로 이미지의 일부를 지우는 방법을 배워봅니다. 레이어에 마스크를 씌우고, [Clipping Mask]와 레이어 [Blend Mode]의 원리를 이해하여 다양한 방법으로 이미지를 합성해봅니다.

01 [Clone Stamp Tool]로 이미지의 일부 영역 지우기

[Clone Stamp Tool]은 도장 모양대로 종이에 도장을 찍을 수 있는 것처럼 이미지의 일부분을 복제하여 도장처럼 찍어내는 도구로 자연스럽게 이미지의 일부분을 덮을 수 있습니다.

예제 파일 모래사장.jpg   완성 파일 모래사장_완성.png, 모래사장_완성.psd

01 모래사장.jpg 파일을 실행합니다.

02 [Clone Stamp Tool(복제 도장 도구)]을 선택합니다.

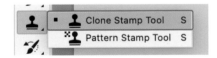

03 도장 브러시의 [Size(크기)]는 50px, [Hardness(경도)]는 0%로 조절합니다.

04 이미지를 확대하고 Opt/Alt를 눌러 복제하고자 하는 기준점을 선택합니다. 모래 사장에 앉아있는 사람을 지우기 위해 사람 옆의 모래 부분을 선택합니다.

05 [Clone Stamp Tool]로 찍을 부분을 클릭하여 브러시로 지워 나갑니다.

06 하나의 [Clone Stamp Tool]을 연속해서 찍으면 부자연스러워지기 때문에 다시 한번 Opt/Alt를 눌러 새롭게 복제할 기준점을 선택합니다.

07 새로운 [Clone Stamp Tool]로 인물을 지웁니다.

08 같은 방법으로 [Clone Stamp Tool]을 활용하여 빨간 의자도 깨끗하게 지웁니다.

09 모래사장에 있던 인물과 빨간 의자가 지워진 결과를 확인합니다.

02 레이어 마스크 활용하기

합성의 기본인 레이어 마스크를 활용하여 배경만 흑백으로 조절해봅니다.

[예제 파일] 광화문.jpg [완성 파일] 광화문_완성.png, 광화문_완성.psd

01 광화문.jpg 파일
을 실행합니다.

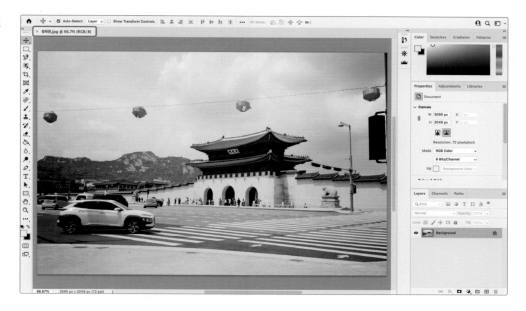

02 [Layers(레이어)] 패널에서 Cmd/Ctrl + J를 눌러 레
이어를 복제합니다.

03 복제된 레이어가 선택된 상태에서 [Image(이미지)] –
[Adjustments(조정)] – [Desaturate(채도 감소)]를 선택합
니다.

04 이미지의 채도가 모두 사라져 흑백으로 변경됩니다.

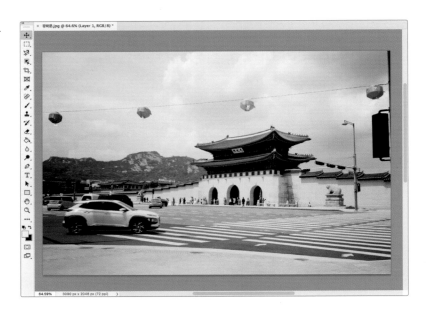

05 [Layers] 패널 하단에서 ▣을 눌러 마스크를 추가합니다.

06 [Brush Tool(브러시 도구)]을 선택합니다.

07 [Foreground Color(전경색)]는 000000, [Background Color(배경색)]는 ffffff로 색상을 설정합니다.

08 브러시의 [Size(크기)]를 36px, [Hardness(경도)]를 100%로 설정합니다.

09 색상을 강조하고자 할 부분을 브러시로 칠합니다. 먼저 연등의 색상이 나타나도록 합니다.

10 광화문도 브러시로 칠해 원래 색상이 나타나도록 합니다. 브러시로 칠할 때 칠하는 부분에 따라 ⒥를 눌러 브러시를 확대하거나 ⒤를 눌러 브러시를 축소하여 사용합니다.

11 광화문이 강조된 이미지를 완성합니다.

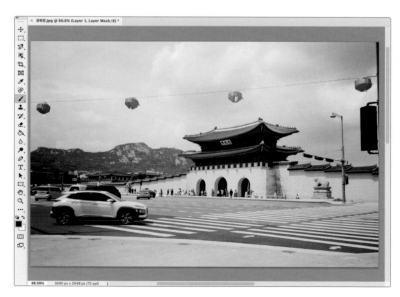

03 클리핑 마스크 활용하기

틀을 만들고 그 안에 이미지를 넣는 클리핑 마스크는 자주 사용하는 마스크 기능 중 하나입니다. 타원에 맞춰 클리핑 마스크를 씌워봅니다.

예제 파일 하늘꽃.psd   완성 파일 하늘꽃_완성.png, 하늘꽃_완성.psd

01 하늘꽃.psd 파일을 실행합니다. [Layers(레이어)] 패널에는 'Background' 레이어와 '꽃' 레이어가 있습니다.

02 [Layers] 패널에서 'Background' 레이어와 '꽃' 레이어 사이에 새 레이어를 추가합니다.

03 [Ellipse Tool(타원 도구)]을 선택합니다.

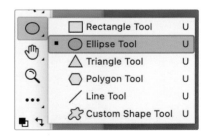

04 이미지 크기와 비슷하게 타원을 그린 후 안내선에 맞춰 타원의 위치를 조절합니다.

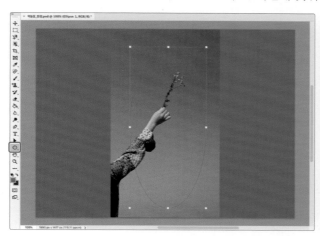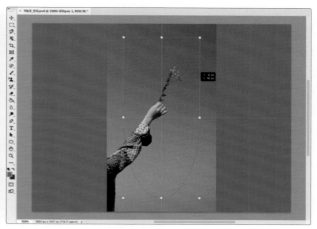

05 [Layers] 패널에서 '꽃' 레이어를 선택하고 마우스 오른쪽 버튼을 눌러 [Create Clipping Mask(클리핑 마스크 만들기)]를 클릭합니다.

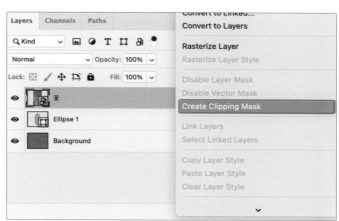

06 클리핑 마스크가 적용되어 타원 마스크에 맞춰 원본 이미지가 잘린 것을 확인할 수 있습니다.

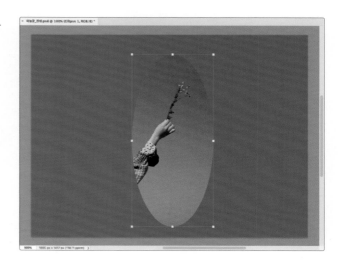

07 'Ellipse 1' 레이어를 선택하고 [Appearance(모양)] 패널에서 타원의 [Stroke(획)]의 두께를 3px, 색상을 ffffff로 변경합니다.

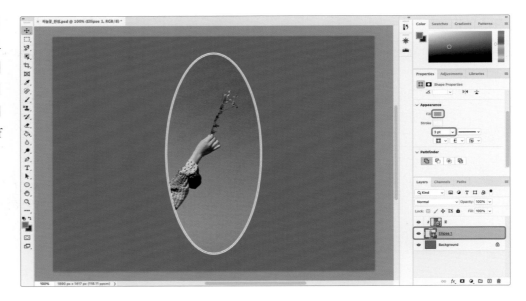

08 완성된 이미지를 확인합니다.

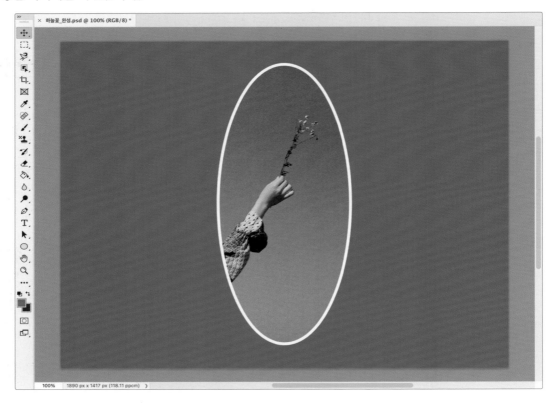

04 [Blend Mode] 활용하기

[Blend Mode]를 활용해 두 장 이상의 사진을 자연스럽게 합성합니다.

예제 파일 시티뷰.psd, 구름.jpg 완성 파일 시티뷰_완성.png, 시티뷰_완성.psd

01 시티뷰.psd 파일을 실행
합니다. [Layers(레이어)] 패
널에는 '스카이뷰' 레이어와 '붉
은노을' 레이어가 있습니다.

02 [Layers] 패널에서 '붉은노을' 레이어의 [Blend Mode(혼합 모드)]를 [Overlay(오버레이)]로 설정합니다.

03 Cmd/Ctrl + J를 눌러 '붉은노을' 레이어를 복제합니다. 복제한 레이어의 [Blend Mode]를 [Soft Light(소프트 라이트)]로 설정합니다.

04 [File(파일)] – [Place Embedded(포함 가져오기)]를 클릭하여 구름.jpg 파일을 불러옵니다.

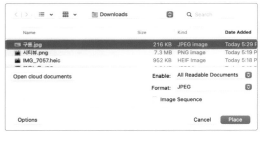

05 Enter를 눌러 이미지를 포함합니다.

06 Cmd/Ctrl + T를 눌러 '구름' 레이어의 크기와 위치, 각도를 조절합니다.

07 [Layers] 패널에서 '구름' 레이어의 [Blend Mode]를 [Pin Light(핀 라이트)]로 설정합니다.

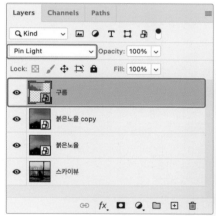

08 혼합된 이미지 결과를 확인하면서 각 레이어에서 [Blend Mode]의 [Opacity (불투명도)]를 적절하게 조절합니다.

09 [Layer(레이어)] – [Flatten Image(배경으로 이미지 병합)]를 클릭합니다.

10 [Layers] 패널에 있던 모든 레이어가 하나의 'Background' 레이어로 병합됩니다.

11 [Adjustments(조정)] 패널에서 [Color Lookup(색상 검색)]을 선택합니다.

12 [3DLUT File(3DLUT 파일)] 목록에서 [EdgyAmber. 3DL]을 선택하고 이미지가 자연스러워질 때까지 [Opacity] 를 조절합니다.

13 완성된 이미지를 확인합니다.

PART

04

적재적소에 활용하는
실전 예제

그래픽 포스터

[Mixer Brush Tool]을 활용해 그레이디언트 배경의 그래픽 포스터를 만들어봅니다. [Filter]의 [Blur]와 [Distort]로 텍스트에도 다양한 효과를 더해 포스터의 완성도를 높입니다.

예제 파일 포스터.psd **완성 파일** 포스터_완성.png, 포스터_완성.psd

01 포스터.psd 파일을 실행합니다.

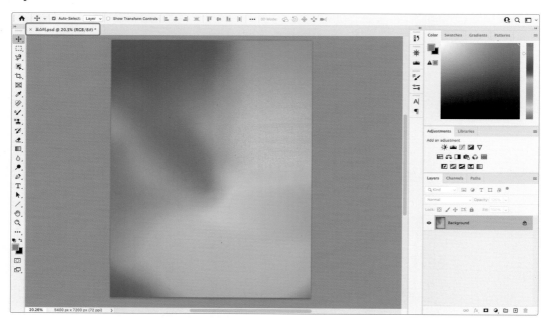

02 [Layers(레이어)] 패널에서 새 레이어를 생성합니다.

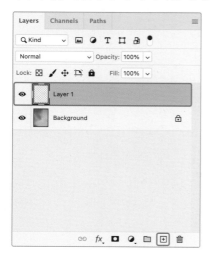

03 [Tools(도구)] 패널에서 [Mixer Brush Tool(혼합 브러시 도구)]을 선택합니다.

04 [Window(창)] – [Brush Settings(브러시 설정)]를 선택합니다. 브러시의 [Size(크기)]를 1000px, [Hardness(경도)]를 30%, [Spacing(간격)]은 3%로 설정합니다.

05 브러시 설정을 완료한 후, 원본 레이어를 보호하면서 새 레이어에 브러시 효과를 적용할 수 있도록 [Sample All Layers(모두 샘플링)]에 체크합니다.

06 브러시의 옵션 중 [Wet(축축함)]은 물의 농도를 조절해줍니다. [Wet]이 0%일 때는 브러시가 불투명하게 사용되지만 [Wet]이 100%일 때는 기존 이미지에 물을 탄 것처럼 자연스러운 브러시 효과가 나타납니다. 이번 예제에서 [Wet]은 80%로 설정합니다.

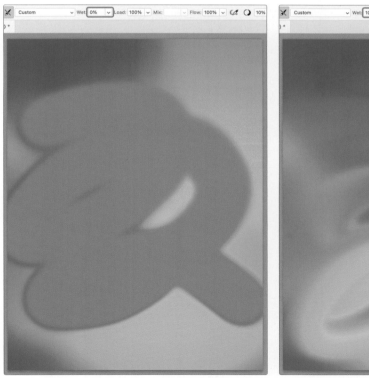

07 설정이 완료된 [Mixer Brush Tool]로 이미지 위를 낙서하듯 드래그하여 형태를 만듭니다. 형태는 이미지에 꽉차게 가장자리부터 그려주는 것이 좋습니다.

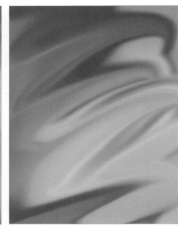

08 'Layer 1' 레이어를 선택하고 Cmd/Ctrl + J를 눌러 복사본 'Layer 2'를 생성합니다.

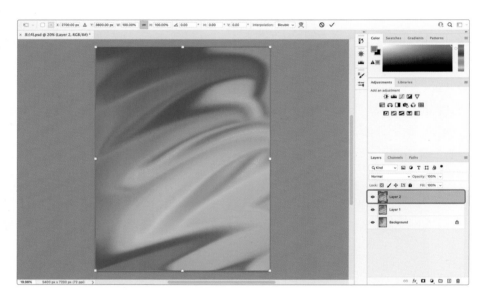

09 'Layer 2'를 선택하고 Cmd/Ctrl + T를 눌러 'Layer 1'보다 살짝 작은 크기로 조절하고 정중앙에 위치시킵니다.

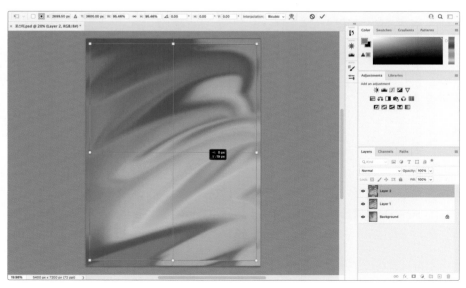

10 다시 'Layer 1'을 선택하고 [Opacity(불투명도)]를 50%로 조절합니다.

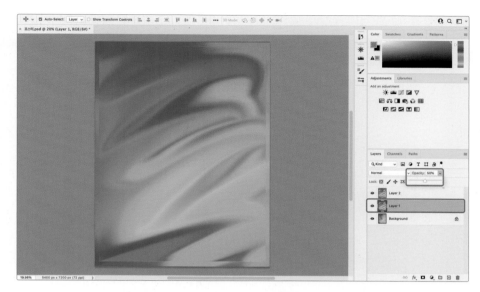

11 도구 패널에서 [Horizontal Type Tool(수평 문자 도구)]를 선택하여 'No Music No Life Know Music Know Life'를 입력합니다.

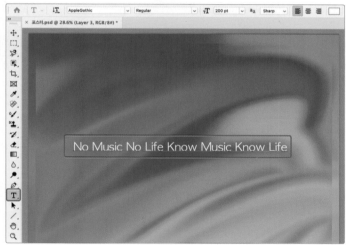

12 [폰트]를 NewYork으로 변경하고 [Size(크기)]를 320pt로 조절합니다.

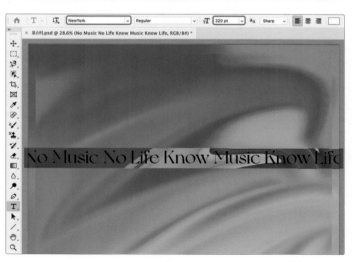

13 문자 레이어가 선택된 상태에서 [Filter(필터)] – [Distort(왜곡)] – [Twirl(돌리기)]을 선택합니다.

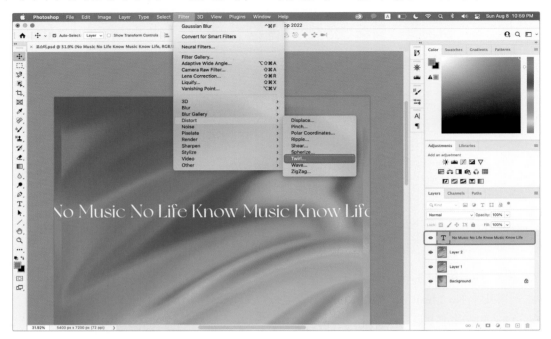

14 'This type layer must be rasterized or converted to a smart object before proceeding. If rasterized, its text will no longer be editable.(진행하기 전에 이 문자 레이어를 래스터화하거나 고급 개체로 변환해야 합니다. 래스터화할 경우 레이어의 텍스트는 더 이상 편집할 수 없습니다.)'라고 써있는 알림창 내용을 확인하고 [Convert To Smart Object(고급 개체로 변환)]를 선택합니다.

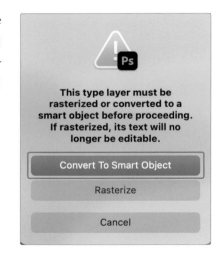

15 [Twirl] 창에서 [Angle(각도)]을 72로 설정하고 [OK(확인)]를 누릅니다. 흰색 텍스트라 잘 보이지 않지만 미리보기의 크기를 조절하여 [Twirl]의 결과를 확인할 수 있습니다.

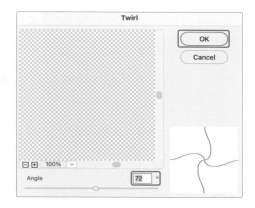

16 [Twirl] 효과가 적용된 텍스트를 확인합니다.

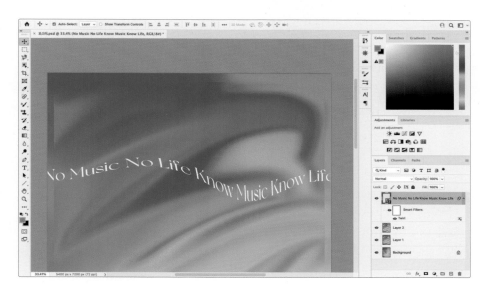

17 문자 레이어가 선택된 상태에서 [Filter] – [Blur(흐림 효과)] – [Gaussian Blur(가우시안 흐림 효과)]를 선택합니다.

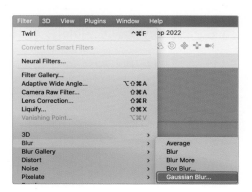

18 [Gaussian Blur] 창에서 [Radius(반경)]를 15.0 Pixels(픽셀)로 설정하고 [OK]를 누릅니다.

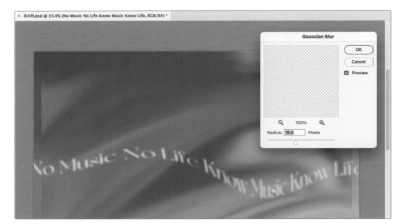
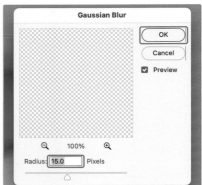

19 [Gaussian Blur] 효과까지 적용되어 이미지에 더욱 자연스럽게 묻어난 텍스트 레이어를 확인하고, Cmd/Ctrl + J를 두 번 눌러 레이어를 복제합니다.

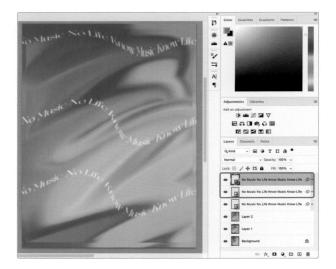

20 Cmd/Ctrl + T로 문자 레이어를 원하는 곳에 배치합니다.

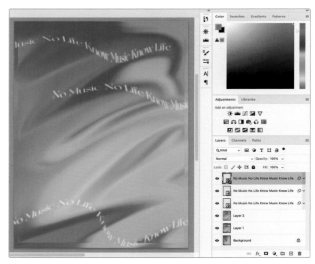

21 [Horizontal Type Tool]로 타이틀을 작성합니다. [폰트]는 a Abstract Groovy, [크기]는 700pt로 설정합니다.

22 [Horizontal Type Tool]로 본문 내용을 작성하고 가운데 정렬을 맞춥니다. [폰트]는 Bebas, [크기]는 200pt로 설정합니다.

 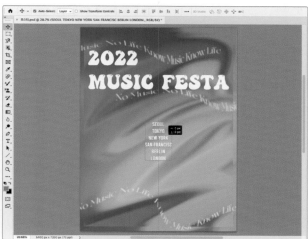

23 [Line Tool(선 도구)]로 [Stroke(획)]가 2pt인 선을 그립니다. 본문 내용에 닿지 않도록 양쪽에 두 개의 선을 그립니다.

24 완성된 포스터를 확인합니다.

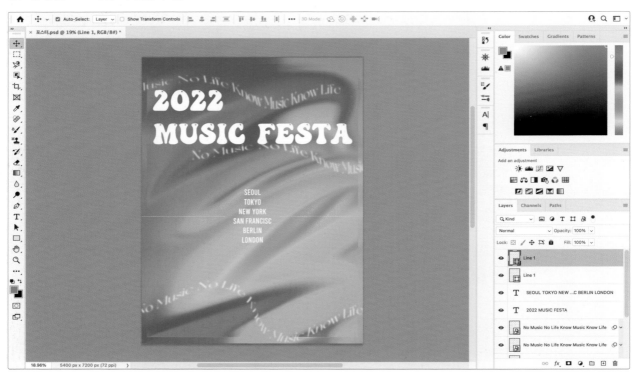

02 배너

[Type Tool]과 [Layer Style]을 활용하여 이벤트 홍보 배너를 제작합니다.

예제 파일 바다풍경.jpg, 화장품.png, 화장품2.png, 화장품3.png, 화살표.png **완성 파일** 기획전배너_완성.png, 기획전배너_완성.psd

01 [Width(폭)] 900px, [Height(높이)] 600px, [Resolution(해상도)] 144의 새 파일을 생성합니다.

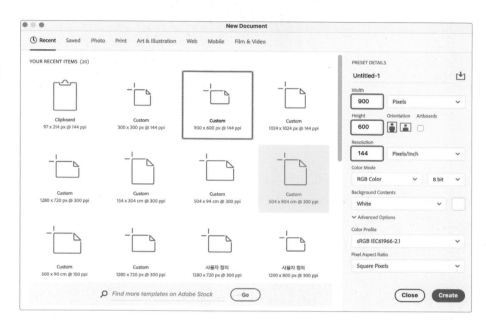

02 [Foreground Color(전경색)]를 5199be로 변경한 후 Opt/Alt + Delete를 눌러 레이어를 [Foreground Color]로 채웁니다.

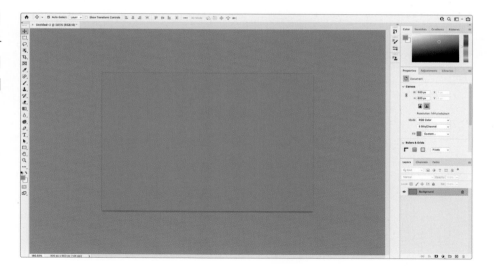

03 바다풍경.jpg를 불러온 후 크기를 조절합니다.

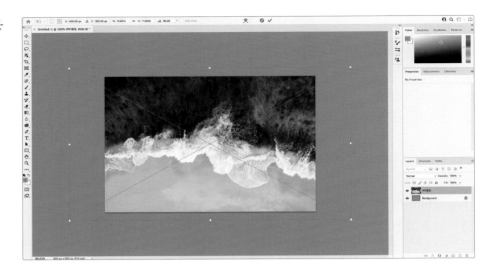

04 [Layers(레이어)] 패널에서 '바다풍경' 레이어를 선택한 후 [Blend Mode(혼합 모드)]를 [Screen(스크린)]으로 변경하고 [Opacity(투명도)]를 90%로 조절합니다.

05 [Horizontal Type Tool(수평 문자 도구)]로 '8월 여름맞이 기획전'을 입력합니다.

06 Cmd/Ctrl + A를 눌러 텍스트 전체를 선택한 다음 [Properties(속성)] 패널에서 행간 값을 줄입니다.

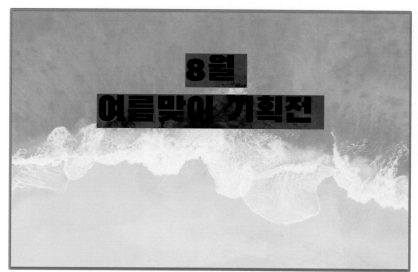

07 텍스트 중 '8월'을 드래그한 후 [Properties] 패널에서 텍스트 크기를 키웁니다.

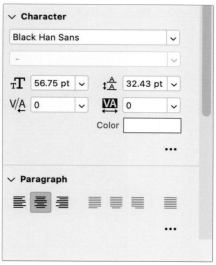

08 [Layers] 패널에서 '8월 여름맞이 기획전' 문자 레이어 우측의 빈 공간을 더블클릭하여 [Layer Style] 창을 실행합니다. [Drop Shadow(드롭 섀도)]를 체크한 후 [Opacity(불투명도)]는 100%, [Angle(각도)]는 138도, [Distance(거리)]는 3px, [Spread(스프레드)]는 2%, [Size(크기)]는 0px로 값을 설정합니다. [Ok(확인)]를 누르면 텍스트에 그림자 효과가 적용됩니다.

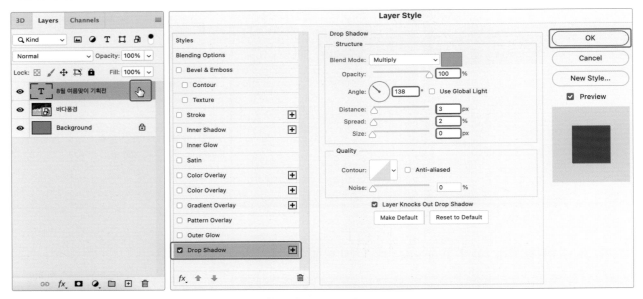

09 [Rectangle Tool(사각형 도구)]을 선택한 후 작은 크기의 직사각형을 그립니다. 모서리의 조절점을 클릭 후 드래그하여 사각형 모서리를 둥글게 조절합니다.

10 다시 [Horizontal Type Tool]로 '기간'을 입력합니다. [Move Tool(이동도구)]로 텍스트를 사각형 위로 이동합니다.

11 [Layers] 패널에서 사각형 레이어를 선택한 후 Cmd/Ctrl + J로 레이어를 복사합니다. 복사된 레이어를 우측으로 이동한 뒤 Cmd/Ctrl + T로 폭을 길게 조절합니다.

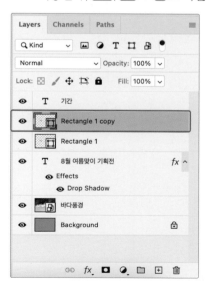

12 [Properties] 패널에서 [Fill(칠)]을 클릭하여 [색상]을 ffffff로 변경합니다.

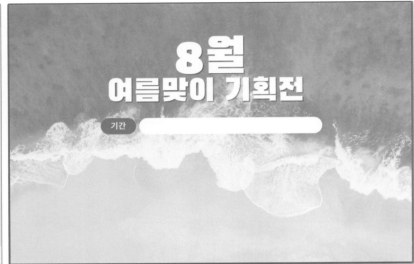

13 [Horizontal Type Tool]로 기간을 입력합니다. 흰색 사각형 레이어를 클릭한 후 Cmd/Ctrl + T를 눌러 해당 텍스트의 길이만큼 사각형 레이어의 너비를 조절합니다.

14 [Layers] 패널에서 (Shift)를 누르고 두 사각형 레이어와 문자 레이어를 모두 클릭해준 상태에서 작업 영역의 가운데로 이동합니다. 레이어가 모두 선택된 상태에서 (Cmd)/(Ctrl) + (G)를 눌러 그룹화합니다. [Layers] 패널에서 해당 그룹을 더블클릭하여 그룹 이름을 '기간'으로 변경합니다.

15 화장품.png, 화장품2.png, 화장품3.png 파일을 불러온 후 (Cmd)/(Ctrl) + (T)로 사이즈를 적절하게 조절합니다.

16 각 레이어를 클릭하여 이동 및 회전을 시킨 후 [Move Tool]로 적절하게 배치합니다.

17 각 제품에 대한 설명을 작성하기 위해 화살표.png 파일을 불러온 후 Cmd/Ctrl + J를 두 번 눌러 복사합니다. 이후 각 제품 주변으로 화살표의 위치를 옮깁니다.

18 각 제품에 대한 설명을
[Horizontal Type Tool]로
작성합니다.

19 '기간' 그룹과 마찬가지로 화장품 제품 사진 레이어, 화살표 레이어, 설명 문자 레이어를 모두 선택하여 '제품' 그룹으로 그룹화 시킵니다.

20 [Rectangle Tool]을 선택한 후 레이어 하단에 직사각형을 그립니다. 마찬가지로 사각형 모서리 둥글기를 조절합니다.

21 [Horizontal Type Tool]을 선택한 후 '구매하러가기'를 입력합니다. 작성한 문자 레이어를 사각형 위로 이동시킨 후 작업을 마무리합니다. 완성된 이미지를 확인합니다.

03 감성적인 유튜브 섬네일

유튜브 섬네일은 크게 감성이 담긴 섬네일과 정보를 전달하기 위한 섬네일로 구분할 수 있습니다. 먼저 이미지와 모양 도구를 활용하여 원고지 형식의 감성적인 유튜브 섬네일을 제작해봅니다.

예제 파일 템플스테이.jpg 완성 파일 감성섬네일_완성.png, 감성섬네일_완성.psd

01 [Width(폭)] 1280px, [Height(높이)] 720px, [Resolution(해상도)] 300px 의 새 파일을 생성합니다.

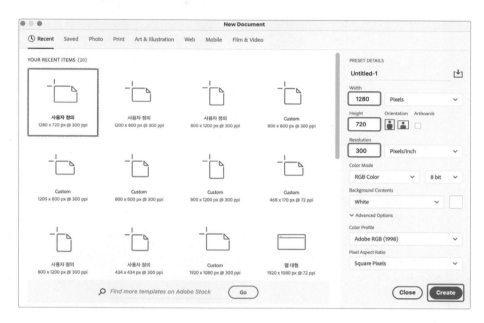

02 [File(파일)] − [Place Embedded(포함 가져오기)]로 템플스테이.jpg를 불러옵니다.

03 [Layers(레이어)] 패널에서 새로운 레이어를 추가하고 [Foreground Color(전경색)]를 000000로 변경합니다. [Paint Bucket Tool(페인트 통 도구)]을 선택하여 레이어를 [Foreground Color]로 채운 후 [Opacity(불투명도)]를 30%로 변경합니다.

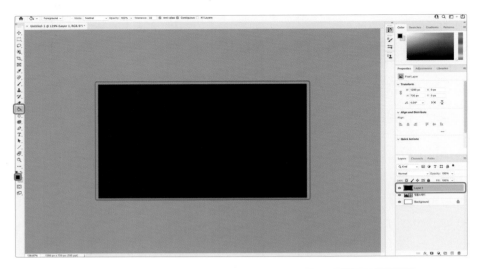

04 [Horizontal Type Tool(수평 문자 도구)]을 선택한 후 레이어를 클릭하여 '#템플 스테이'를 입력합니다. [Properties(속성)] 패널에서 [크기]를 5pt로 변경하고 색상도 ffffff로 변경합니다.

05 [Move Tool(이동 도구)]을 선택하여 좌측 상단으로 텍스트를 이동합니다.

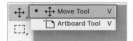

06 [Layers] 패널에서 문자 레이어를 선택한 후 Cmd/Ctrl + J로 레이어를 복사합니다. [Move Tool]로 복사한 레이어를 우측 상단으로 이동한 뒤 더블클릭하여 내용을 '첫번째 브이로그'로 변경합니다.

07 새 레이어를 하나 추가하고 [Rectangle Marquee Tool(사각형 선택 윤곽 도구)]을 선택하여 Shift를 누른 채로 레이어 위에 정사각형을 그립니다.

08 마우스 오른쪽 버튼을 클릭한 후 [Stroke(획)]를 클릭합니다. [Width]는 1px, [Color(색상)]는 ffffff로 설정한 뒤 [OK(확인)]를 클릭하여 획을 그립니다.

09 사각형 레이어가 총 6개가 되도록 <kbd>Cmd</kbd>/<kbd>Ctrl</kbd> + <kbd>J</kbd>로 복사한 후 각 레이어를 원고지 모양으로 배치합니다.

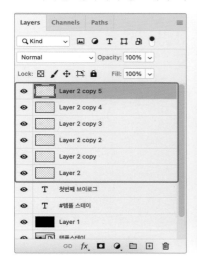
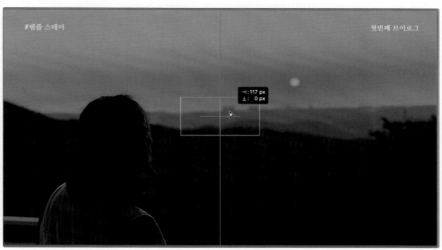

10 원고지 모양에 해당하는 모든 레이어를 선택한 후 [Merge Layers(레이어 병합)]를 눌러 하나의 레이어 합칩니다.

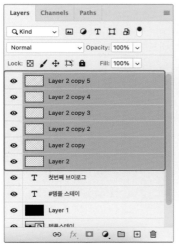
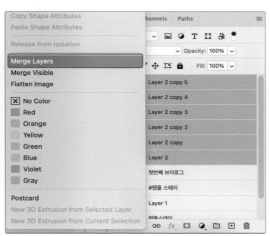

11 [Line Tool(선 도구)]을 클릭한 후 원고지의 폭만큼 라인을 그립니다.

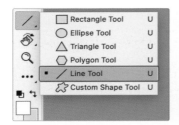

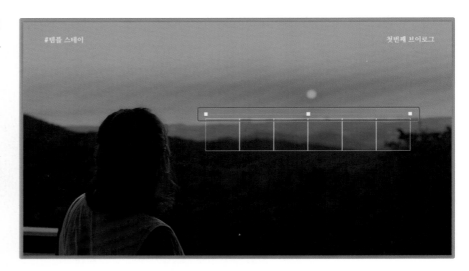

12 'Line 1' 레이어를 Cmd/Ctrl + J로 복사한 후 원고지의 하단으로 이동합니다.

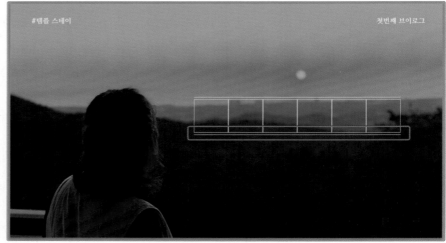

13 [Horizontal Type Tool]로 원고지 안에 들어갈 내용을 작성합니다. 먼저 '템플 스테이'를 입력합니다.

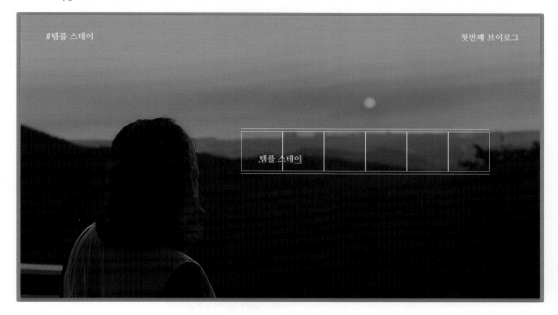

14 [Properties] 패널에서 [자간]을 960으로 변경합니다.

15 원고지 옆을 클릭한 후 'Temple Stay'를 작성합니다. [Properties] 패널에서 [폰트]는 Quentin, [크기]는 14.93pt로 변경합니다. 원고지 디자인에 살짝 겹치도록 위치를 변경합니다.

16 하단에 들어갈 '–금강산 화암사 편–'을 입력합니다. [폰트]는 나눔명조, [크기]는 5.67pt로 변경한 후 적절하게 위치를 옮깁니다.

17 완성된 유튜브 섬네일을 확인합니다.

Adobe Illustrator 2022

Adobe Illustrator 2022

PART
01

일러스트레이터 시작하기

01 새 파일 만들고 저장하기

일러스트레이터 작업을 위해 새 파일을 만들고 파일을 AI, PNG 형식으로 저장합니다.

01 일러스트레이터를 처음 실행하면 다음과 같은 화면이 나타납니다.

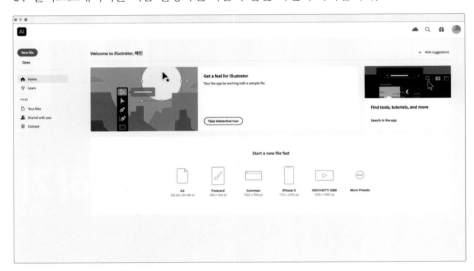

❶ New file(새 파일): 일러스트레이터에서 제공하는 템플릿 혹은 원하는 설정으로 새로운 문서를 작성할 수 있습니다.

❷ Open(열기): 기존에 작성한 문서를 열 수 있습니다.

❸ Home(홈): 다양한 범주의 튜토리얼, 사전 설정, 최근 항목 등을 확인할 수 있습니다.

❹ Learn(학습): 일러스트레이터의 단계별 튜토리얼을 참조할 수 있습니다.

❺ Your files(내 파일): 클라우드에 저장된 파일을 확인할 수 있습니다.

❻ Shared with you(나와 공유됨): Creative Cloud를 통해 공유된 파일들을 확인할 수 있습니다.

❼ Deleted(삭제된 항목): 일러스트레이터 내부에서 삭제한 파일들을 확인할 수 있습니다.

02 [New file]을 클릭하여
새로운 파일을 생성합니다.
[PRESET DETAILS(사전 설
정 세부 정보)]에서 세부사항
을 변경하여 원하는 설정의
파일을 생성하거나 템플릿을
사용할 수 있습니다.

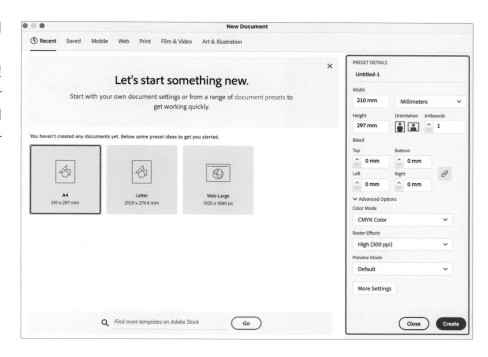

03 파일 크기의 단위를 [Millimeters(밀리미터)]에서 [Pixels(픽셀)]
로 변경하고 [Width(폭)]는 1920px, [Height(높이)]는 1080px로 변
경합니다. [Create(만들기)]를 클릭하여 파일을 생성합니다.

04 새로운 파일이 생성되었습니다.

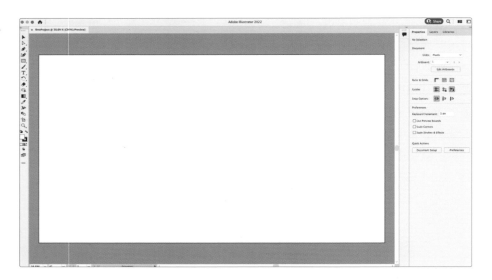

05 [File(파일)] - [Save As(다른 이름으로 저장)]를 클릭합니다.

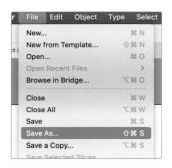

06 파일을 컴퓨터 또는 Creative Cloud에 저장할 수 있습니다. Creative Cloud에 저장하면 자동 저장이 가능하고 다른 사람들과의 공동 작업을 진행할 수 있습니다. 저장 위치 옵션은 언제든지 변경할 수 있습니다. 설정 사항을 유지하기 위해 [Don't show again(다시 표시 안 함)]에 체크한 후, 편의에 따라 [Save to Creative Cloud(Creative Cloud에 저장)] 혹은 [Save on your computer(내 컴퓨터에 저장)]를 선택할 수 있습니다. 이번 예제에서는 [Save on your computer]를 클릭합니다.

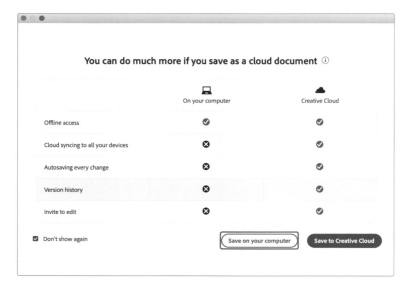

07 파일명을 '연습하기.ai'로 변경하고 저장할 폴더 위치를 선택합니다. [Format(포맷)]이 'Adobe Illustrator(ai)'로 선택되어 있는 것을 확인하고 [Save(저장)]를 눌러 저장합니다.

POINT

일러스트레이터 파일의 확장자

기본적으로 컴퓨터 소프트웨어는 파일 확장자를 가지고 있습니다. 예를 들어 한글은 'hwp', 파워포인트는 'pptx', 엑셀은 'xlsx'라고 부릅니다. 일러스트레이터 파일의 확장자명은 'ai'입니다.

08 파일을 ai 형식으로 저장하면 [Illustrator Options(Illustrator 옵션)] 창이 나타납니다. [Version(버전)]에서 더 낮은 버전을 직접 선택하거나 [Options(옵션)]에서 저장 옵션을 설정할 수 있습니다. [OK(확인)]를 눌러 저장을 완료합니다.

09 컴퓨터에 저장된 일러스트레이터 파일을 확인합니다.

10 추후 작업을 진행하며 변경 사항이 생길 때마다 [File] – [Save(저장)] 혹은 Cmd/Ctrl+S를 눌러 수시로 저장할 것을 권장합니다. 다시 일러스트레이터로 돌아와서 [File] – [Export(내보내기)] – [Export As(내보내기 형식)]를 클릭하여 파일을 저장합니다.

11 동일하게 파일명을 '연습하기.png'로 변경 후 [Format]을 [PNG(png)]로 설정합니다.

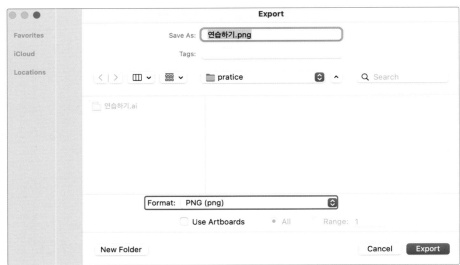

12 [Use Artboards(대지 사용)]를 체크하면 각 아트보드를 개별 이미지로 추출할 수 있습니다. [Export(내보내기)]를 눌러 이미지를 저장합니다.

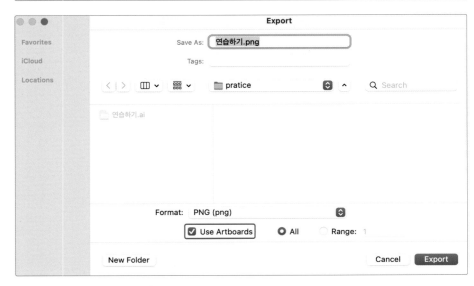

13 이미지를 [PNG]로 저장하는 경우 [PNG Options(PNG 옵션)] 창이 나타납니다.

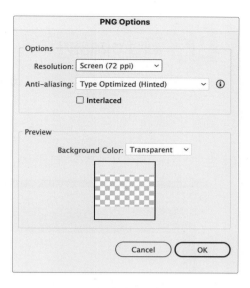

14 옵션 창에서 추출하는 이미지의 해상도와 배경색을 설정할 수 있습니다. [Resolution(해상도)]은 [High(300ppi)(고(300ppi))], [Background Color(배경색)]는 [White(흰색)]로 설정 후 [OK]를 클릭해 이미지를 저장합니다.

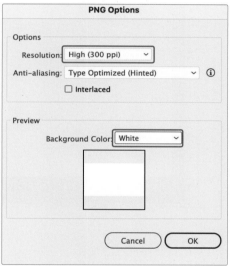

15 저장된 이미지를 확인합니다.

02 패널 이해하기

패널의 역할과 구성 요소를 차근차근 살펴보고 작업 도구를 이해합니다.

01 일러스트레이터에서 새로운 파일을 생성하면 다음과 같은 작업 영역이 나타납니다.

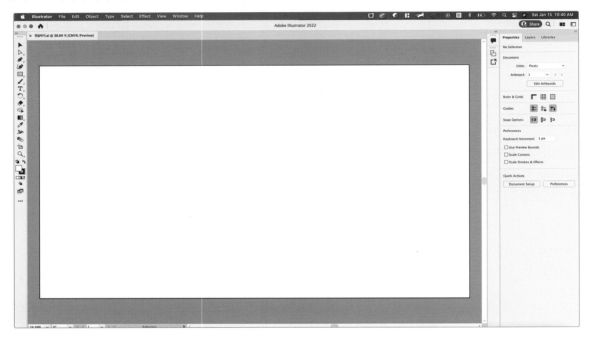

02 [Window(윈도우)] – [Workspace(작업 영역)]에서 작업 영역의 구성을 변경할 수 있습니다. Adobe에서는 총 9개의 프리셋을 제공합니다. [Essential Classic(필수 클래식)]으로 설정을 변경합니다.

03 다음과 같이 작업 영역이 변경됩니다. 일러스트레이터 작업 영역의 주요 구성 요소는 ❶ [Toolbar(도구 모음)], ❷ [Control Panel(제어판)], ❸ [Panels(패널)], ❹ [Artboard(대지)] 및 캔버스입니다.

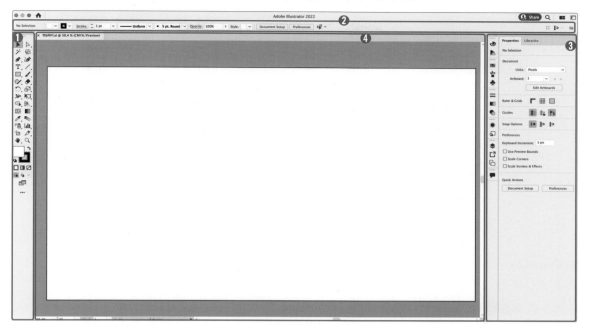

04 좌측의 [Toolbar]에서는 작업에 필요한 도구들을 확인할 수 있습니다. [Toolbar] 상단의 화살표 버튼을 클릭하여 패널을 2열로 확장 및 1열로 축소할 수 있습니다. [Toolbar] 하단의 [Edit Toolbar(도구 모음 편집)] - ☰ 를 클릭하면 [Basic(기본)]과 [Advanced(고급)] 중 원하는 모드를 선택할 수 있습니다.

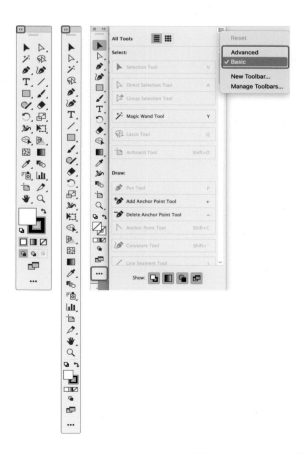

05 [Toolbar] 상단을 클릭 후 드래그하면 패널을 이동시킬 수 있습니다. 기존 위치에서 분리하거나 작업 영역 내부로 옮길 수 있습니다.

06 [Toolbar]에는 단일 도구 외에 도구 그룹도 있습니다. 도구의 우측 하단에 표시가 있는 경우, 도구 아이콘을 길게 누르거나 마우스 오른쪽 버튼을 눌러 그룹에 포함된 도구들을 확인하고 선택할 수 있습니다.

No.	이미지	도구명	설명	단축키
1	▷	Selection Tool(선택 도구)	오브젝트와 그룹을 클릭하거나 그 위로 드래그하여 오브젝트와 그룹을 선택할 수 있습니다. 또한, 그룹과 그룹 내의 오브젝트를 선택할 수 있습니다.	V
2	▶	Direct Selection Tool(직접 선택 도구)	패스나 모양의 특정 점이나 패스 세그먼트를 선택, 이동 또는 수정할 수 있습니다.	A
	▷⁺	Group Selection Tool(그룹 선택 도구)	한 그룹 내의 단일 오브젝트, 여러 그룹 내의 단일 그룹 또는 아트웍 내의 그룹 세트를 선택할 수 있습니다.	
3	⚡	Magic Wand Tool(자동 선택 도구)	오브젝트를 클릭하여 색상, 선 두께, 선 색상, 불투명도 또는 혼합 모드가 같은 오브젝트를 선택할 수 있습니다.	Y
4	⟲	Lasso Tool(올가미 도구)	오브젝트의 전체 또는 일부 주위를 드래그하여 오브젝트, 고정점 또는 패스 선분을 선택할 수 있습니다.	Q
5	⌐	Artboard Tool(대지 도구)	아트보드를 생성하고 편집, 삭제, 아트보드 이름 사용자 정의 등을 수행할 수 있습니다.	Shift + Q
6	✒	Pen Tool(펜 도구)	원하는 오브젝트를 직접 그려서 생성할 수 있습니다.	P
	✒⁺	Add Anchor Point Tool(고정점 추가 도구)	패스에 고정점을 추가하여 패스를 조절하거나 연장할 수 있습니다.	+
	✒⁻	Delete Anchor Point Tool(고정점 삭제 도구)	패스의 불필요한 점을 삭제할 수 있습니다.	−
	∧	Anchor Point Tool(고정점 도구)	고정점을 선택하여 변환할 수 있습니다.	Shift + C

7		Curvature Tool(곡률 도구)	곡선 패스를 그릴 수 있습니다.	Shift+~
8		Line Segment Tool(선분 도구)	간단한 선 그릴 수 있습니다.	I
		Arc Tool(호 도구)	호나 부채꼴을 그릴 수 있습니다.	
		Spiral Tool(나선형 도구)	나선형을 그릴 수 있습니다.	
		Rectangular Grid Tool(사각형 격자 도구)	일정한 격자로 이루어진 표를 만들 수 있습니다.	
		Polar Grid Tool(극좌표 격자 도구)	원 모양을 기준으로 좌표가 그려진 도형을 그릴 수 있습니다.	
9		Rectangle Tool(사각형 도구)	사각형을 그릴 수 있습니다.	M
		Rounded Rectangle Tool(둥근 사각형 도구)	모서리가 둥근 사각형을 그릴 수 있습니다.	
		Ellipse Tool(원형 도구)	원을 그릴 수 있습니다.	L
		Polygon Tool(다각형 도구)	원하는 모서리 수의 다각형을 그릴 수 있습니다.	
		Star Tool(별모양 도구)	별을 그릴 수 있습니다.	
		Flare Tool(플레어 도구)	플레어 모양을 그릴 수 있습니다.	
10		Paintbrush Tool(페인트 브러쉬 도구)	자유롭게 그릴 수 있는 도구로 작업 시 생성한 오브젝트는 선으로 인식됩니다.	B
		Blob Tool(물방울 브러쉬 도구)	자연스러운 드로잉을 구사할 수 있습니다. 작업시 생성한 오브젝트가 면으로 인식됩니다.	Shift+B
11		Shaper Tool(Shaper 도구)	모양을 그리고 결합, 병합, 삭제하거나 이동하여 복잡한 디자인을 만들 수 있습니다.	Shift+N
		Pencil Tool(연필 도구)	종이에 연필로 그리는 것처럼 열린 패스와 닫힌 패스를 그릴 수 있습니다.	N
		Smooth Tool(매끄럽게 도구)	패스를 다듬어 매끄럽게 만들 수 있습니다.	
		Path Eraser Tool(패스 지우개 도구)	패스의 일부를 지울 수 있습니다.	
		Join Tool(연결 도구)	연결되어있지 않은 패스를 선택하여 자연스럽게 연결할 수 있습니다.	
12		Symbol Sprayer Tool(심볼 분무기 도구)	입자 분무기처럼 사용하여 아트보드에 동일한 오브젝트를 한 번에 많이 추가할 수 있습니다.	Shift+S
		Symbol Shifter Tool(심볼 이동기 도구)	심볼을 이동할 수 있습니다.	
		Symbol Scruncher Tool(심볼 분쇄기 도구)	심볼을 더 넓은 영역으로 분산할 수 있습니다.	
		Symbol Sizer Tool(심볼 크기 조절기 도구)	심볼의 크기를 조절할 수 있습니다.	
		Symbol Spinner Tool(심볼 회전기 도구)	심볼을 회전시킬 수 있습니다.	
		Symbol Stainer Tool(심볼 염색기 도구)	심볼을 원하는 색으로 염색할 수 있습니다.	
		Symbol Screener Tool(심볼 투명기 도구)	심볼의 투명도를 조절할 수 있습니다.	
		Symbol Styler Tool(심볼 스타일기 도구)	심볼에 그래픽 스타일을 적용 또는 제거할 수 있습니다.	

13		Column Graph Tool(막대 그래프 도구)	원하는 데이터를 기반으로 막대 그래프를 생성할 수 있습니다.	J
		Stacked Column Graph Tool (누적 막대 그래프 도구)	누적 막대 그래프를 생성할 수 있습니다.	
		Bar Graph Tool(가로 막대 그래프 도구)	가로 막대 그래프를 생성할 수 있습니다.	
		Stacked Bar Graph Tool (가로 누적 막대 그래프 도구)	가로 누적 막대 그래프를 생성할 수 있습니다.	
		Line Graph Tool(선 그래프 도구)	선 그래프를 생성할 수 있습니다.	
		Area Graph Tool(영역 그래프 도구)	영역 그래프를 생성할 수 있습니다.	
		Scatter Graph Tool(산포 그래프 도구)	산포 그래프를 생성할 수 있습니다.	
		Pie Graph Tool(파이 그래프 도구)	파이 그래프를 생성할 수 있습니다.	
		Radar Graph Tool(레이더 그래프 도구)	레이더 그래프를 생성할 수 있습니다.	
14		Slice Tool(분할 영역 도구)	분할 영역을 나눌 수 있습니다. 이미지를 분할하여 영역별로 파일을 저장할 수 있습니다.	Shift+K
		Slice Selection Tool(분할 영역 선택 도구)	분할 영역을 선택할 수 있습니다.	
15		Perspective Grid Tool(원근감 격자 도구)	오브젝트를 입체적으로 그리거나 원근감을 표시할 때 사용할 수 있습니다.	Shift+P
		Perspective Selection Tool(원근감 선택 도구)	활성 평면 설정을 사용하여 오브젝트를 선택할 수 있습니다.	Shift+V
16		Type Tool(문자 도구)	가로 방향으로 문자를 입력할 수 있습니다.	T
		Area Type Tool(영역 문자 도구)	오브젝트의 영역 안에 가로로 문자를 입력할 수 있습니다.	
		Type on a Path Tool(패스 상의 문자 도구)	패스 위에 가로로 문자를 입력할 수 있습니다.	
		Vertical Type Tool(세로 문자 도구)	세로 방향으로 문자를 입력할 수 있습니다.	
		Vertical Area Type Tool (세로 영역 문자 도구)	오브젝트의 영역 안에 세로로 문자를 입력할 수 있습니다.	
		Vertical Type on a Path Tool (패스 상의 세로 문자 도구)	패스 위에 세로로 문자를 입력할 수 있습니다.	
		Touch Type Tool(문자 손질 도구)	선택한 문자의 오브젝트 하나하나를 수정할 수 있습니다.	Shift+T
17		Gradient Tool(그레이디언트 도구)	그레이디언트를 생성 및 편집할 수 있습니다.	G
18		Mesh Tool(망 도구)	망 오브젝트를 생성 및 편집할 수 있습니다.	U
19		Shape Builder Tool(도형 구성 도구)	병합해야하는 패스를 선택한 후 적용하여 도형을 만들 수 있습니다.	Shift+M
		Live Paint Bucket(라이브 페인트 통)	라이브 페인트 그룹으로 변환하여 캔버스나 용지의 드로잉과 같이 원하는 대로 색상을 지정할 수 있습니다.	K
		Live Paint Selection Tool (라이브 페인트 선택 도구)	[라이브 페인트] 그룹의 면(패스로 둘러싸인 영역)과 가장자리(교차점 사이의 패스 부분)를 선택할 수 있습니다.	Shift+L
20		Rotate Tool(회전 도구)	오브젝트를 회전시킬 수 있습니다.	R
		Reflect Tool(반사 도구)	오브젝트를 반사 또는 뒤집기할 수 있습니다.	O

21		Scale Tool(크기 조절 도구)	오브젝트의 크기를 조절할 수 있습니다.	S
		Shear Tool(기울이기 도구)	오브젝트의 기울기를 조절할 수 있습니다.	
		Reshape Tool(모양 변경 도구)	패스의 전체적인 세부 사항은 그대로 유지하면서 선택한 고정점을 조정할 수 있습니다.	
22		Width Tool(폭 도구)	오브젝트의 폭을 변형할 수 있습니다.	Shift + W
		Warp Tool(변형 도구)	커서의 움직임에 따라 오브젝트를 변형할 수 있습니다. 오브젝트를 늘리거나 줄일 수 있습니다.	Shift + R
		Twirl Tool(돌리기 도구)	오브젝트를 클릭할 때 마다 소용돌이 형태로 변형할 수 있습니다.	
		Pucker Tool(오목 도구)	드래그하거나 클릭함에 따라 오브젝트를 수축시킬 수 있습니다.	
		Bloat Tool(볼록 도구)	드래그하거나 클릭함에 따라 오브젝트를 팽창시킬 수 있습니다.	
		Scallop Tool(조개 도구)	오브젝트의 윤곽선에 임의의 곡선을 세밀하게 추가할 수 있습니다.	
		Crystallize Tool(수정화 도구)	오브젝트의 윤곽선에 임의의 뾰족한 선을 세밀하게 추가할 수 있습니다.	
		Wrinkle Tool(주름 도구)	오브젝트의 윤곽선에 주름 모양을 세밀하게 추가할 수 있습니다.	
23		Puppet Warp Tool(퍼펫 뒤틀기 도구)	아트웍 부분을 비틀고 왜곡하여 변형이 자연스럽게 보이도록 할 수 있습니다.	
		Free Transform Tool(자유 변형 도구)	오브젝트의 스케일, 회전을 포함하여 자유변형을 할 수 있습니다.	E
24		Eyedropper Tool(스포이드 도구)	선택한 오브젝트의 속성을 포함한 특성을 샘플링 할 수 있습니다.	I
		Measure Tool(측정 도구)	길이를 측정할 수 있습니다.	
25		Blend Tool(블렌드 도구)	오브젝트 간의 색을 자연스럽게 연결시킬 수 있습니다.	W
26		Eraser Tool(지우개 도구)	도형을 원하는 모양으로 분할하거나 지울 때 사용할 수 있습니다.	Shift + E
		Scissors Tool(가위 도구)	패스 중 두 개의 점을 선택하여 원하는 모양대로 오브젝트를 자를 수 있습니다.	C
		Knife(칼)	선을 긋는대로 오브젝트를 자를 수 있습니다.	
27		Hand Tool(손 도구)	아트보드 및 캔버스 내에서 작업 영역을 이동시킬 수 있습니다.	H
		Print Tiling Tool(타일링 인쇄 도구)	인쇄 영역을 설정할 수 있습니다.	
28		Zoom Tool(돋보기 도구)	작업 영역을 확대 및 축소 할 수 있습니다.	Z

07 작업 영역 상단에는 [Control Panel]이 있습니다. [Control Panel]에서는 현재 선택한 오브젝트의 옵션에 빠르게 접근할 수 있습니다.

08 작업 영역의 우측 [Panels]에서는 [Toolbar] 외에도 작업에 활용할 수 있는 보조 패널이 있습니다. [Window]에서 직접 패널을 선택해서 사용할 수 있습니다.

09 예시로 문자와 관련된 패널을 추가해보겠습니다. [Window] - [Type(문자)] - [Character(문자)]를 클릭하면 [Character] 패널이 나타납니다.

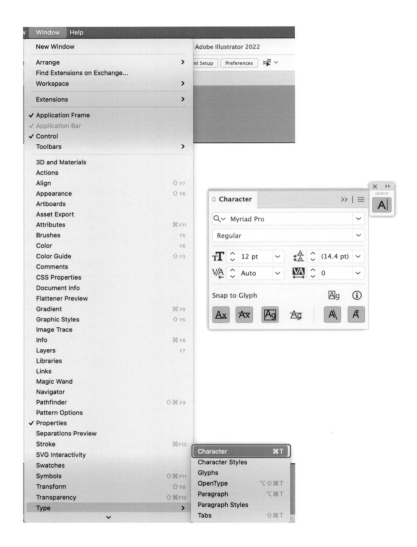

10 [Panels] 영역에 [Character] 패널을 드래그하면 작업 시 [Character] 패널을 쉽게 찾아 사용 가능합니다. 반대로 [Panels] 밖으로 [Character] 패널을 드래그하면 [Panels] 영역에서 분리할 수 있습니다.

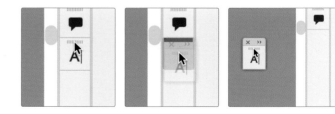

11 기본적으로 [Panels]의 도구를 클릭하면 간략화된 패널이 나타나며 [Show Options(옵션 표시)]를 클릭하여 자세한 옵션을 표시할 수 있습니다.

12 보편적으로 많이 사용하는 패널은 [Color(색상)], [Stroke(획)], [Gradient(그레이디언트)], [Appearance(모양)], [Artboards(대지)], [Character(문자)], [Align(정렬)], [Pathfinder(패스파인더)] 등이 있습니다.

• [Color]: 오브젝트의 칠과 선에 색상을 적용하거나 변경할 수 있습니다. RGB, CMYK 등 여러 색상 모델을 사용하여 색상 값을 표시합니다.

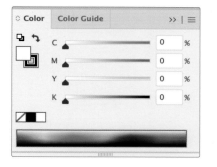

• [Stroke]: 획의 [Weight(두께)], [Cap(단면)], [Corner(모퉁이)], [Align Stroke(선 정렬)] 등 옵션을 변경할 수 있습니다.

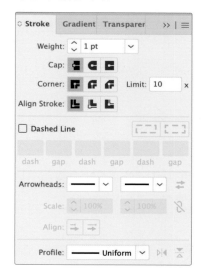

• [Gradient]: 그레이디언트의 [Type]을 설정하고 세부 색상을 편집할 수 있습니다.

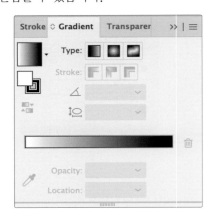

• [Artboards]: 아트보드를 관리하는 패널입니다. 아트보드의 생성 및 삭제, 순서 변경, 정렬이 가능합니다.

• [Align]: 오브젝트 정렬이나 간격을 설정할 수 있습니다.

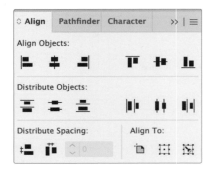

• [Appearance]: 오브젝트, 그룹 또는 레이어의 모양 속성을 보고 조정하는 패널입니다. 적용한 효과를 변경하거나 삭제할 수 있습니다.

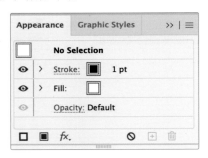

• [Character]: [Type Tool]로 입력한 텍스트의 [Font(글꼴)] 및 [Size(크기)] 등 스타일을 변경할 수 있습니다.

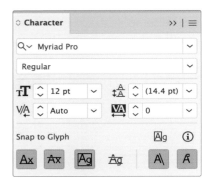

• [Pathfinder]: 패스파인더 기능을 실행할 수 있는 패널입니다. 오브젝트를 새 모양으로 결합하거나 분리시킬 수 있습니다.

13 [Properties(속성)]: 파일의 속성을 확인하고 수정하는 패널입니다. [Transform(변형)], [Appearance] 등을 바로 반영할 수 있습니다. 아트보드에 오브젝트를 생성한 후 [Properties] 패널을 선택하면 해당 오브젝트 관련 속성들을 확인할 수 있습니다.

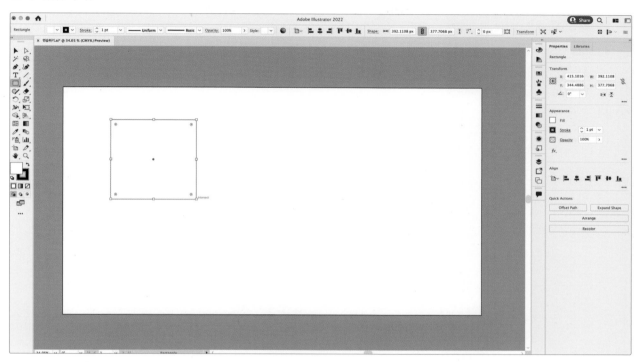

14 아트보드 및 캔버스는 아트보드에 작업할 때 사용하는 영역입니다. 파일명이 적힌 탭을 드래그하여 분리할 수 있습니다. 아트보드는 실제 작업하는 영역으로 추후 이미지 추출이 가능합니다. 아트보드 밖 회색 영역이 캔버스입니다.

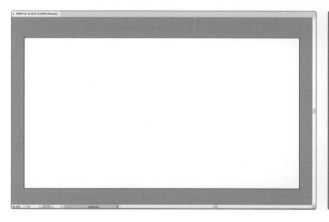 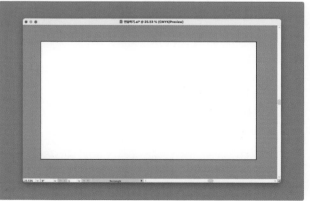

03 아트보드 생성하기

새로운 아트보드를 생성하고 정렬하는 방법을 학습합니다.

예제 파일 연습하기.ai

01 연습하기.ai 파일을 실행합니다.

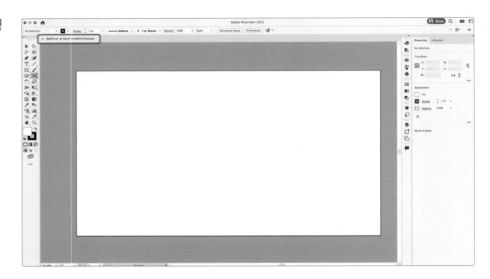

02 [Artboards] 패널 하단의 [New Artboard(새 대지)]를 클릭하여 새로운 아트보드를 생성합니다. 작업 영역의 기존 아트보드와 동일한 크기의 아트보드가 추가됩니다.

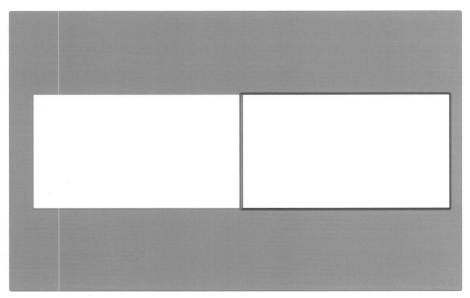

03 [New Artboard]를 두 번 더 클릭하여 총 4개의 아트보드를 생성합니다.

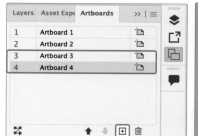 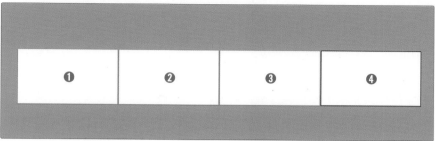

04 [Artboards] 패널에서 'Artboard 4'를 클릭 후 드래그하여 'Artboard 2'와 'Artboard 3' 사이로 이동하면 아트보드의 순서를 변경할 수 있습니다. 혹은 [Move Up(위로 이동)], [Move Down(아래로 이동)] 버튼을 클릭하여 순서 변경이 가능합니다. 패널에서 순서를 변경하더라도 작업 영역에 바로 반영되지 않기 때문에 [Rearrange All Artboards(모든 대지 재정돈)]을 실행해야 합니다.

05 [Rearrange All Artboards]를 클릭하여 아트보드 정렬을 변경할 수 있습니다. [Layout(레이아웃)]에서 아트보드의 배열 방식을 설정할 수 있고, [Layout order(레이아웃 순서)]에서 아트보드 번호에 따라 순차적으로 정렬할지, 역순으로 정렬할지 정할 수 있습니다. [Rows(행)]/[Columns(열)]은 몇 개의 행 혹은 열로 구성할지 설정할 수 있으며, [Spacing(간격)]에서 아트보드 사이의 간격을 설정할 수 있습니다. [Layout]은 [Grid by Row(행별 격자)], [Layout order]은 [Left-to-Right(왼쪽에서 오른쪽 레이아웃으로 변경)], [Columns]는 2, [Spacing]은 20px로 수정한 후 [OK]를 클릭합니다.

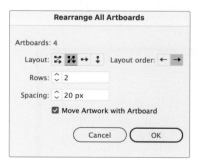 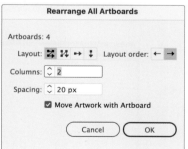

06 배열 방식, 순서, 열의 개수 그리고 간격만큼 아트보드가 새롭게 정렬된 것을 확인할 수 있습니다. 또한, [Artboards] 패널에서 변경한 아트보드의 순서가 반영된 것을 확인할 수 있습니다.

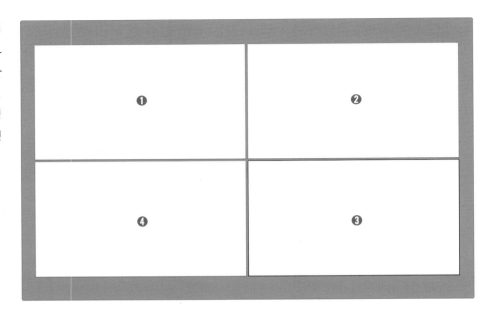

07 [Toolbar(도구 모음)]에서 [Artboard Tool(대지 도구)]를 활용한 아트보드 편집도 가능합니다. [Artboard Tool]을 클릭하면 작업 영역이 아트보드 편집 모드로 변경됩니다.

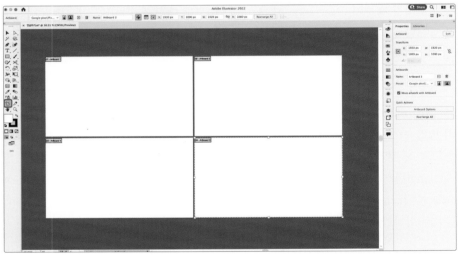

08 해당 편집 모드에서 아트보드 위로 마우스를 올리면 커서가 ✛ 모양으로 변경됩니다. 아트보드를 클릭 후 드래그하면 원하는 위치로 이동할 수 있습니다.

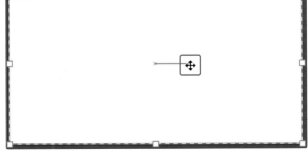

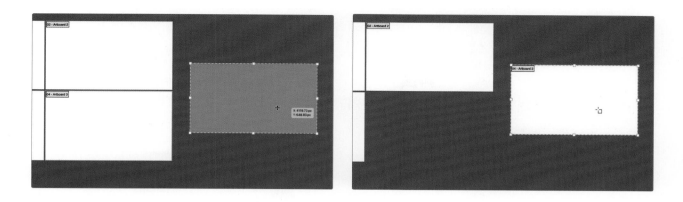

09 아트보드의 모서리에 마우스를 올리면 마우스 커서가 ↖ 모양으로 변경됩니다. 클릭 후 드래그하면 아트보드의 사이즈를 변경할 수 있습니다.

10 아트보드 편집을 마무리한 후 [Toolbar]의 다른 도구를 클릭하면 아트보드 편집 모드를 벗어날 수 있습니다.

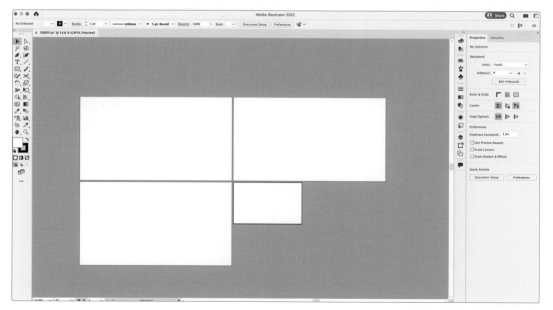

04 작업 영역의 색상 테마 변경하기

일러스트레이터는 작업하는 사용자의 선호도를 고려하여 다양한 색상 테마를 제공합니다. 밝은 색상 테마로 변경하는 방법을 알아봅니다.

01 일러스트레이터를 실행한 후 상단의 [Illustrator] – [Preferences(환경 설정)] – [User Interface(사용자 인터페이스)]를 선택합니다.

02 [User Interface] – [Brightness(밝기)]에서 [Dark(어둡게)], [Medium Dark(중간 정도 어둡게)], [Medium Light(중간 정도 밝게)], [Light(밝게)] 중 하나를 선택하여 [Interface] 색상을 변경할 수 있습니다. [Canvas Color(캔버스 색상)]는 작업 영역에서 아트보드 바깥 부분의 색상을 의미합니다. [Brightness]는 [Light], [Canvas Color]는 [Match User Interface Brightness(사용자 인터페이스 밝기 일치)]를 선택한 후 [OK(확인)]를 클릭합니다.

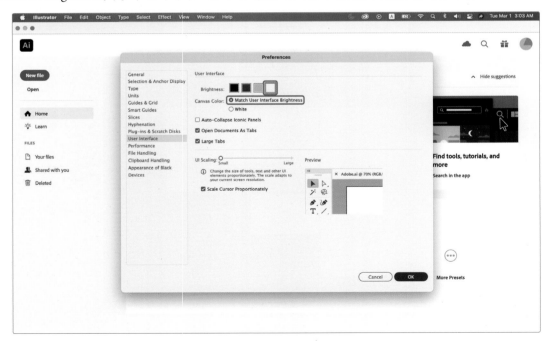

03 [User Interface] 색상이 밝은 회색으로 변경됩니다.

05 눈금자 및 안내선 살펴보기

안내선과 격자는 이미지의 수직과 수평을 맞추고 이미지의 위치를 조절하는 데 도움됩니다. 안내선을 생성하여 이동하고 제거할 수 있으며 정확한 위치에 고정할 수도 있습니다. 작업 중에 사용했던 안내선은 이미지를 추출했을 때 나타나지 않습니다.

01 [New File(새 파일)]을 클릭하고 [Print(인쇄)]-[Letter(레터)] 템플릿을 선택하여 파일을 생성합니다.

02 [View(보기)]-[Rulers(눈금자)]-[Show Rulers(눈금자 표시)]를 선택하면 작업 영역에 눈금자가 나타납니다.

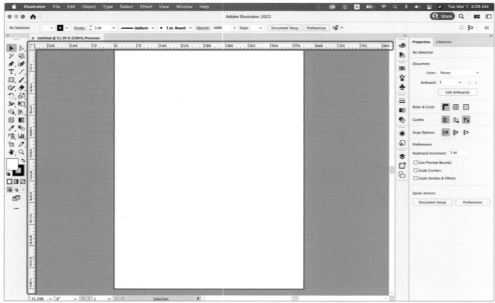

03 눈금자를 클릭한 후 아트보드 방향으로 드래그하면 안내선이 생성됩니다. 수평 안내선을 생성하고 싶다면 가로 눈금자에서, 수직 안내선을 생성하고 싶다면 세로 눈금자에서 안내선을 드래그 합니다.

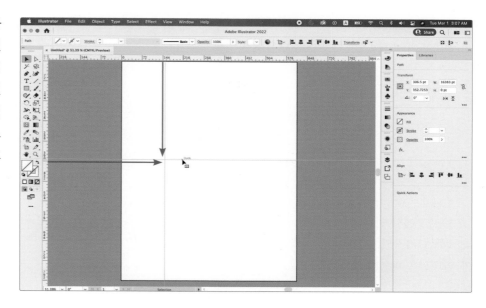

04 [View] – [Guides(안내선)] – [Lock Guides(안내선 잠그기)]를 선택하면 생성한 모든 안내선이 고정됩니다. [View] – [Guides] – [Unlock Guides(안내선 잠금 풀기)]를 클릭하면 고정된 안내선의 잠금이 해제됩니다.

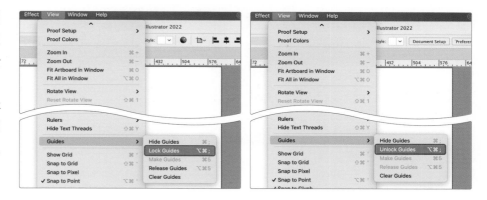

05 [View] – [Guides] – [Hide Guides(안내선 숨기기)]를 선택하면 만든 안내선을 숨길 수 있습니다. [View] – [Guides] – [Show Guides(안내선 보이기)]를 클릭하면 숨긴 안내선을 다시 아트보드에 표시할 수 있습니다.

06 [View] – [Show Grid(격자 표시)]를 선택한 후 [Snap to Grid(격자에 물리기)]를 클릭합니다. 아트보드에 격자가 표시됩니다.

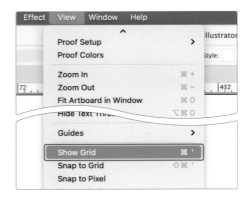

07 눈금자에서 안내선을 드래그하면 격자의 간격에 맞게 안내선을 배열할 수 있습니다.

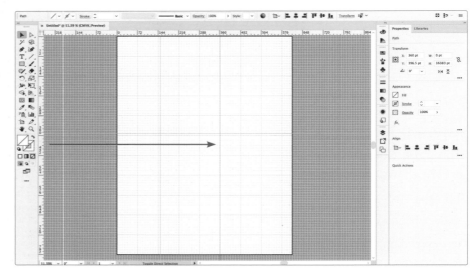

POINT

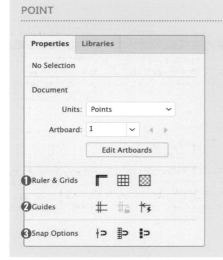

속성 패널에서 안내선 관리하기

[Properties(속성)] 패널에서 간편하게 안내선을 관리할 수 있습니다.

❶ ⌐를 클릭하거나 해제하면 눈금자를 표시하거나 숨길 수 있습니다. ⊞를 클릭하면 격자를 표시하거나 숨길 수 있습니다. ▦를 클릭하면 아트보드를 투명화하여 살펴볼 수 있습니다.

❷ 눈금자에서 드래그 한 안내선은 ‡를 클릭하여 잠그거나 해제할 수 있으며, ‡를 클릭하여 표시하거나 숨길 수 있습니다.

❸ ‡를 선택하면 안내선이 격자에 맞춰 배열 되는 설정을 변경할 수 있습니다.

08 안내선을 선택한 후 Delete 를 누르거나 안내선을 다시 눈금자로 드래그하면 안내선이 삭제됩니다.

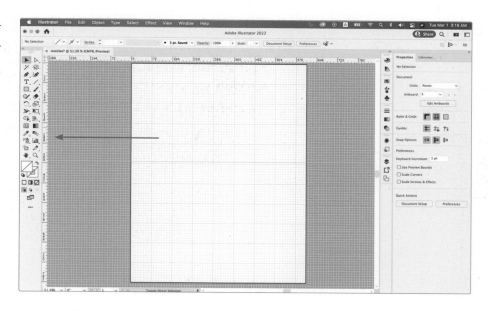

눈금자, 격자, 안내선 설정 변경하기

[Illustrator]-[Preferences(환경 설정)]-[Guides & Grid(안내선과 격자)]를 클릭합니다.

[Guides(안내선)]에서는 안내선의 색상과 스타일을 변경할 수 있습니다. [Style(스타일)]은 [Lines(실선)]과 [Dots(점선)] 2가지가 있습니다. [Grid]에서도 격자의 색상과 스타일을 변경할 수 있으며, 격자 간격과 세분 정도를 설정하여 아트보드에 표시되는 격자의 단위를 조절할 수 있습니다.

Adobe Illustrator 2022

PART
02

짧게 배워 길게 써먹는
일러스트레이터 핵심 기능

오브젝트 익히기

일러스트레이터의 기본이 되는 오브젝트를 익힙니다. 오브젝트의 기본 속성을
이해하고 오브젝트를 선택, 이동, 변형할 때 사용하는 도구를 함께 배워봅니다.

01 오브젝트 선택하고 이동하기

오브젝트란 일러스트에서 만드는 모든 선이나 면, 도형이나 형태를 지칭합니다. [Selection Tool]은 오브젝트를 선택하고 자유롭게 옮길 수 있는 도구입니다. [Selection Tool]로 오브젝트를 선택하고 이동하는 방법을 배워봅니다.

예제 파일 선택.ai 완성 파일 선택_완성.ai, 선택_완성.png

01 선택.ai 파일을 실행하면 3개의 꽃 오브젝트가 있습니다.

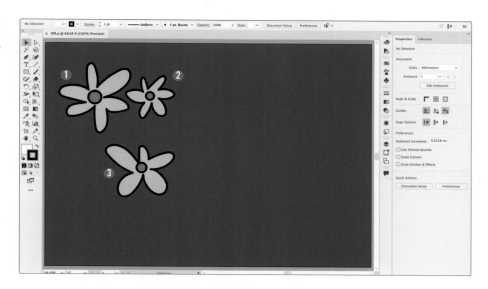

02 [Toolbar(도구 모음)]에서 [Selection Tool(선택 도구)]을 선택합니다. [Selection Tool]로 배경 사각형을 클릭하면 오브젝트 테두리에 바운딩 박스가 나타납니다. 바운딩 박스는 오브젝트의 크기를 변경하거나 각도를 조절할 때 주로 사용합니다.

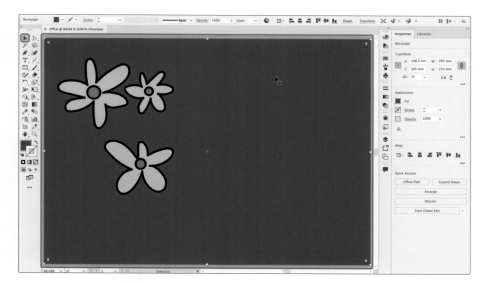

03 이동할 오브젝트가 많고 배경이 있을 때는 배경을 고정시키면 작업이 편리합니다. 사각형을 선택한 채로 [Object(오브젝트)] - [Lock(잠금)] - [Selection(선택물)]을 클릭하거나 Cmd / Ctrl+2를 눌러 오브젝트를 고정합니다. [Object] - [Unlock All] 혹은 Cmd / Ctrl +Shift+2를 누르면 고정을 해제할 수 있습니다.

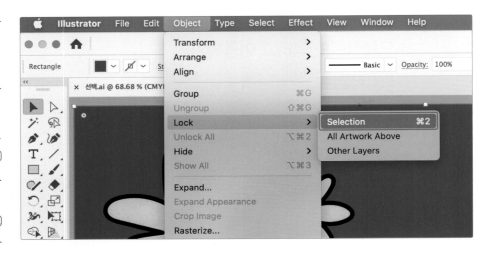

04 배경을 고정한 후, 오브젝트 ❶의 원을 클릭합니다.

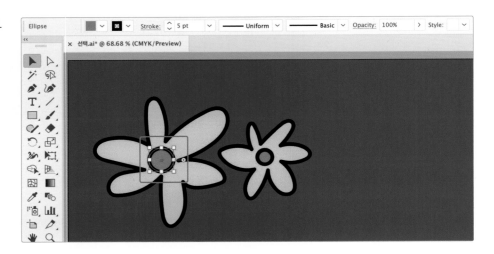

05 Shift를 누른 채 오브젝트 ❶의 꽃잎을 클릭합니다. 원과 꽃잎이 동시에 선택됩니다.

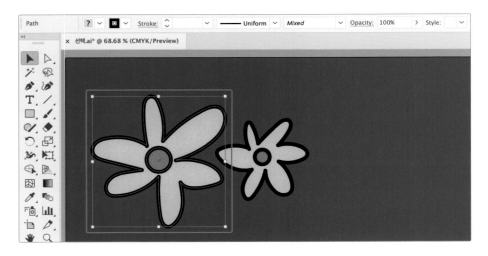

06 Cmd/Ctrl+Shift+A를 누르면 선택이 해제되며 바운딩 박스가 사라집니다. 아트보드에서 오브젝트 ❶을 대각선으로 드래그하여 사각형을 만듭니다. 사각형 영역 내의 원과 꽃잎을 한번에 선택할 수 있습니다. 드래그한 사각형 영역과 조금이라도 겹친다면 모두 선택됩니다.

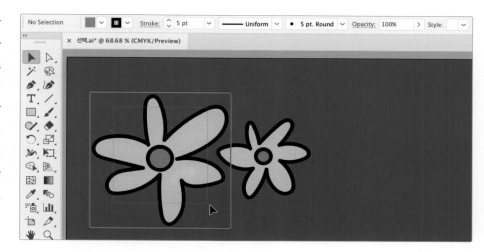

07 마우스 오른쪽 버튼을 클릭하여 [Group(그룹)]을 선택하거나 단축키 Cmd/Ctrl+G를 사용하여 그룹화합니다.

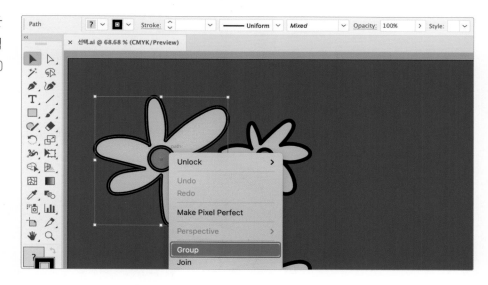

08 같은 방법으로 오브젝트 ❷의 원과 꽃잎도 그룹화한 후 [Selection Tool]로 꽃을 선택하여 위치를 옮깁니다. Shift를 누른 채로 드래그하면 수평으로 정확하게 옮길 수 있습니다.

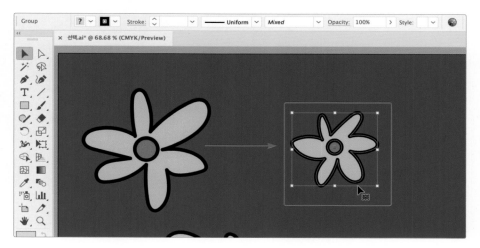

09 그룹화된 오브젝트 ❶
을 클릭한 후 Cmd/Ctrl+C,
Cmd/Ctrl+V를 눌러 복사하
고 붙여넣습니다.

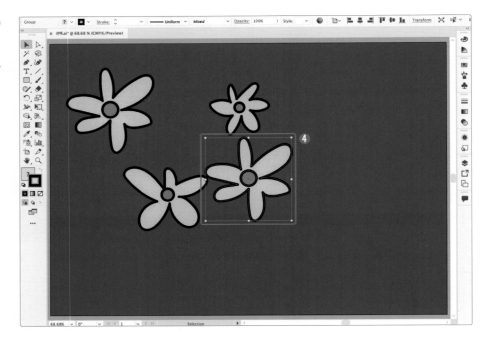

10 복사한 오브젝트를 아래
로 드래그하여 이동합니다.

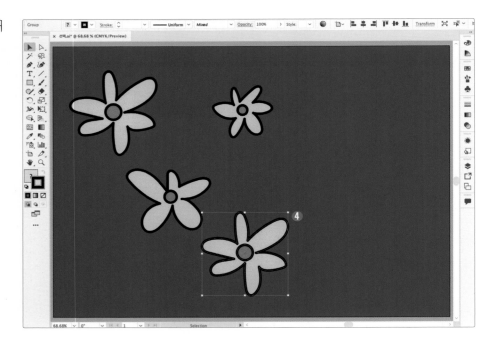

11 다시 오브젝트 ❶을 선택한 후 (Opt)/(Alt)를 누른 채로 오른쪽으로 드래그하면 오브젝트가 복제됩니다.

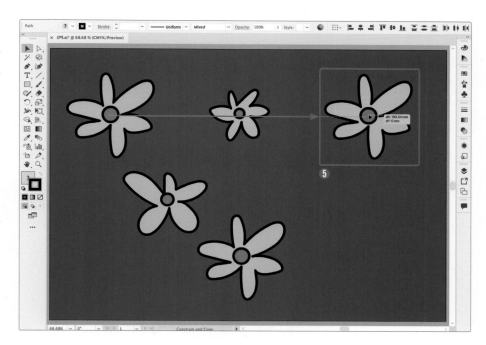

12 오브젝트 ❸도 복제한 후 이미지를 완성합니다.

02 [Transform] 패널에서 오브젝트 변형하기

오브젝트를 선택하여 크기를 조절하고 회전합니다. [Transform] 패널에서 자주 쓰이는 기능을 익혀봅니다.

`예제 파일` 변형.ai `완성 파일` 변형_완성.ai, 변형_완성.png

01 변형.ai 파일을 실행합니다.

02 [Selection Tool(선택 도구)]로 오브젝트 ❶을 선택합니다. Shift를 누른 상태에서 바운딩 박스의 모서리 조절점을 드래그하여 크기를 줄입니다.

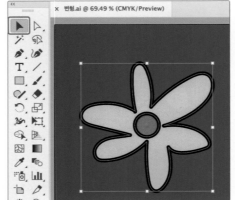
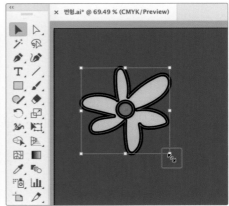

03 오브젝트의 크기를 줄일
때 오브젝트의 [Stroke(선)]
두께가 유지되어 크기에 비
해 선이 두꺼운 것을 확인할
수 있습니다. [Transform(변
형)] 패널에서 [Scale Strokes
& Effects(선과 효과 크기 조
절)]을 체크하여 오브젝트의
크기에 맞게 [Stroke]가 조절
되도록 합니다.

04 오브젝트의 크기를 줄이
면 [Stroke]도 비율에 맞춰
조절됩니다.

05 [Selection Tool]로 오브
젝트 ❸을 선택하고, 바운딩
박스 모서리 밖에 마우스 커
서를 올립니다. 화살표 ↻가
나타나면 드래그하여 오브젝
트의 각도를 조절합니다.

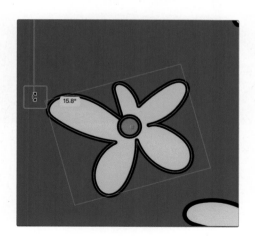

06 [Selection Tool]로 오브젝트 ❻을 선택하고 [Transform] 패널의 [Rotate(회전)]를 90도로 변경합니다.

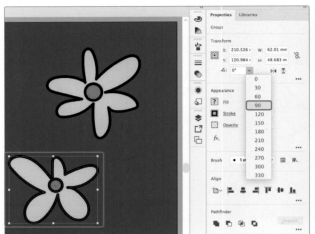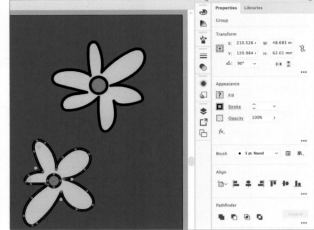

07 [Transform] 패널에는 각도 조절 외에도 오브젝트를 세로 또는 가로로 뒤집을 수 있는 기능이 있습니다. [Selection Tool]로 오브젝트 ❷를 선택하고 [Transform]의 [Flip Vertically(세로로 뒤집기)]를 눌러 오브젝트를 뒤집습니다.

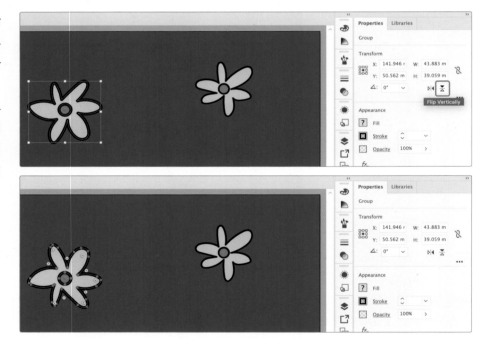

Chapter

02

오브젝트 그리기

간단하게 선을 그리고 변형하는 방법을 배워봅니다. 이어서 사각형, 원형, 다각형을 그리는 방법을 알아보고 도형에 색상을 채워 다양한 이미지를 만들어봅니다.

01 [Line Segment Tool]로 직선 그리기

[Line Segment Tool]로 원하는 길이의 직선을 그려보고 [Rotate]와 [Duplicate]를 활용하여 직선을 회전하고 복제해봅니다.

01 [New File(새 문서)] – [Print(인쇄)] – [A4]를 선택합니다. 제목을 입력하고 [Create(만들기)]를 눌러 새 문서를 생성합니다.

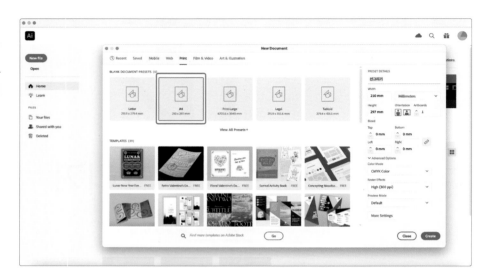

02 [Toolbar(도구 모음)]에서 [Line Segment Tool(선분 도구)]을 선택합니다. 아트보드 위를 가로로 드래그하여 직선을 그립니다. Shift 를 누른 채로 드래그하면 수평을 정확하게 맞출 수 있습니다. 만약 세로로 드래그하면 수직을 맞출 수 있습니다. Cmd / Ctrl + Shift + A 를 눌러 그리기를 완료합니다.

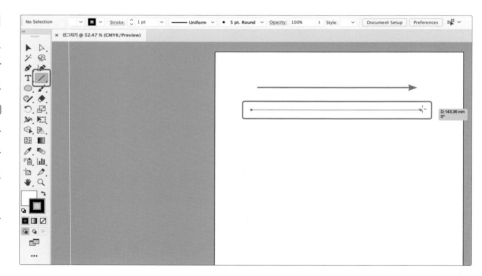

03 자유롭게 선을 그릴 수도 있지만 정확한 길이의 선을 만들 수도 있습니다. [Line Segment Tool]을 선택한 후 아트보드를 클릭하면 [Line Segment Tool Options(선분 도구 옵션)] 창이 나타납니다. [Length(길이)] 100 mm, [Angle(각도)] 90으로 설정하고 [Fill Line(선 채우기)]의 체크를 해제합니다. [OK(확인)]를 눌러 100mm 길이의 직선을 생성합니다.

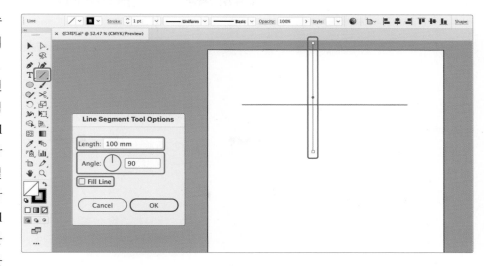

04 [Selection Tool(선택 도구)]로 직선을 선택하여 위치를 옮깁니다.

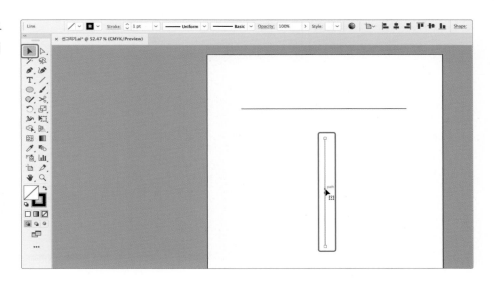

05 [Selection Tool]로 직선의 끝부분을 클릭하고 앞뒤로 움직이면 길이를 조절할 수 있고, 위아래로 움직이면 각도를 조절할 수 있습니다. Cmd / Ctrl + Z를 눌러 이전 상태로 되돌립니다.

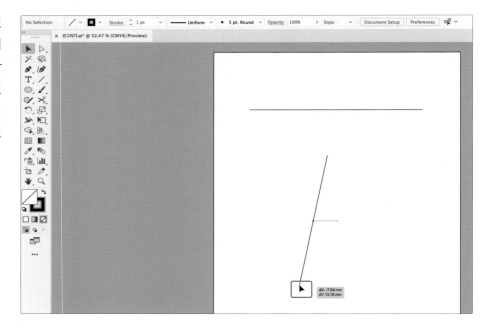

06 직선을 선택한 후 오른쪽 마우스 버튼을 클릭하여 [Transform(변형)] - [Rotate(회전)]를 누릅니다.

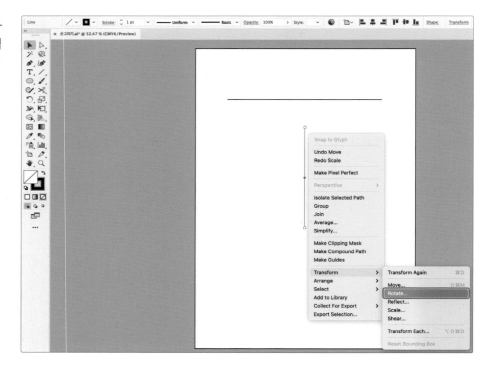

07 오브젝트를 회전할 수 있는 [Rotate] 창이 나타나면 [Angle]을 30으로 변경합니다. [Preview(미리보기)]를 체크하면 각도가 바뀐 모습을 미리 확인할 수 있습니다.

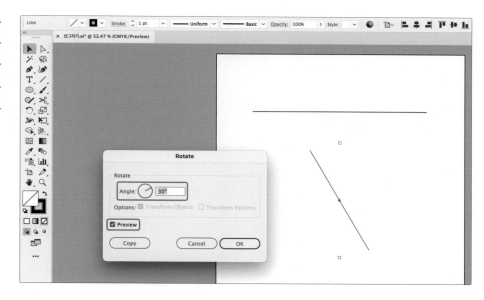

08 [Copy(복사)]를 누르면 각도가 변경된 직선이 복제됩니다.

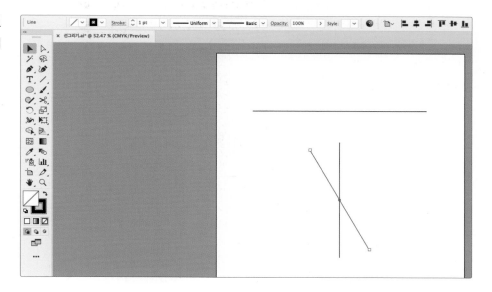

09 Cmd / Ctrl + D 를 4번 눌러 직선을 복제합니다. 직선이 일정한 각도로 변경되며 만들어집니다.

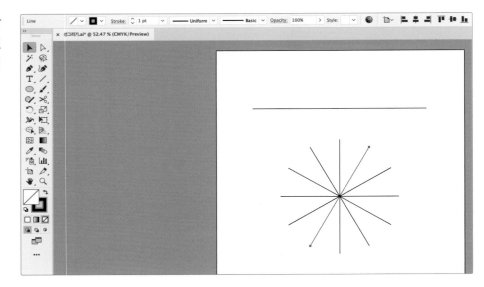

10 선택을 해제하고 완성된 이미지를 확인합니다.

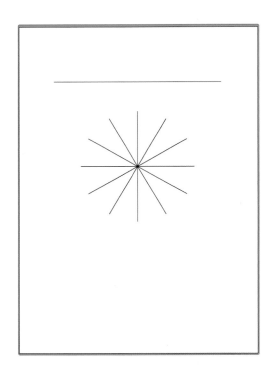

[Stroke]로 선 속성 변경하기

[Stroke]를 활용하여 선의 속성을 다양하게 변형해봅니다. [Stroke]의 옵션으로 직선을 점선으로 바꾸거나 화살표선을 만들 수 있습니다.

예제 파일 로켓.ai 완성 파일 로켓_완성.ai, 로켓_완성.png

01 로켓.ai 파일을 실행합니다.

02 [Toolbar(도구 모음)]에서 [Selection Tool(선택 도구)]로 로켓 모양을 클릭합니다. [Control Panel(제어판)]에서 [Stroke(획)]의 색상이나 두께를 바꿀 수 있습니다. [Stroke]를 5pt로 조절하고 색상을 C=85, M=50, Y=0, K=0 으로 변경합니다.

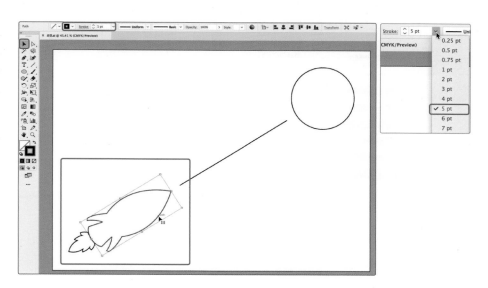

03 불 모양을 클릭하여 [Stroke] 색상을 C=0, M=90, Y=85, K=0으로 변경합니다. [Brushes(브러쉬)]로는 선의 질감을 바꿀 수 있습니다. [Charcoal – Feather(목탄 – 패더)]를 선택합니다. [Brushes]에 대한 자세한 내용은 (p.)를 참고합니다.

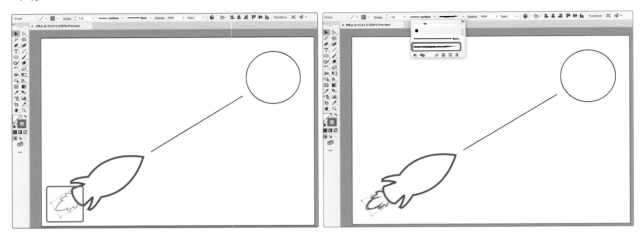

04 원 오브젝트를 선택하여 [Stroke]를 5pt로 조절하고 색상을 CMYK Yellow로 변경합니다. [Profile(프로파일)]에서는 선의 모양을 바꿀 수 있습니다. [Width Profile 2(폭 프로파일 2)]를 선택합니다.

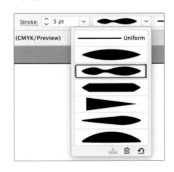

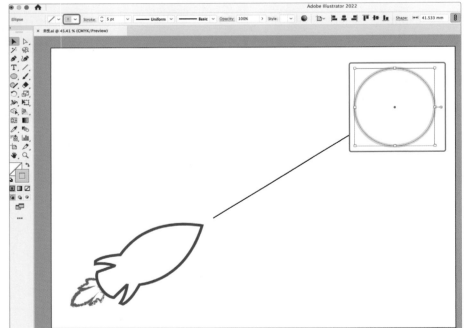

05 [Eyedropper Tool(스포이드 도구)] 🖊을 활용하면 선의 속성을 그대로 복사할 수 있습니다. 직선을 한 번 클릭한 후 [Eyedropper Tool]을 클릭합니다. [Eyedropper Tool]로 로켓 오브젝트를 선택하면 직선이 로켓과 같은 속성으로 변경됩니다.

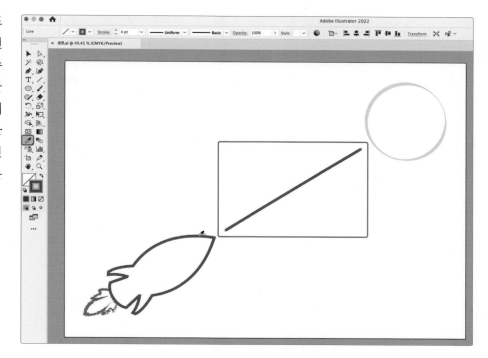

06 직선을 선택한 채로 우측의 [Stroke] 패널을 클릭합니다. ≡에서 [Show Options(옵션 표시)]를 눌러 세부 옵션을 표시합니다.

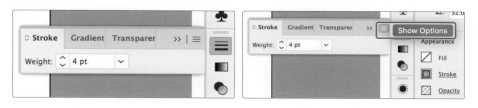

07 [Dashed Line(점선 사용)]을 체크하면 직선이 점선으로 변합니다. [dash(점선)]는 점선의 길이, [gap(간격)]은 점선의 간격을 의미합니다. [dash]는 15pt, [gap]은 8pt로 변경합니다. [Profile]을 [Width Profile 4(폭 프로파일 4)]로 변경하면 선의 모양이 변경됩니다.

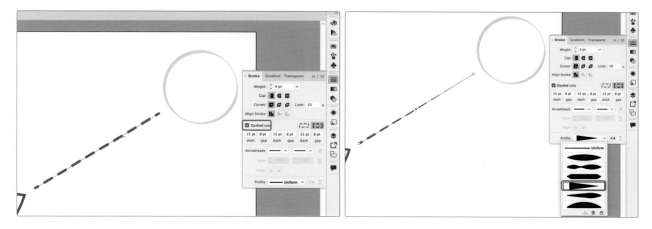

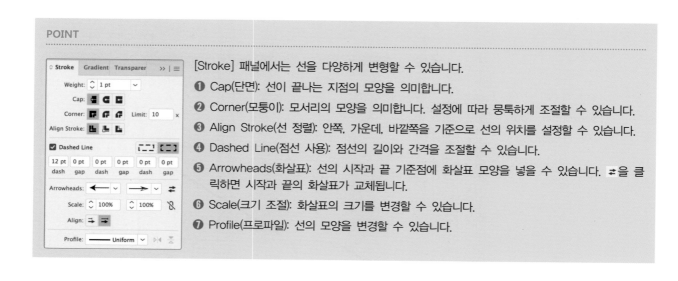

[Stroke] 패널에서는 선을 다양하게 변형할 수 있습니다.

❶ Cap(단면): 선이 끝나는 지점의 모양을 의미합니다.

❷ Corner(모퉁이): 모서리의 모양을 의미합니다. 설정에 따라 뭉툭하게 조절할 수 있습니다.

❸ Align Stroke(선 정렬): 안쪽, 가운데, 바깥쪽을 기준으로 선의 위치를 설정할 수 있습니다.

❹ Dashed Line(점선 사용): 점선의 길이와 간격을 조절할 수 있습니다.

❺ Arrowheads(화살표): 선의 시작과 끝 기준점에 화살표 모양을 넣을 수 있습니다. ⇄을 클릭하면 시작과 끝의 화살표가 교체됩니다.

❻ Scale(크기 조절): 화살표의 크기를 변경할 수 있습니다.

❼ Profile(프로파일): 선의 모양을 변경할 수 있습니다.

08 완성된 이미지를 확인합니다.

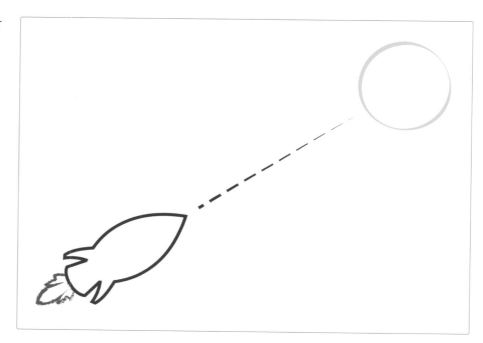

03 [Arc Tool]로 호 그리기

[Arc Tool]로 부채꼴 선을 그려보고, 호를 활용하여 간단하게 장미를 그려봅니다.

예제 파일 장미.ai   완성 파일 장미_완성.ai, 장미_완성.png

01 장미.ai 파일을 실행합니다.

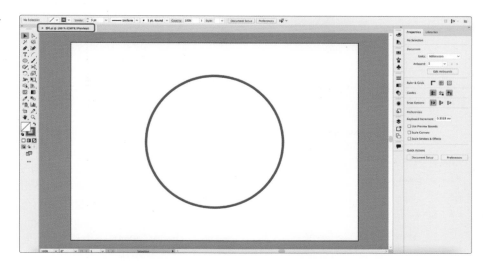

02 [Toolbar(도구 모음)]에서 [Arc Tool(호 도구)]을 선택하고 아트보드를 한 번 클릭합니다. [Arc Segment Tool Options(호 선분 도구 옵션)] 창이 열립니다.

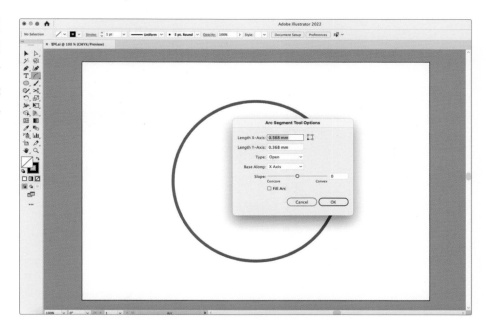

03 [Length X-Axis(X축 길이)]와 [Length Y-Axis(Y축 길이)]를 70mm로 변경하고 [Slope(슬로프)]는 60으로 변경합니다.

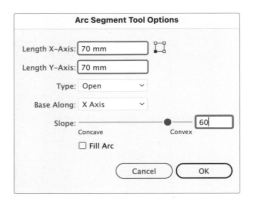

[Arc Segment Tool Options]에서 호를 그릴 때 다양한 옵션을 고려할 수 있습니다.

❶ Length X-Axis(X축 길이): 호의 길이를 의미합니다. 아트보드의 설정에 따라 mm나 pt(pixel)로 표시됩니다.

❷ Length Y-Asis(Y축 길이): 호의 높이를 의미합니다.

❸ Type(유형): Open(열림)을 선택하면 호가 그려지고 Closed(닫힘)를 선택하면 부채꼴 모양이 그려집니다.

❹ Base Along(기준): 호를 그릴 때 기준점이 되는 곳을 의미합니다.

❺ Slope(슬로프): 기울기를 의미합니다. 0은 직선을 의미하며 숫자가 높을수록 곡률이 심해져 직각에 가까워집니다.

❻ Fill Arc(호 채우기): 칠을 의미합니다. 체크할 시 호/부채꼴이 전경색으로 칠하여 생성됩니다.

04 [OK(확인)]를 누르면 70mm의 호가 그려집니다.

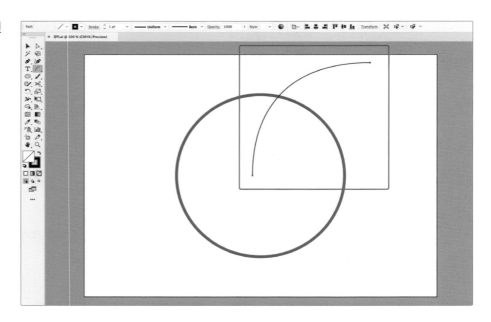

05 [Selection Tool(선택 도구)]로 호를 선택한 후 원 안으로 이동합니다.

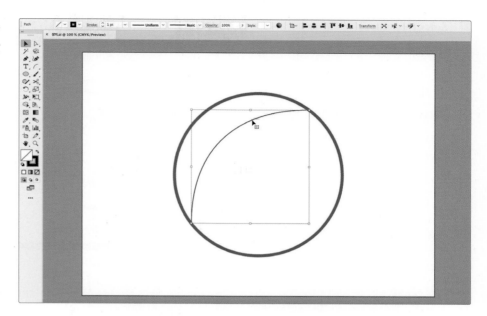

06 호를 선택한 상태에서 [Eyedropper Tool(스포이드 도구)]을 클릭합니다. [Eyedropper Tool]로 원을 선택하면 호의 속성이 원의 선 속성과 동일하게 변경됩니다.

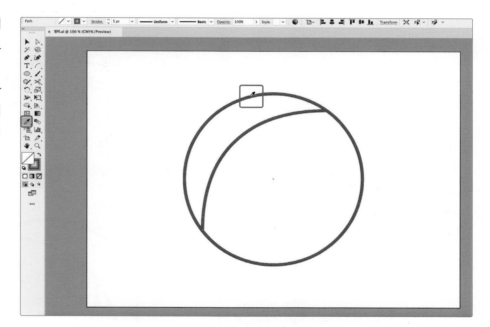

07 [Selection Tool]을 선택하고 ⌘/Ctrl+C, ⌘/Ctrl+F로 호를 복사 후 제자리에 붙여넣습니다. [Properties(속성)] 패널의 [Transform(변형)] – [Rotate(회전)]에서 복사한 호의 각도를 90으로 변경합니다.

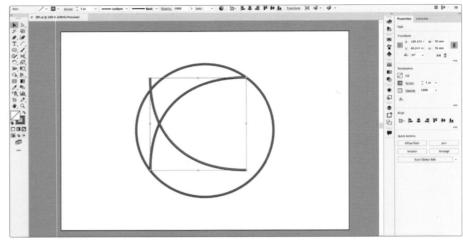

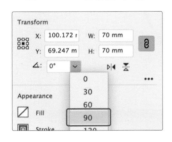

POINT

오브젝트 제자리에 붙여넣기

⌘/Ctrl+C로 오브젝트를 복사한 후 제자리에 붙여넣을 때 유용한 단축키입니다.

❶ 제자리 붙여넣기: ⌘/Ctrl+Shift+V

❷ 원본 오브젝트보다 앞(순서)에 제자리 붙여넣기: ⌘/Ctrl+F

❸ 원본 오브젝트보다 뒤(순서)에 제자리 붙여넣기: ⌘/Ctrl+B

08 복사한 호를 아래로 옮긴 후 바운딩 박스 모서리 밖에 마우스를 올립니다. 커서가 ↖로 변경되면 드래그하여 크기를 조절합니다.

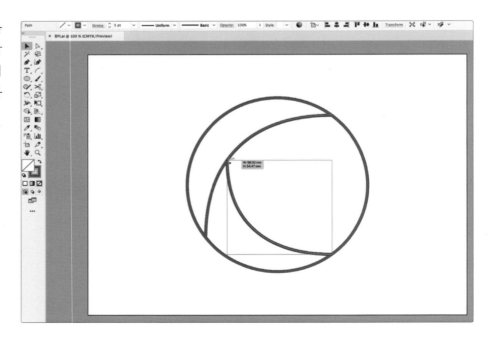

09 앞에서 만든 호를 `Cmd`/`Ctrl`+`C`, `Cmd`/`Ctrl`+`F`하여 복사 후 제자리에 붙여넣습니다. 바운딩 박스 모서리 밖의 ↰를 드래그하여 각도를 조절합니다.

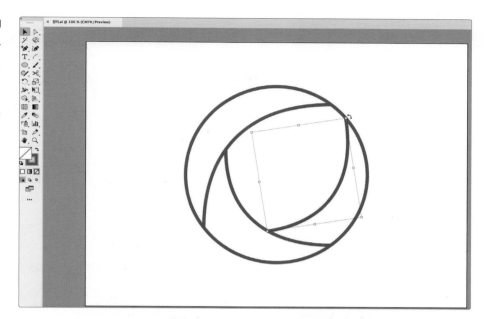

10 호를 4개 더 복제한 후 각도를 조절하여 원 안을 채웁니다.

11 [Arc Tool]을 선택하고 아트보드를 클릭합니다. [Length X-Axis]와 [Length Y-Axis]를 30mm로 바꾸고 [Slope]는 80으로 설정한 후 [OK]를 누릅니다.

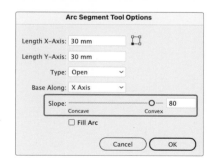

12 30mm 길이의 호가 생성됩니다.

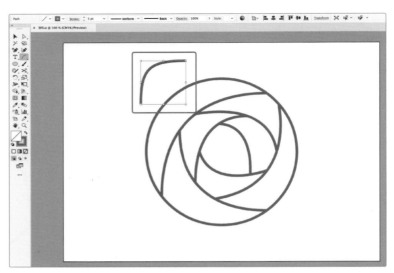

13 바운딩 박스 모서리 밖의 ↰로 각도를 조절한 후 원의 테두리로 옮깁니다.

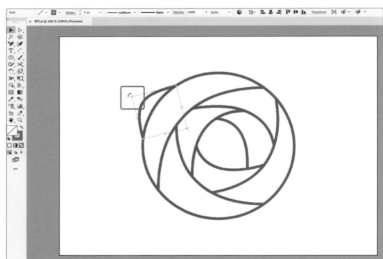

14 Cmd/Ctrl+C로 복사한 후 Cmd/Ctrl +V를 3번 눌러 3개의 잎을 추가로 만듭니다. 각도를 조절하고 위치를 이동하여 장미 이미지를 완성합니다.

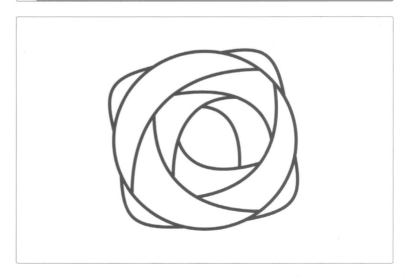

04 [Rectangle Tool]로 사각형과 둥근 사각형 그리기

[Rectangle Tool]을 활용하여 직사각형과 정사각형을 그려봅니다. 모퉁이가 둥근 사각형을 만들고 조절하는 법을 배워봅니다.

01 [New File(새 파일)] – [Print(인쇄)] – [A4]를 선택합니다. 제목을 입력하고 [Orientation(방향)]을 가로로 설정하여 새 파일을 생성합니다.

02 [Toolbar(도구 모음)]에서 [Rectangle Tool(사각형 도구)]을 선택합니다.

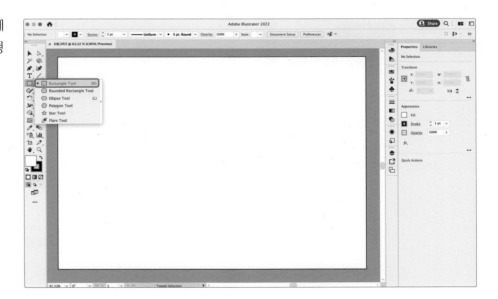

03 [Rectangle Tool]을 선택
한 상태에서 아트보드를 드
래그하면 직사각형을 그릴
수 있습니다.

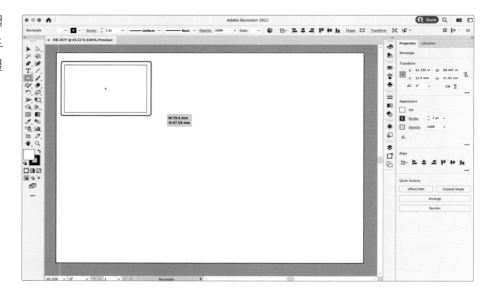

04 자유롭게 직사각형을 그릴 수 있지만 정확한 가로와 세로 길이를 지정하여 만들 수도 있습니다. 직사각형은 (Delete)
를 눌러 삭제한 후 [Rectangle Tool]을 선택합니다. 빈 아트보드를 클릭하고 [Rectangle(사각형)] 창에서 [Width(너비)]
와 [Height(높이)]를 지정합니다. [OK(확인)]를 누르면 지정한 길이에 맞는 직사각형이 생성됩니다.

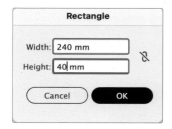

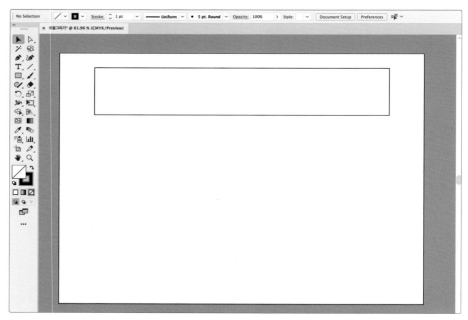

05 직사각형만큼 자주 사용
되는 정사각형을 그려봅니
다. [Rectangle Tool]을 선택
하고 (Shift)를 누른 채 아트보
드 위를 드래그하면 정사각
형이 생성됩니다.

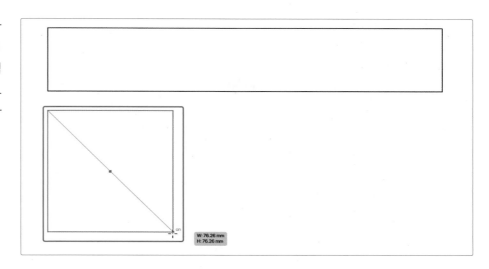

06 [Selection Tool(선택 도
구)]로 정사각형을 선택한 후
(Opt)/(Alt)를 누른 채 오른쪽으
로 드래그하면 정사각형을
복사할 수 있습니다. 직사각
형 아래에 총 3개의 정사각
형을 만듭니다.

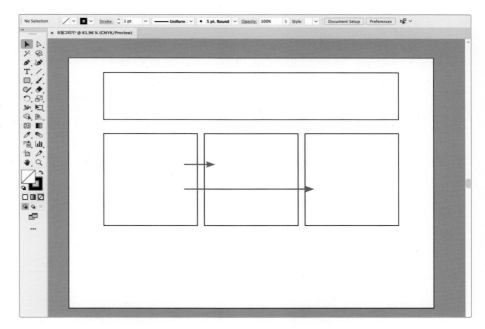

07 3개의 정사각형 중 가운데 정사각형의 모퉁이에 마우스를 올립니다. 커서가 ▶으로 변경되면 사각형 안쪽으로 드래그하여 둥근 사각형으로 변경합니다.

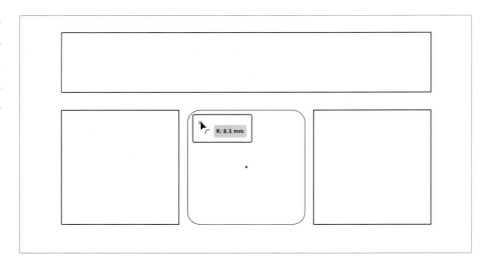

08 둥근 사각형을 만들고 싶다면 [Rectangle Tool]을 길게 눌러 [Rounded Rectangle Tool(둥근 사각형 도구)]을 선택합니다. 빈 아트보드를 클릭하면 [Rounded Rectangle(둥근 사각형)] 창이 나타납니다. [Width]와 [Height], [Corner Radius(모퉁이 반경)]를 설정하여 둥근 사각형을 그릴 수 있습니다.

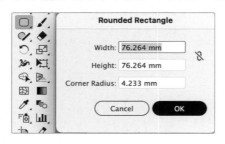

05 [Ellipse Tool]로 원형 그리기

타원과 정원을 그리고 원의 색상을 채워봅니다.

01 [A4] 크기의 [New File
(새 파일)]을 만들고 [Ellipse
Tool(원형 도구)]을 선택합
니다.

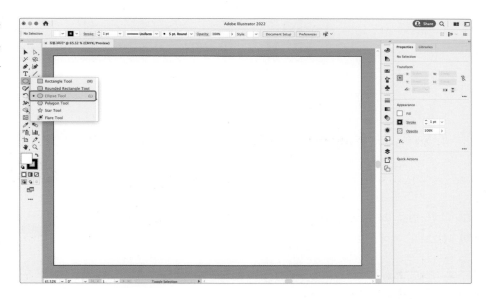

02 [Ellipse Tool]로 빈 아트
보드 위를 드래그하면 다양
한 원을 그릴 수 있습니다.

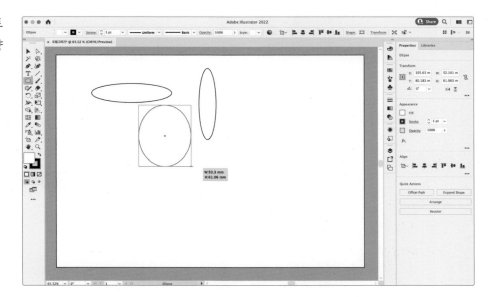

03 Shift를 누른 채 드래그하면 정원을 그릴 수 있습니다.

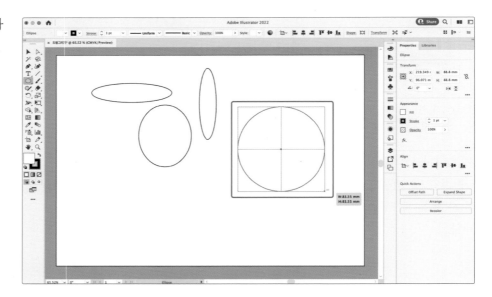

04 그린 원을 모두 지우고 빈 아트보드 위에 정원 하나를 그립니다.

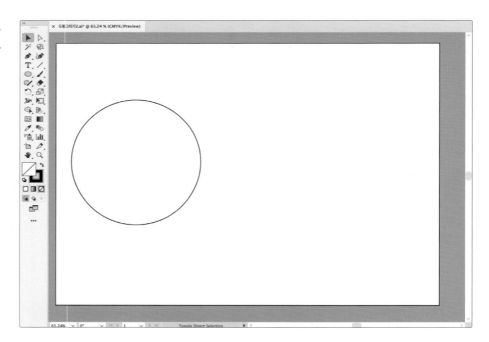

05 [Selection Tool(선택 도구)]로 원을 선택한 후 (Opt)/(Alt)를 누른 채 드래그하여 3개의 원을 추가로 그립니다.

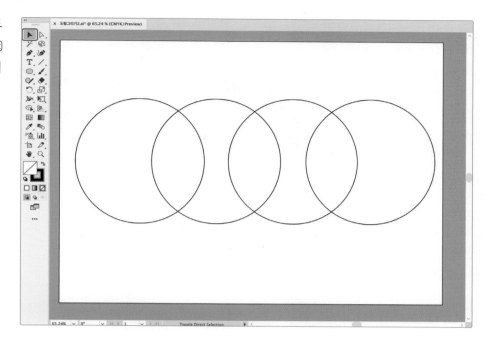

06 첫 번째 원을 [Selection Tool]로 선택합니다. [Toolbar]의 [Fill and Stroke(칠과 선)]을 보면 [Fill(칠)]은 None(없음), [Stroke]는 검정색으로 표시된 것을 확인할 수 있습니다.

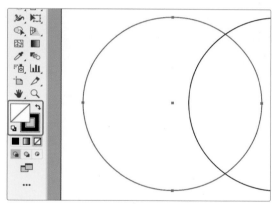

07 [Swap Fill and Stroke(칠과 선 교체)]↲를 누르면 테두리가 없고 검정색으로 채워진 원이 됩니다.

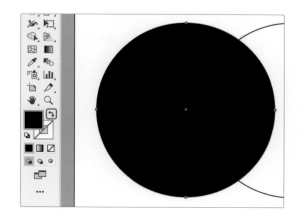

08 [Fill]을 더블클릭하면
[Color Picker(색상 피커)]
창이 나타납니다. 색상을
F45180으로 바꾸고 [OK(확
인)]를 눌러 첫 번째 원의 색
상을 변경합니다.

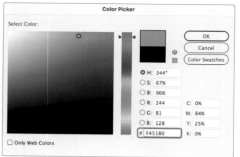

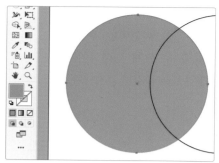

09 같은 방법으로 나머지
3개의 원도 다양한 색상을
채워 완성합니다.

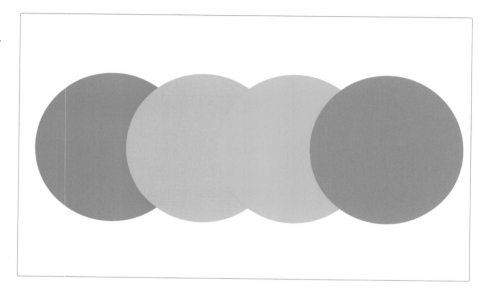

POINT

사각형과 원형의 경우, `Opt`/`Alt`을 누른 상태에서 드래그하면 도형의 중심에서부터 그릴 수 있습니다. 만약 `Opt`/`Alt`과 `Shift`를 동시에 누른 후 드래그하면 도형의 중심에서부터 정사각형 또는 정원을 그릴 수 있습니다.

06 [Color Picker]와 [Color] 패널로 색 설정하기

[Color Picker]와 [Color] 패널로 오브젝트의 색상을 변경할 수 있습니다.

예제 파일 컬러팔레트.ai, 아파트.jpg **완성 파일** 컬러팔레트_완성.ai, 컬러팔레트_완성.png

01 컬러팔레트.ai 파일을 실행합니다.

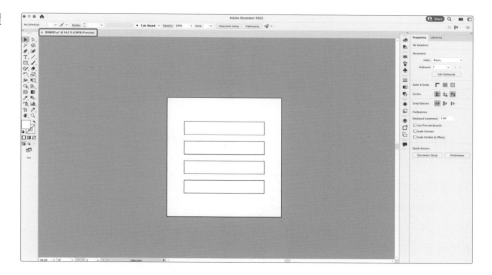

02 아파트.jpg 파일을 아트보드로 드래그 앤 드롭하여 파일을 불러옵니다. [Control Panel(제어판)]에서 [Embed(포함)]를 클릭한 후 캔버스로 이동합니다.

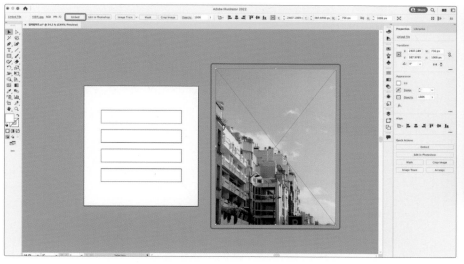

03 [Toolbar(도구 모음)]에서 [Eyedropper Tool(스포이드 도구)]을 더블클릭하면 [Eyedropper Options(스포이드 옵션)] 창이 열립니다.

04 [Eyedropper Picks Up(스포이드 선택)] 옵션의 [Focal Stroke(초점 선)]의 체크를 해제하여 옵션을 비활성화한 후 [OK(확인)]를 클릭하여 설정을 저장합니다.

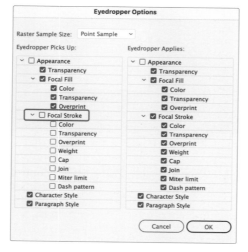

05 Shift를 누른 채 직사각형 오브젝트 2개를 클릭하여 동시에 선택합니다.

06 [Toolbar]에서 다시 [Eyedropper Tool]을 선택하고 사진 속 하늘을 클릭하여 색상을 추출합니다. 두 오브젝트의 [Fill(칠)] 색상이 추출한 색상으로 변경됩니다.

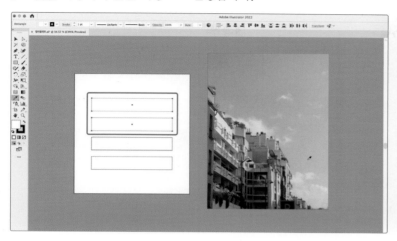
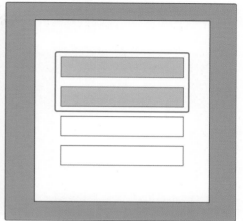

07 두 번째 오브젝트를 선택하고 [Toolbar]의 [Fill]을 더블클릭하면 [Color Picker(색상 피커)] 창이 나타납니다.

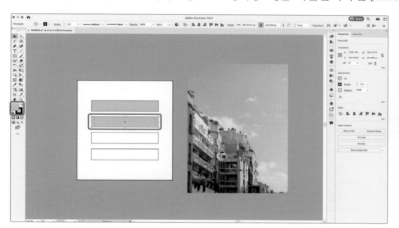
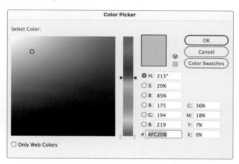

08 DCE9F9로 변경한 후 [OK]를 클릭하면 [Fill] 색상이 변경됩니다.

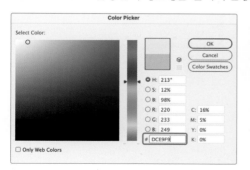

09 세 번째 오브젝트를 클릭하고 [Eyedropper Tool]로 사진 속 건물을 클릭하여 어두운 갈색으로 [Fill] 색상을 변경합니다.

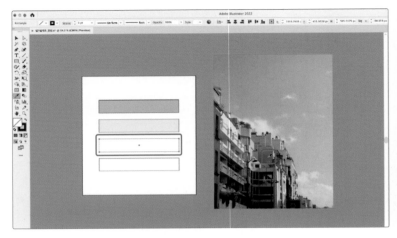 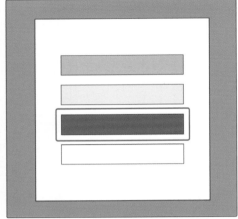

10 오브젝트를 선택한 후 [Properties(속성)]−[Appearance(모양)]에서 [Fill]을 선택합니다. 하단의 [New Swatch(새 견본)]를 클릭하고 [Swatch Name(견본 이름)]을 'Brown'으로 변경 후 [OK]를 클릭하여 현재 [Fill] 색상을 [Swatches(견본)] 패널에 추가합니다.

 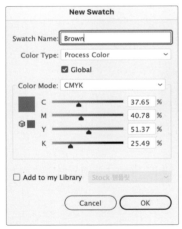 

11 네 번째 오브젝트를 클릭한 후 마찬가지로 [Fill]을 클릭하고 앞서 추가한 'Brown'을 선택하여 [Fill] 색상을 변경합니다.

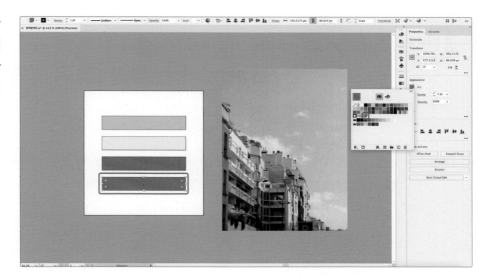

12 [Fill] 패널의 🎨을 클릭 후 값을 변경하여 색상의 농도를 조절할 수 있습니다. 값을 41%로 조절합니다.

13 컬러팔레트가 완성됩니다.

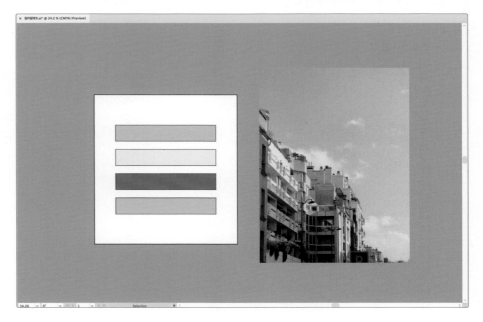

07 [Swatches] 패널과 견본 색상 만들기

[Swatches] 패널에서 다양한 테마의 색상을 활용할 수 있습니다. 자주 사용하고 싶은 색상이나 패턴을 쉽게 사용하고 싶을 때 [Swatches] 패널에 추가한 후 사용 가능합니다.

01 [Window(윈도우)] – [Swatches(견본)]를 선택합니다.

02 [Swatches] 패널에서 바로 사용 가능한 색상들을 확인할 수 있습니다.

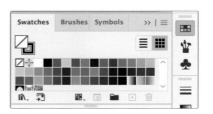

03 [Swatches] 패널 하단의 [Swatches Library(견본 라이브러리)]를 선택하면 라이브러리 목록이 나타납니다. [Color Books(색상 책)] – [PANTONE+ CMYK Coated] 를 선택합니다.

04 [PANTONE+ CMYK Coated]에서 넓은 범위의 색상을 확인할 수 있습니다.

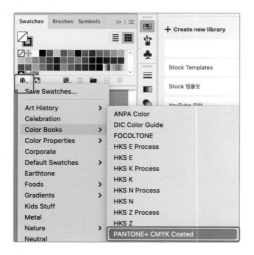

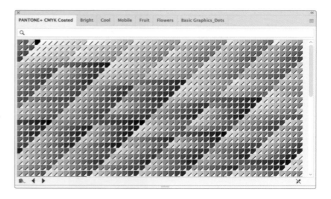

05 색상뿐 아니라 패턴을 활용하여 도형을 칠할 수도 있습니다. 라이브러리 목록의 [Patterns(패턴)] - [Basic Graphics(기본 그래픽)] - [Basic Graphics_Dots(기본 그래픽_점)]를 선택합니다.

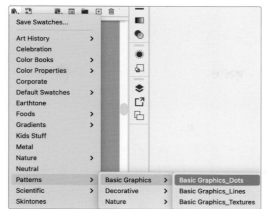

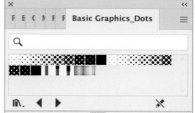

06 도트 무늬 패턴을 선택 후 [Swatches] 패널로 드래그합니다.

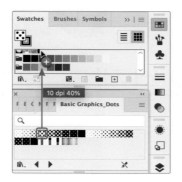

07 원하는 색상을 직접 추가하고 싶다면 [Swatches] 패널에서 ⊞을 누릅니다. [New Swatch (새 견본)] 창에서 색상을 C=64, M=0, Y=34, K=0으로 조절한 후 [OK(확인)]를 눌러 새로운 색상을 추가합니다.

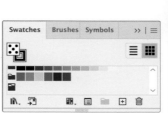

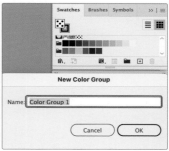

08 방금 만든 색상을 선택하고 [New Color Group(새 색상 그룹)]을 눌러 새 그룹을 만들어 사용합니다.

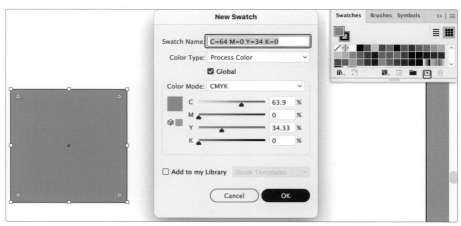

Chapter
03

오브젝트 응용하기

오브젝트를 간편하게 정렬하고 변형하여 새로운 오브젝트를 만들거나, 그레이
디언트, 블렌드 모드로 다채로운 색상을 적용해볼 수 있습니다.

[Align]으로 오브젝트 정렬하기

[Align] 패널에서 오브젝트를 특정 기준으로 정렬하거나 오브젝트 사이의 간격을 간편하게 조절하는 방법을 알아봅니다.

예제 파일 건물.ai   완성 파일 건물_완성.ai, 건물_완성.png

01 건물.ai 파일을 실행합니다.

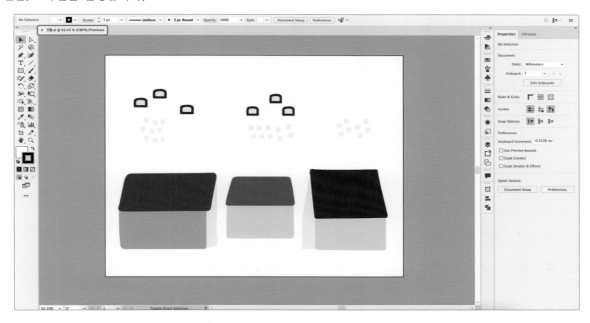

02 [Window(윈도우)] –
[Align(정렬)]을 선택합니다.

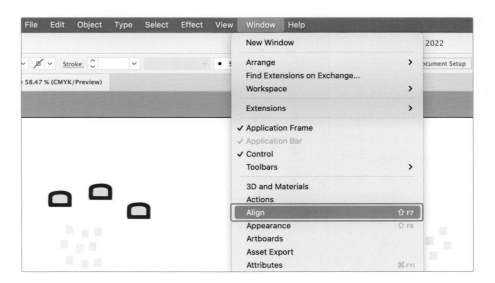

03 우측에 [Align] 패널이 나타납니다. [Toolbar(도구 모음)]에서 [Selection Tool(선택 도구)]을 선택한 후 아트보드를 드래그하여 창문 3개를 선택합니다.

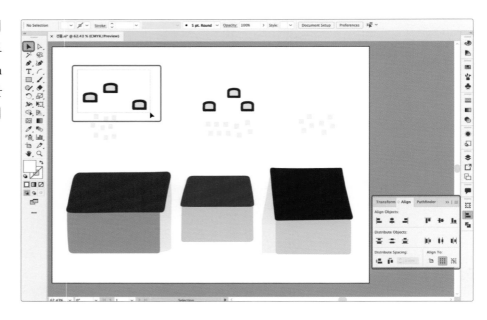

POINT

[Align] 패널은 [Align Objects]과 [Distribute Objects], [Distribute Spacing]로 이루어져 있습니다.

❶ Align To(정렬 대상): 정렬 대상을 설정할 수 있습니다. 아트보드, 오브젝트, 특정 오브젝트를 기준으로 정렬합니다.

❷ Align Objects(오브젝트 정렬): 특정 기준에 맞춰 일괄적으로 정렬할 수 있습니다. 왼쪽, 가운데, 오른쪽과 위쪽, 가운데, 아래쪽을 기준으로 정렬합니다.

❸ Distribute Objects(오브젝트 분포): 양끝에 위치한 오브젝트를 기준으로 오브젝트 사이의 간격을 일정하게 만들 수 있습니다. 양끝에 위치한 오브젝트는 기준점이 되어 움직이지 않습니다.

❹ Distribute Spacing(분포 간격 정렬): 특정한 간격으로 오브젝트를 정렬하고 싶을 때 사용합니다.

04 [Align] 패널에서 [Vertical Align Top(세로 위 정렬)]과 [Horizontal Distribute Center(가로 가운데 분포)]를 한 번씩 클릭합니다. 창문 3개가 오브젝트 상단을 기준으로 정렬되며 간격도 일정하게 변경됩니다.

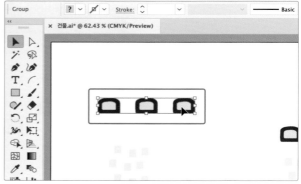

05 가로로 사각형 3개를 드래그하여 [Vertical Align Top], [Horizontal Distribute Center]를 클릭합니다. 선택한 모든 사각형이 오브젝트 상단을 기준으로 정렬되며 간격이 일정하게 변경됩니다.

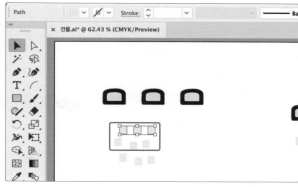

06 세로로 사각형 3개를 드래그한 후 첫 번째 사각형을 한 번 클릭합니다. 첫 번째 사각형이 파란색으로 강조됩니다.

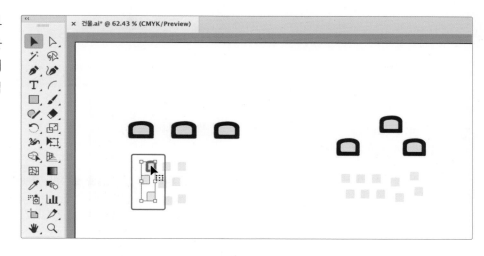

07 [Horizontal Align Left(가로 왼쪽 정렬)]를 누르면 첫 번째 사각형의 왼쪽을 기준으로 정렬됩니다.

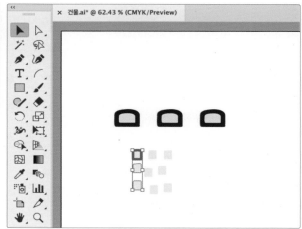

08 사각형 3개를 드래그한 후 [Horizontal Align Right(가로 오른쪽 정렬)]를 눌러 사각형 오른쪽을 기준으로 정렬합니다.

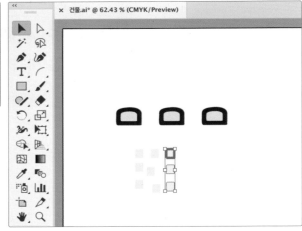

09 2행의 사각형 3개를 선택하고 [Horizontal Distribute Center]를 눌러 간격을 일정하게 변경합니다. 이어서 3행의 사각형 3개도 [Horizontal Distribute Center]를 눌러 간격을 일정하게 변경합니다.

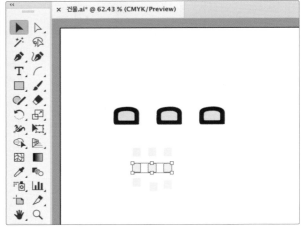

10 1행, 2행, 3행의 사각형을 행 별로 그룹화합니다. 그룹화된 사각형을 모두 선택하고 [Vertical Distribute Center(세로 가운데 분포)]를 눌러 행간을 동일하게 맞춥니다. 9개의 사각형이 가로와 세로 모두 같은 간격으로 정렬됩니다.

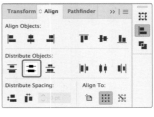

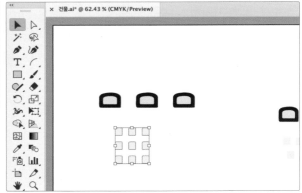

11 창문과 사각형을 드래그
하여 건물로 옮깁니다.

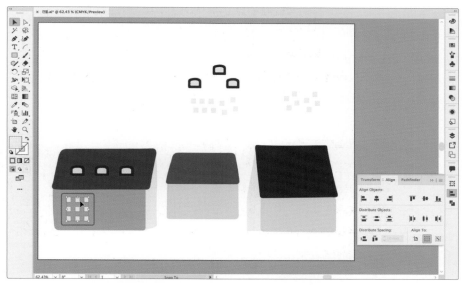

12 첫 번째 건물의 창문을
배열한 방법으로 두 번째,
세 번째 건물에도 창문을 배
치합니다.

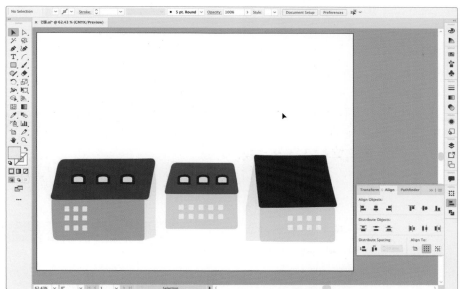

13 각 건물을 창문, 사각형
과 함께 선택한 후 Cmd/Ctrl
+G를 눌러 그룹화합니다.

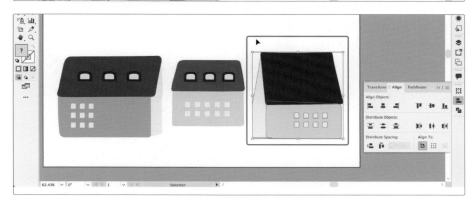

14 3개의 건물을 모두 선택하고 [Align] 패널에서 [Vertical Align Bottom(세로 아래 정렬)]을 누릅니다. 건물 오브젝트의 하단을 기준으로 정렬됩니다.

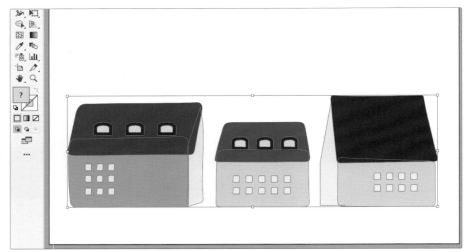

15 [Selection Tool]로 건물을 선택 후 이동하여 간격을 조절합니다. 3개의 건물을 선택한 후 Cmd/Ctrl+G를 눌러 그룹화합니다.

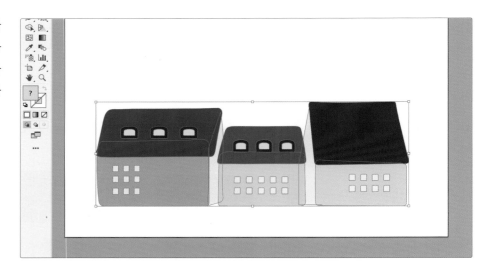

16 그룹화한 건물을 선택한 상태에서 [Align To Artboard(대지에 정렬)]로 변경합니다.

17 [Horizontal Align Center(가로 가운데 정렬)], [Vertical Align Center(세로 가운데 정렬)]를 클릭하여 그룹 오브젝트를 아트보드의 정중앙으로 정렬합니다.

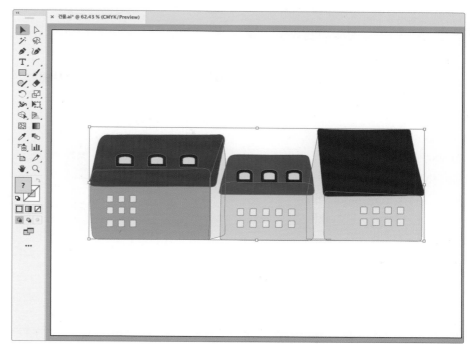

18 빈 아트보드를 클릭하여 선택 영역을 해제합니다. 완성된 이미지를 확인합니다.

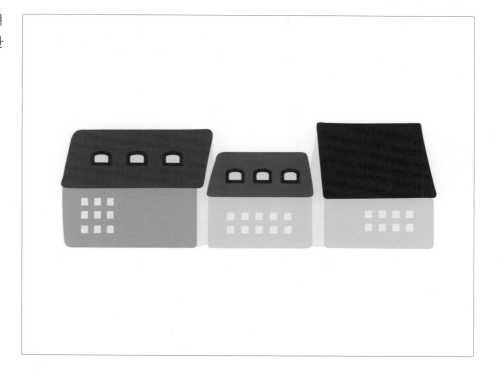

02 도형으로 포스터 만들기

직사각형과 원, 삼각형을 활용해 포스터 이미지를 만들어봅니다. 간단한 도형과 색상만으로 하나의 이미지를 만드는 과정에서 도형을 그리고 활용하는 데 익숙해질 수 있습니다.

완성 파일 풍경_완성.ai, 풍경_완성.png

01 [New File(새 파일)]을 누르고 [New Document(새 문서)] – [Art & Illustration(아트 및 일러스트레이션)]에서 [Poster(포스터)]를 선택합니다. [Poster] 템플릿은 웹을 비롯해 여러 유형의 미디어로 출력 가능한 RGB 컬러 모드로 설정되어 있습니다. [Poster] 템플릿의 설정을 확인한 후 제목을 입력하여 새 파일을 만듭니다.

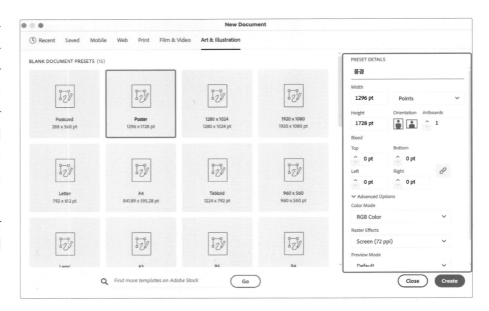

02 아트보드 위에 가로 1296pt, 세로 337pt 크기의 직사각형을 그립니다.

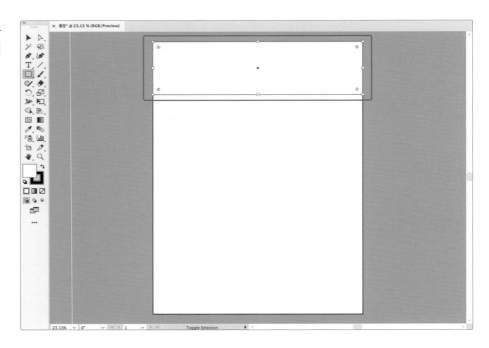

03 첫 번째 직사각형의 [Fill (칠)] 색상을 FFB400으로 변경하고 [Stroke(선)]를 None(없음)으로 설정합니다.

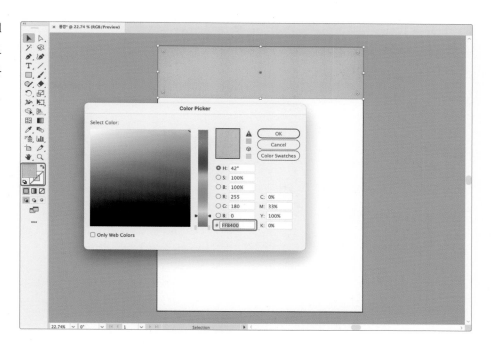

04 같은 방법으로 4개의 직사각형을 추가로 그린 후, [Fill] 색상을 각각 FF9700, FF7000, FF4800, AC2300으로 변경합니다. 마지막 직사각형의 세로 길이는 340pt로 [Artboard]를 꽉 채울 수 있도록 합니다.

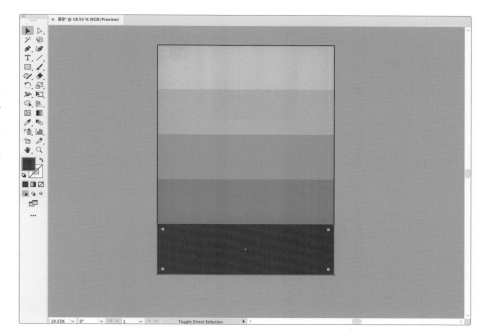

05 [Ellipse Tool(원형 도구)]을 이용해 세로와 가로 길이가 모두 470pt인 정원을 그립니다.

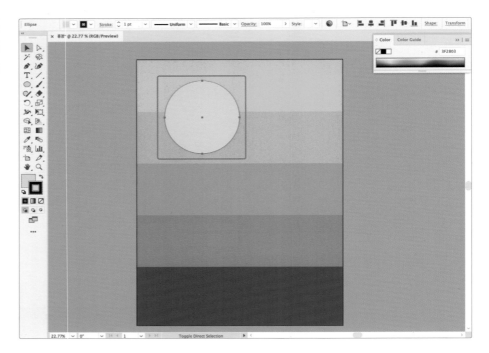

06 원의 [Stroke] 색상을 3F2803으로 설정하고 [Stroke]를 10pt로 변경합니다.

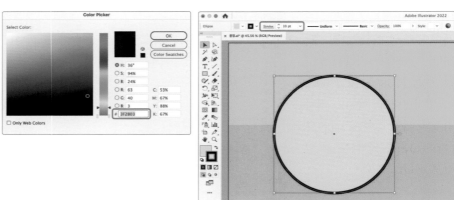

07 [Rectangle Tool(사각형 도구)]를 길게 눌러 [Polygon Tool(다각형 도구)]을 선택한 후 아트보드를 클릭합니다. [Polygon(다각형)] 창에서 [Radius(반경)]를 150 pt, [Sides(면)]를 3으로 설정하고 [OK(확인)]를 누릅니다.

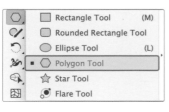
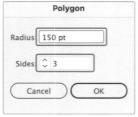

08 아트보드 위에 정삼각형이 그려집니다. 정삼각형의 [Fill] 색상을 원의 [Stroke] 색상과 같은 3F2803으로 설정하고 [Stroke]는 None으로 변경합니다.

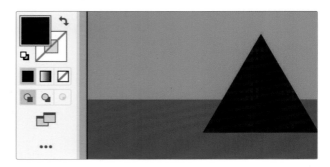

09 Opt/Alt를 누르고 오른쪽으로 드래그하여 같은 정삼각형 2개를 추가로 더 그립니다.

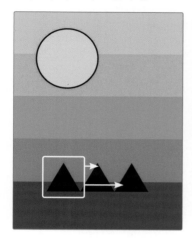

10 [File(파일)] - [Export(내보내기)] - [Export As(내보내기 형식)]를 선택합니다. [Export] 창에서 [Use Artboards(대지 사용)]를 체크하고 [Export]를 누릅니다.

11 [PNG Options(PNG 옵션)] 창에서 [Preview(미리 보기)]를 확인하고 [OK]를 누릅니다.

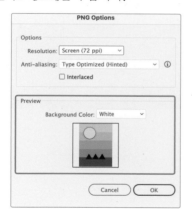

12 완성한 이미지가 올바르게 추출되었는지 확인합니다.

03 [Gradient Tool]로 배경 만들고 [Star Tool]로 별 그리기

[Gradient Tool]을 이용해 그레이디언트 색상의 배경을 만든 후 [Star Tool]로 여러 형태의 별을 그려봅니다.

완성 파일 트윙클_완성.ai, 트윙클_완성.png

01 [New File(새 파일)] – [New Document (새 문서)] – [Print(인쇄)] – [A4] 가로형을 선택합니다. 제목을 입력하고 [Create(만들기)]를 눌러 새 파일을 생성합니다.

02 A4 사이즈의 아트보드를 확인합니다.

03 [Rectangle Tool(사각형 도구)]을 이용해 아트보드 사이즈와 일치하는 사각형을 그립니다.

04 배경이 될 사각형의 [Fill (칠)]의 종류를 [Gradient(그레이디언트)]로, [Stroke(선)] 는 None(없음)으로 변경합니다. 우측 [Gradient] 패널이 나타납니다.

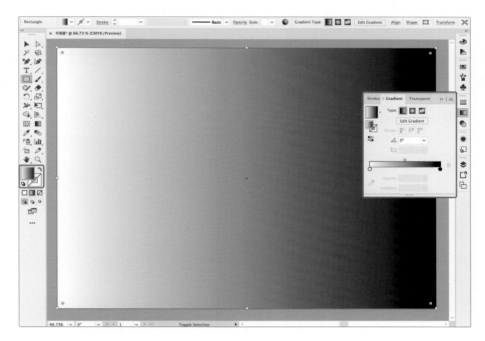

05 [Gradient] 패널 – [Type(종류)]에서 [Linear Gradient(선형 그레이디언트)]를 [Freeform Gradient(자유형 그레이디언트)]로 변경합니다.

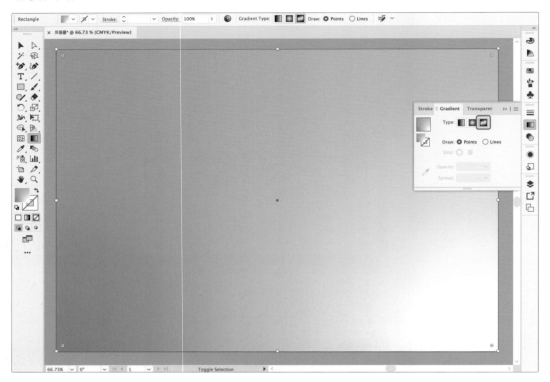

06 [Freeform Gradient]로 변경하면 사각형의 네 모퉁이에 색상 정지점이 생깁니다. 색상 정지점 밖의 점을 드래그하면 [Spread(스프레드)]를 조절할 수 있습니다.

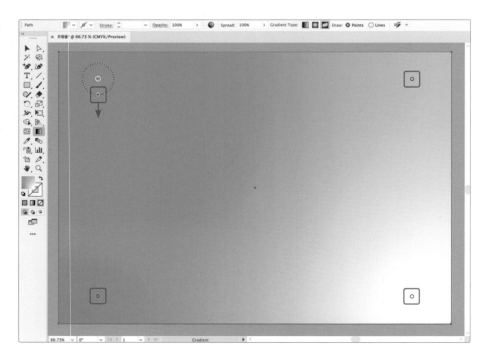

07 각 색상 정지점을 더블 클릭하면 색상을 변경할 수 있습니다. 사각형의 왼쪽 위에 있는 색상 정지점을 더블 클릭하여 푸른빛이 진해지도록 색상을 조절합니다.

 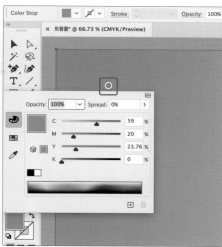

08 같은 방법으로 나머지 세 개의 색상 정지점과 [Spread]를 조절합니다.

09 아트보드 중앙에 마우스를 올리면 색상 정지점을 추가할 수 있는 커서가 나타납니다.

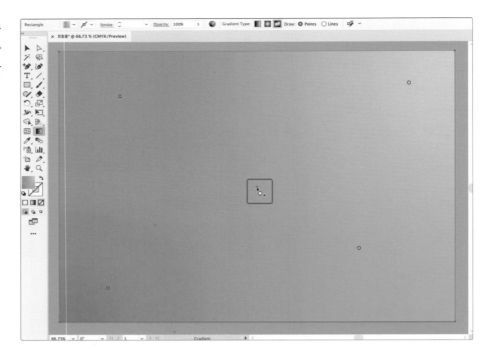

10 색상 정지점을 추가한 후 색상을 변경하여 그레이디언트 배경을 완성합니다.

11 [Toolbar(도구 모음)]에서 [Rectangle Tool(사각형 도구)]을 길게 눌러 [Star Tool(별 도구)]을 선택한 후 아트보드를 클릭합니다. [Star(별)] 창에서 [Radius 1(반경 1)]을 10mm, [Radius 2(반경 2)]를 30mm로 설정합니다. [Radius 1]은 별의 중심에서 별의 가장 안쪽 지점까지의 거리, [Radius 2]는 별의 중심에서 별의 가장 바깥쪽 지점까지의 거리를 의미합니다. [Points(점)]를 8로 변경한 후 [OK(확인)]를 누릅니다.

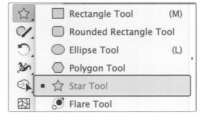

12 8개의 점을 가진 별이 완성됩니다.

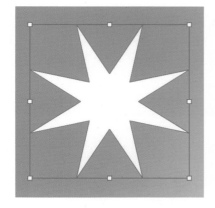

13 같은 방법으로 여러 가지 별을 그려봅니다. 최소 3가지 이상 다른 형태의 별을 그립니다.

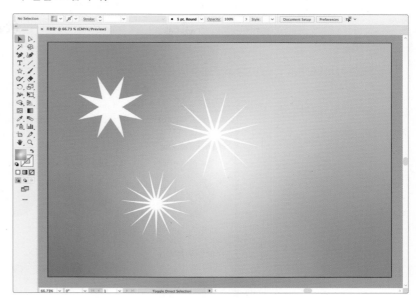

14 그레이디언트 배경 위에 만든 별을 자유롭게 배치하여 이미지를 완성합니다.

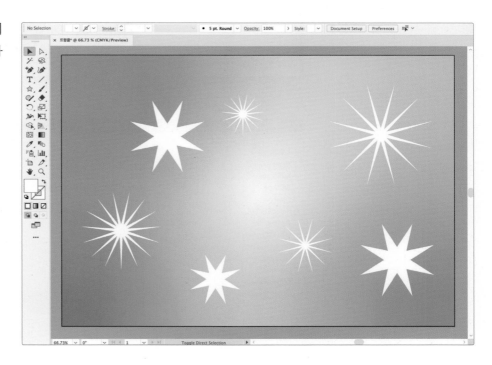

04 [Pathfinder]로 오브젝트 변형하기

[Pathfinder]는 두 개 이상의 오브젝트를 합쳐서 하나의 오브젝트를 만들거나 여러 개의 오브젝트로 나누어 오브젝트를 변형하는 기능입니다.

예제 파일 패스파인더.ai   **완성 파일** 패스파인더_완성.ai, 패스파인더_완성.png

01 패스파인더.ai 파일을 실행합니다.

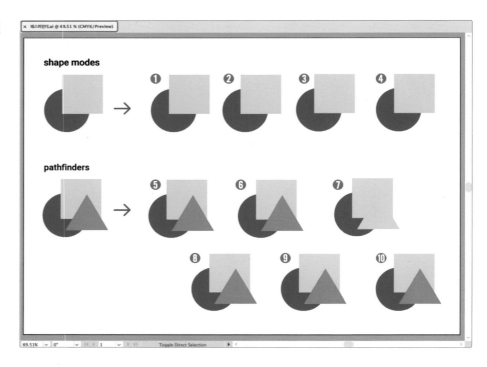

02 [Window(윈도우)] – [Pathfinder(패스파인더)]를 선택합니다.

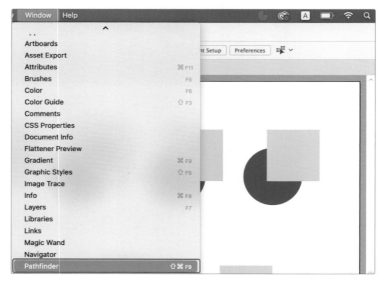

03 [Pathfinder] 패널은 [Shape Modes(도형 모드)]와 [Pathfinder(패스파인더)]로 나누어집니다. [Shape Modes]에는 [Unite(합치기)], [Minus Front(앞면 오브젝트 빼기)], [Intersect(교집합)], [Exclude(교집합 제외)] 4가지 옵션이 있고, [Pathfinder]에는 도형을 조각내는 [Divide(나누기)], [Trim(자르기)], [Merge(합치기)], [Crop(깎기)], [Outline(윤곽선)], [Minus back(뒷면 오브젝트 빼기)] 6가지 옵션이 있습니다.

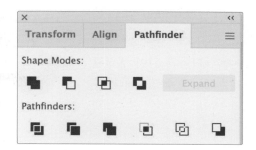

04 아트보드에서 ❶의 사각형과 원형을 모두 선택한 후 [Pathfinder] 패널에서 [Unite]를 선택합니다. 두 개의 오브젝트가 하나로 합쳐집니다.

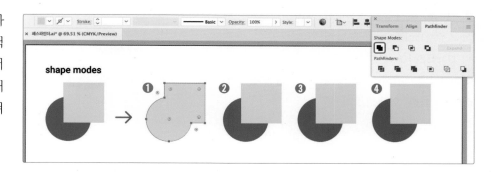

05 ❷를 선택한 후 [Path-finder] 패널에서 [Minus Front]을 누릅니다. 앞에 있는 오브젝트인 사각형을 뺀 나머지 원형만 남습니다.

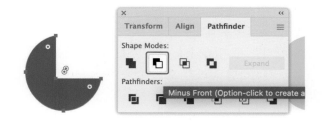

06 ❸을 선택한 후 [Path-finder] 패널에서 [Intersect]를 누릅니다. [Intersect]는 두 오브젝트의 겹치는 부분, 즉 교집합에 해당하는 부분을 살리는 기능입니다.

07 ❹를 선택한 후 [Path-finder] 패널에서 [Exclude]를 누르면 [Intersect]와 반대로 두 오브젝트의 겹치는 부분만 제외됩니다.

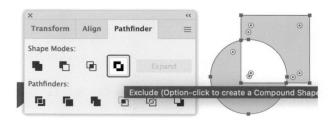

08 [Pathfinder]-[Shape Modes] 적용 결과, 도형 ❶~❹가 다음과 같이 변형된 것을 확인할 수 있습니다.

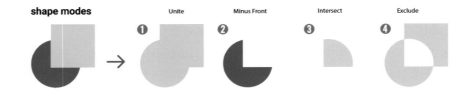

09 아트보드에서 ❺의 사각형, 원형, 삼각형을 모두 선택한 후 [Pathfinder] 패널에서 [Divide]를 선택합니다. [Divide]를 실행하면 도형의 라인에 따라 오브젝트가 분리됩니다.

10 [Pathfinders]에 해당하는 기능들은 실행 후 [Ungroup(그룹 해제)]을 해야 분리할 수 있습니다. 그룹을 해제하면 분리된 오브젝트를 하나씩 선택할 수 있습니다.

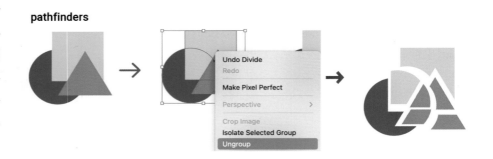

11 ❻을 선택한 후 [Trim]을 실행하면 오브젝트들이 겹쳐진 모양대로 분리됩니다.

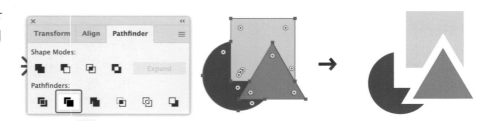

12 ❼을 보면 사각형과 삼각형이 같은 색상입니다. [Merge]를 실행하면 같은 색상의 오브젝트끼리 합쳐진 것을 확인할 수 있습니다.

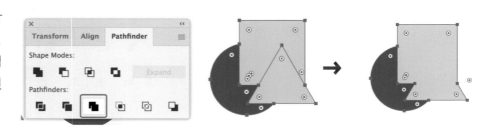

13 ❽을 선택하고 [Crop]을 실행하면 맨 위의 오브젝트만 남기고 모두 제거됩니다. 교집합 부분은 살리되 맨 위의 오브젝트인 삼각형은 패스로 처리됩니다.

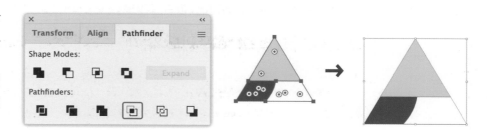

14 ❾를 선택하고 [Outline]을 실행하면 오브젝트를 패스로 변경할 수 있습니다. 그러나 만들어진 패스의 [Stroke] 두께가 0pt이기 때문에 두께를 올려야 눈으로 확인할 수 있습니다. [Stroke]를 1pt로 조절합니다.

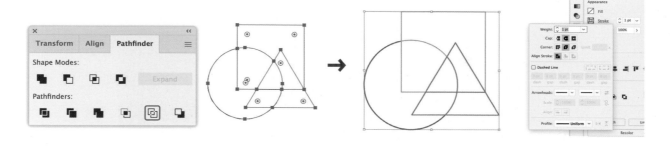

15 ❿을 선택하고 [Minus back]을 실행합니다. [Minus back]은 아래 오브젝트를 삭제하는 기능으로 삼각형 아래에 있는 원형과 사각형이 삭제됩니다.

16 [Pathfinder] - [Pathfinders] 적용 결과, 도형 ❺ ~❿이 다음과 같이 변형된 것을 확인할 수 있습니다.

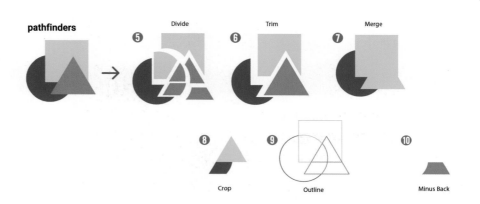

05 [Blend Tool]로 입체 문자 만들기

[Blend Tool]은 두 개 이상의 오브젝트 간의 색상이나 모양의 자연스러운 변화를 돕는 기능입니다. 해당 기능으로 문자에 그라데이션과 입체적인 느낌을 더해봅니다.

예제 파일 블렌드.ai 완성 파일 블렌드_완성.ai, 블렌드_완성.png

01 블렌드.ai 파일을 실행합니다.

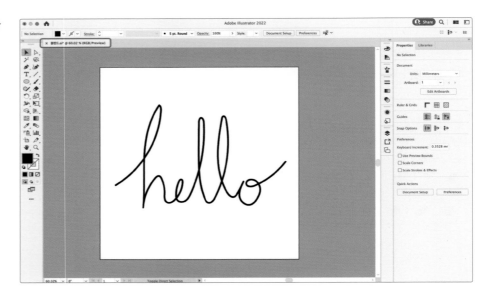

02 [Toolbar(도구 모음)]에서 [Ellipse Tool(원형 도구)]을 선택하고, [Width(너비)]와 [Height(높이)]가 6mm인 정원을 생성합니다.

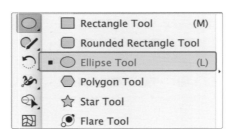

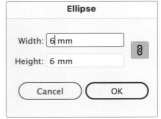

03 원의 [Fill(칠)] 유형을 [Gradient(그레이디언트)]로 변경합니다.

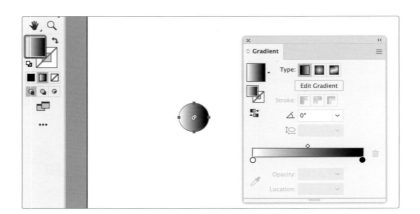

04 [Gradient] 패널에서 양 끝의 [Gradient Slider(그레이디언트 슬라이더)] 색상을 파란 계열 중에 골라 선택합니다.

05 Opt/Alt를 누르고 원을 오른쪽 끝으로 드래그하여 복제합니다.

06 마찬가지로 [Gradient] 패널에서 복사한 원의 양 끝 [Gradient Slider] 색상을 보라색 계열로 변경합니다.

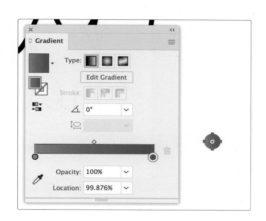

07 두 원을 모두 선택한 상태에서 [Blend Tool(혼합 도구)]을 선택합니다.

08 원 가까이에 마우스를 올리면 마우스 커서에 +가 나타납니다. 그대로 클릭하면 두 개의 원 사이에 일정한 간격으로 색상 변화를 보여주는 원들이 생성됩니다.

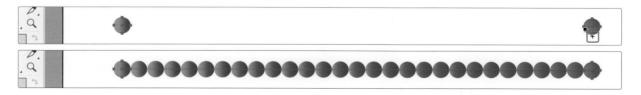

09 [Toolbar]에서 [Blend Tool]을 더블클릭하면 [Blend Options(블렌드 옵션)] 창이 나타납니다. [Spacing(간격)]을 [Specified Distance(지정된 거리)], 0.3mm로 변경합니다. [Orientation(방향)]은 [Align to Path(패스에 정렬)]를 선택합니다. [Preview(미리보기)]를 체크하면 간격을 두고 생성된 원들이 하나의 두꺼운 선처럼 바뀐 것을 확인할 수 있습니다.

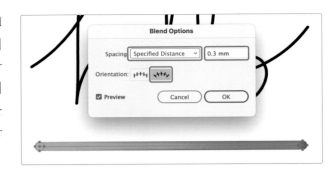

10 'hello'와 [Blend Tool]로 연결한 원을 모두 선택한 후 [Object(오브젝트)]-[Blend(블렌드)]-[Replace Spine(스파인 바꾸기)]을 클릭합니다.

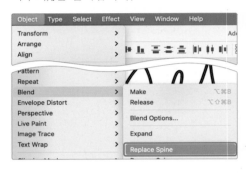

11 블렌드 효과가 적용되어 문자에 입체적인 느낌이 더해집니다.

12 아트보드 크기에 맞춰 가로 210mm, 세로 210mm의 정사각형을 그리고 [Fill] 색상을 000000으로 변경합니다.

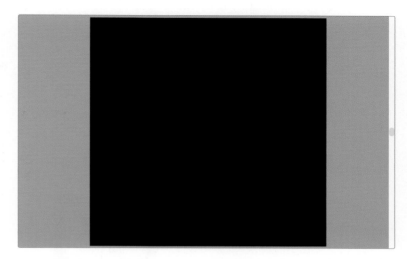

13 정사각형을 선택한 후 [Arrange(정돈)] - [Send to Back(맨 뒤로 보내기)]을 누릅니다.

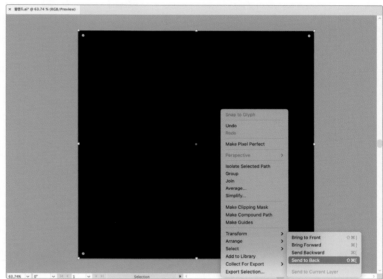

14 완성된 이미지를 확인합니다.

패스의 기본 개념을 배워봅니다. 이어서 패스를 그리는 [Pen Tool]의 조작 방식을 이해하고 자유롭게 오브젝트를 그려봅니다.

패스 이해하기

패스의 이루는 고정점과 패스, 핸들에 대해 알아보고 열린 패스와 닫힌 패스의 개념을 이해합니다.

패스란?

일러스트레이터에서 패스란 오브젝트를 이루는 윤곽선을 의미합니다. 패스는 한 개 이상의 직선이나 곡선으로 구성됩니다.

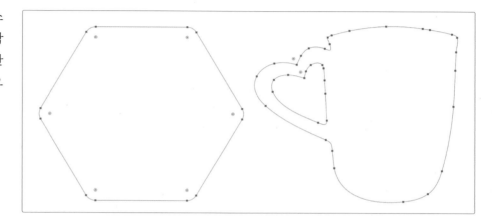

패스의 구조

패스는 점을 찍은 후 선을 연결한 형태입니다. 고정점과 패스, 핸들로 이루어져 있습니다.

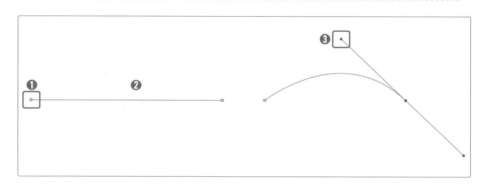

❶ Anchor Point(고정점): 패스의 시작과 끝을 고정하는 역할을 합니다. [Selection Tool(선택 도구)]로 선택한 기준점은 칠한 사각형▣으로, 선택하지 않은 기준점은 빈 사각형▢으로 표시됩니다.

❷ Path(패스): 점 사이를 연결하는 선으로 직선이나 곡선 형태입니다.

❸ Handle(핸들): 기준점에서 곡선을 만들면 나타나는 방향선과 방향점입니다. 방향선의 각도에 따라 곡선의 기울기가 달라지며, 방향선의 길이에 따라 곡선의 높이나 깊이가 달라집니다.

• 열린 패스: 패스의 시작 기준점과 종료 기준점이 일치하지 않는 패스입니다. 패스가 열려있을 시 [Fill(칠)] 색상을 칠하면 완전히 채워지지 않습니다.

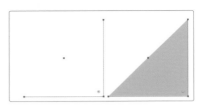

• 닫힌 패스: 패스의 시작 기준점과 종료 기준점이 일치하여 붙어있는 패스입니다. [Fill] 색상을 칠하면 패스 내부가 완전히 채워집니다.

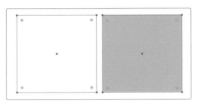

Selection Tool(선택 도구)과 Direct Selection Tool(직접 선택 도구)의 차이

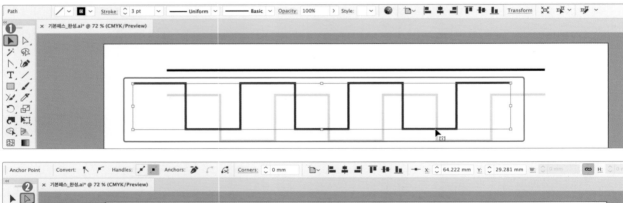

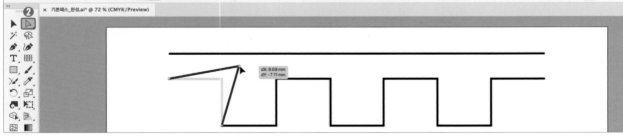

❶ [Selection Tool]: 오브젝트를 선택하고 옮길 때 사용합니다. 바운딩 박스가 나타납니다.

❷ [Direct Selection Tool]: 앵커나 패스를 선택하고 옮길 때 사용합니다. 바운딩 박스가 나타나지 않으며 앵커와 패스만 나타납니다.

02 [Pen Tool]로 패스 그리기

[Pen Tool]로 직선 패스와 곡선 패스를 그리는 방법을 알아봅니다.

예제 파일 기본패스.ai **완성 파일** 기본패스_완성.ai, 기본패스_완성.png

01 기본패스.ai 파일을 실행합니다.

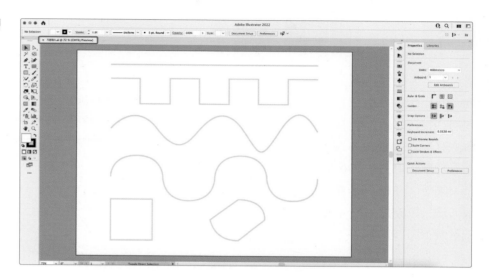

02 [Toolbar(도구 모음)]에서 [Pen Tool(펜 도구)]을 선택합니다. [Properties(속성)] 패널의 [Appearance(모양)]에서 [Fill(칠)]을 None으로바꾸고 [Stroke(획)]를 3pt로변경합니다.

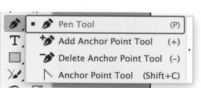

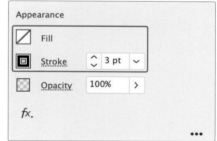

03 직선 시작 지점을 클릭하면 앵커가 생성됩니다.

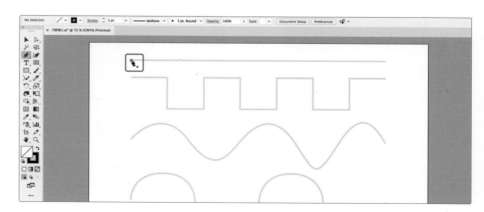

04 직선의 끝 지점을 클릭하면 앵커와 앵커 사이를 잇는 직선 패스가 그려집니다. Enter 혹은 Cmd / Ctrl + Shift + A 를 누르면 그리기를 완료할 수 있습니다.

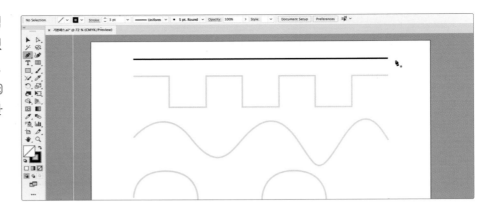

05 직선 시작 지점을 클릭하여 앵커를 생성합니다. Shift 를 누른 채로 마우스를 움직이면 0, 45, 90, 180 도 등 정확한 각도로 직선 패스를 만들 수 있습니다. 수평 직선 패스를 그립니다.

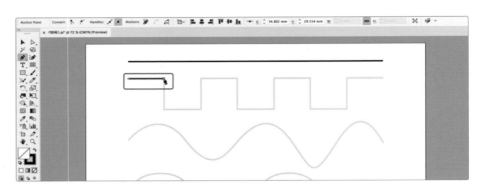

06 Shift 를 누르고 90도 방향으로 마우스를 움직인 후 수직 직선 패스를 그립니다.

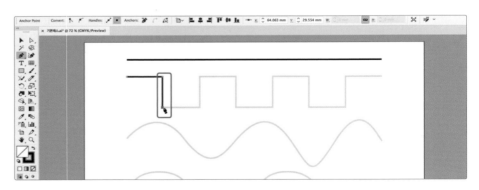

07 같은 방법으로 직선을 따라 그린 후 Enter 를 눌러 그리기를 완료합니다.

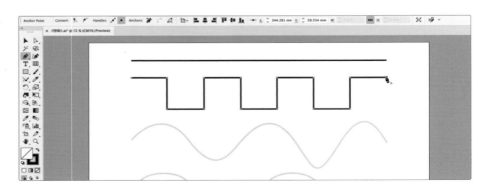

08 곡선이 시작되는 첫 번째 지점을 클릭하여 앵커를 생성합니다.

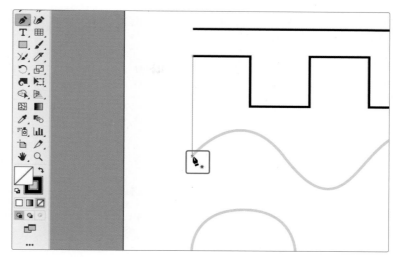

09 두 번째 지점에 앵커를 생성한 후 마우스를 떼지 않고 아래로 드래그합니다. 앵커에 핸들이 생기며 곡선 패스가 만들어집니다.

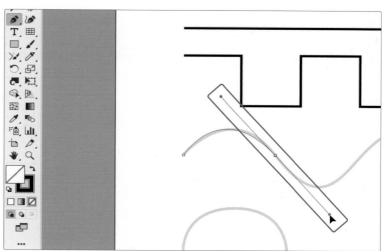

10 마우스를 떼면 곡선이 그려집니다. 핸들을 선택하고 아래로 조절하면 곡선의 기울기가 심해지고 길이가 길어집니다.

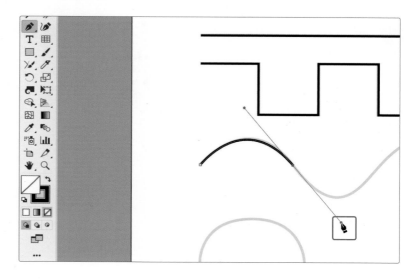

11 세 번째 지점에 앵커를 생성한 후 곡선을 이어서 그립니다.

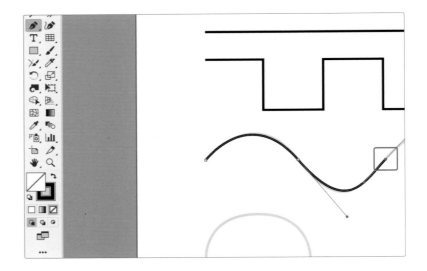

12 같은 방법으로 곡선을 따라 그린 후 Enter 를 눌러 그리기를 완료합니다.

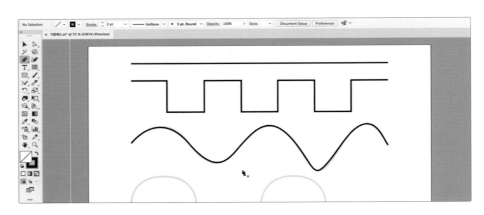

13 곡선의 첫 번째 지점을 클릭하여 앵커를 생성합니다.

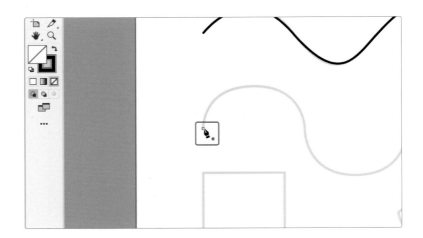

14 두 번째 지점을 클릭하여 앵커를 생성한 후 마우스를 떼지 않고 오른쪽으로 드래그하여 곡선을 그립니다. (Shift)를 누르고 드래그하면 정확히 90도 각도의 곡선을 그릴 수 있습니다.

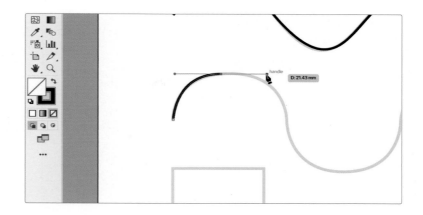

15 같은 방법으로 곡선을 따라 그린 후 (Enter)를 눌러 그리기를 완료합니다.

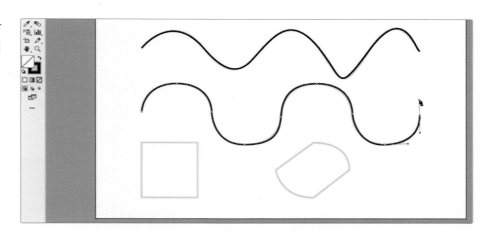

16 사각형 시작 지점을 클릭하여 첫 번째 앵커를 생성합니다.

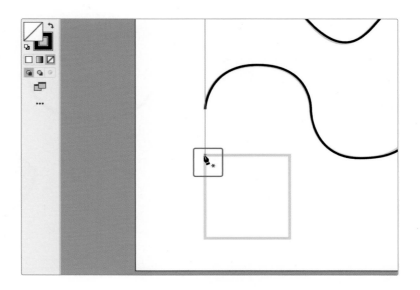

17 사각형의 테두리를 따라 그리면 테두리가 만날 때 마우스 커서 모양이 변경됩니다. 앵커를 클릭하여 닫힌 패스로 만듭니다.

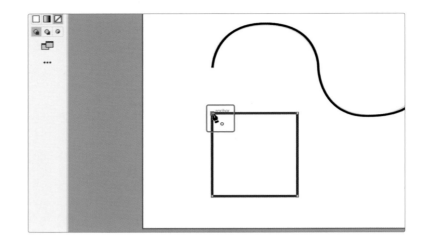

18 닫힌 패스는 [Fill(칠)] 색상을 F0B44F로 칠합니다.

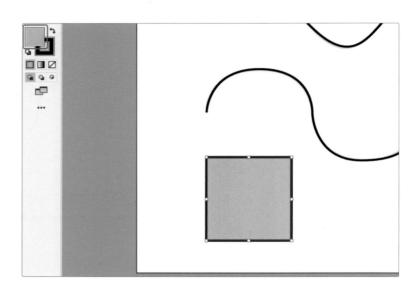

19 이어서 도형의 직선과 곡선을 따라 그립니다.

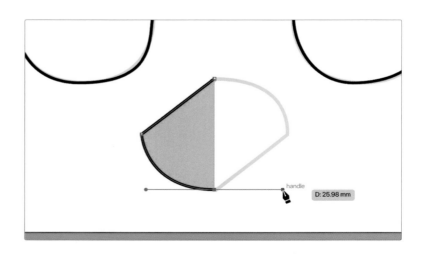

20 곡선 패스로 변경된 후 직선 패스를 그리기 위해서는 곡선의 핸들을 지워야 합니다. 앵커에 마우스를 올려 [Anchor Point Tool(고정점 도구)]이 나타날 때 한 번 클릭하여 오른쪽 핸들을 삭제합니다.

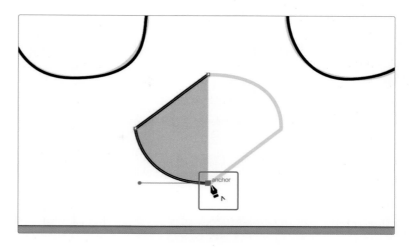

21 같은 방법으로 도형 그리기를 완성합니다.

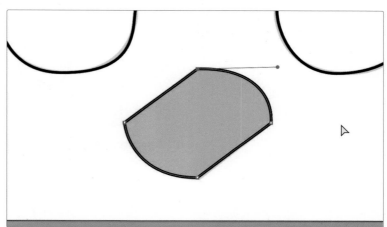

22 완성된 이미지를 확인합니다.

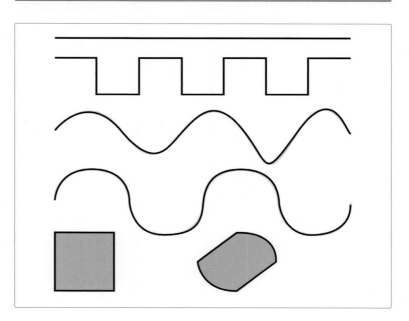

03 [Direct Selection Tool]로 패스 수정하기

[Pen Tool]로 그린 직선 패스와 곡선 패스를 [Direct Selection Tool]로 수정하는 방법을 알아봅니다.

`예제 파일` 패스수정.ai `완성 파일` 패스수정_완성.ai, 패스수정_완성.png

01 Section 02(p.303)에서 완성한 파일을 그대로 활용하거나 패스수정.ai 파일을 실행합니다.

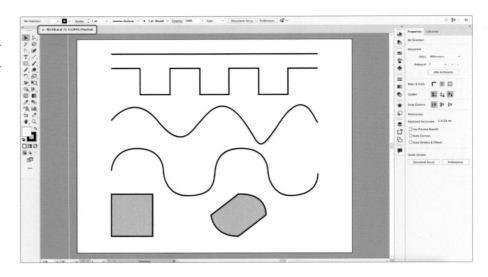

02 [Toolbar(도구 모음)]에서 [Direct Selection Tool(직접 선택 도구)]을 선택합니다.

03 [Direct Selection Tool]로 앵커에 마우스를 올리면 anchor표시가 나타납니다. 이를 클릭하면 앵커 하나가 선택됩니다.

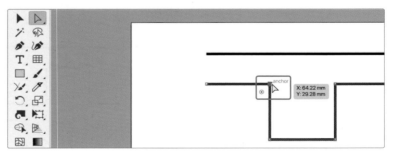

04 선택된 앵커를 오른쪽 위로 드래그합니다. 앵커의 위치가 변하면서 패스의 형태도 변형되는 것을 확인할 수 있습니다.

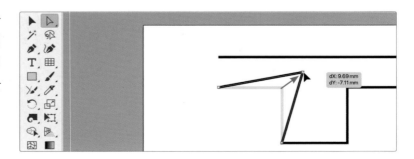

05 [Direct Selection Tool]
로 패스에 마우스를 올리면
path 표시가 나타납니다.

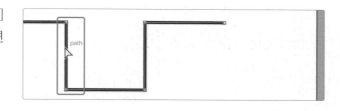

06 패스를 클릭하여 오른쪽
으로 드래그합니다. 앵커와
패스가 함께 움직이면서 형
태가 변형됩니다.

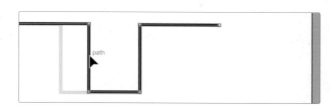

07 앵커와 패스를 이동하여
패스를 다양하게 수정해봅
니다.

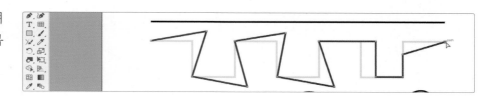

08 [Direct Selection Tool]
로 곡선의 앵커를 클릭하면
보이지 않던 핸들이 나타납
니다.

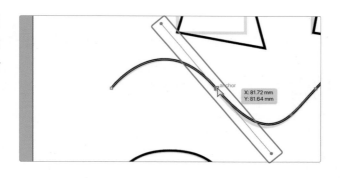

09 앵커를 드래그하거나 핸
들을 드래그하면 곡선의 방
향과 길이 등의 형태가 변형
됩니다.

10 마찬가지로 앵커와 핸들
을 이동하여 패스를 다양하
게 수정해봅니다.

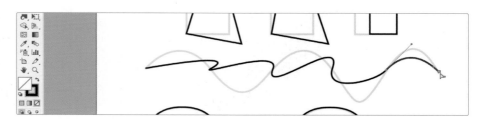

04 [Anchor Point Tool]로 앵커 수정하기

[Add Anchor Point Tool]과 [Delete Anchor Point Tool]로 그려진 패스에 앵커를 추가하거나 삭제하여 수정하는 방법을 알아봅니다.

예제 파일 앵커수정.ai **완성 파일** 앵커수정_완성.ai, 앵커수정_완성.png

01 Section 03(p.310)에서 완성한 파일을 그대로 활용하거나 앵커수정.ai 파일을 실행합니다.

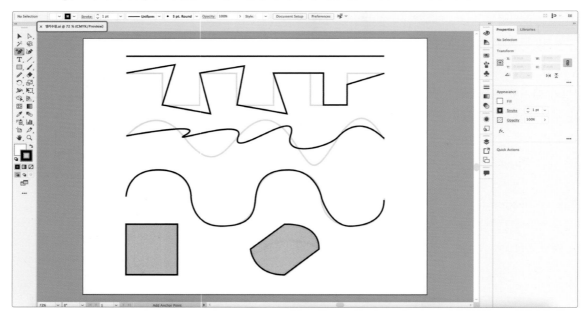

02 [Toolbar(도구 모음)]에서 [Add Anchor Point Tool(고정점 추가 도구)]을 클릭합니다. [Add Anchor Point Tool]은 패스 위에 새로운 앵커를 추가할 수 있는 도구입니다.

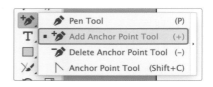

03 사각형 오브젝트의 패스 중앙에 마우스를 올리면 커서 모양이 변경되고, 패스를 클릭하면 새로운 앵커가 생성됩니다. 해당 방법으로 4개의 패스 중앙에 모두 앵커를 생성합니다.

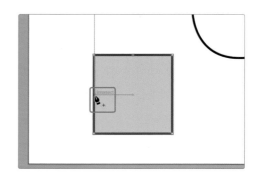

04 [Direct Selection Tool(직접 선택 도구)]을 선택한 후 앵커를 상하좌우로 드래그해보면 앵커가 움직이면서 오브젝트가 변형되는 것을 확인할 수 있습니다. 모든 면의 앵커를 한 번씩 드래그하여 오브젝트를 변형합니다.

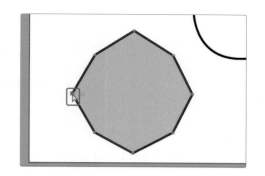

05 [Delete Anchor Point Tool(고정점 삭제 도구)]을 클릭합니다. [Delete Anchor Point Tool]은 패스를 구성하는 앵커를 하나씩 제거하는 기능입니다.

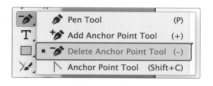

06 앵커에 마우스를 올리면 커서가 ✎모양으로 변경됩니다. 앵커를 클릭하면 해당 앵커가 패스에서 삭제됩니다. 그러나 닫힌 패스를 유지하면서 오브젝트 모양을 변형할 수 있습니다.

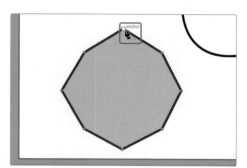

07 같은 방법으로 다른 쪽도 앵커를 삭제하여 오브젝트 모양을 변경합니다.

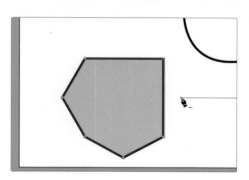

08 [Direct Selection Tool]로 앵커를 선택한 후 Delete 를 누릅니다. 닫힌 패스를 유지하면서 오브젝트 모양을 변형하는 것이 아니라, 앵커가 삭제될 때 앵커와 연결된 패스가 함께 삭제되면서 열린 패스로 오브젝트 모양을 변형할 수 있습니다.

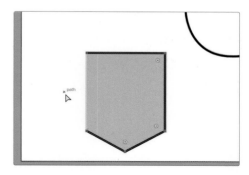

09 [Pen Tool(펜 도구)]로 앵커를 클릭하면 다시 패스를 연결할 수 있습니다. 열린 패스를 닫힌 패스로 수정하여 완성합니다.

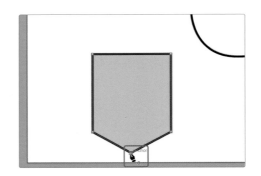

10 [Anchor Point Tool(고정점 도구)]을 선택합니다. [Anchor Point Tool]은 직선 앵커를 곡선 앵커로, 곡선 앵커를 직선 앵커로 변환하는 기능의 도구입니다.

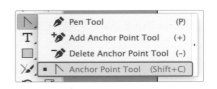

11 앵커에 마우스를 올리면 커서가 모양으로 변경됩니다. 앵커를 클릭하면 곡선 패스의 핸들이 사라지며 직선으로 변경됩니다.

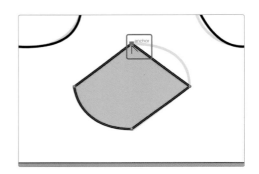

12 다시 앵커를 클릭한 후 왼쪽으로 드래그하면 핸들이 생기며 곡선으로 변경됩니다.

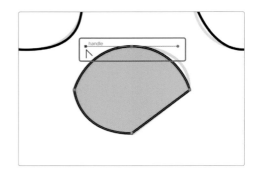

05 [Curvature Tool]로 자연스러운 곡선 패스 만들기

[Curvature Tool]로 곡선 패스를 만들어봅니다.

예제 파일 곡선패스.ai **완성 파일** 곡선패스_완성.ai, 곡선패스_완성.png

01 곡선패스.ai 파일을 실행합니다.

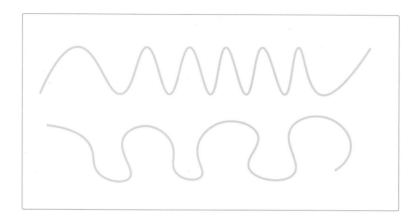

02 [Curvature Tool(곡률 도구)]을 선택합니다.

03 곡선 시작 지점을 클릭하여 첫 번째 앵커를 생성합니다. 두 번째 앵커를 생성하면 직선 패스가 그려집니다.

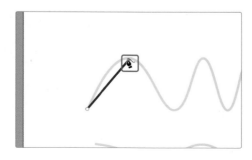

04 이어서 세 번째 앵커를 생성합니다. 첫 번째 앵커에서부터 세 번째 앵커까지 자연스럽게 연결되는 곡선 패스가 만들어집니다.

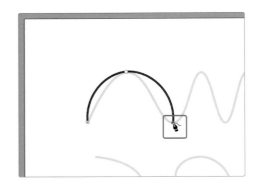

05 네 번째 앵커를 생성하면 다시 해당 위치에 맞게 이전 패스들의 곡선 모양이 변형되며 패스가 이어집니다. [Pen Tool(펜 도구)]은 곡선의 기울기를 직접 조절할 수 있다면 [Curvature Tool]은 기울기가 자동으로 조절된다는 특징이 있습니다.

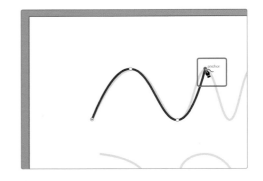

06 [Direct Selection Tool(직접 선택 도구)]로 앵커와 핸들을 조절하며 곡선의 모양을 세세하게 변경할 수 있습니다.

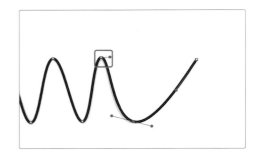

07 다양하게 곡선 패스를 따라 그려본 후 Enter를 눌러 마무리합니다. 완성된 이미지를 확인합니다.

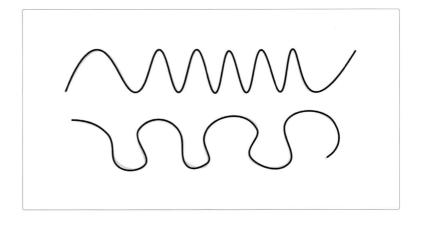

06 패스로 벡터 일러스트 그리기

패스로 이미지를 따라 벡터 일러스트를 그리는 방법을 익혀봅니다.

예제 파일 비엔나커피.ai   완성 파일 비엔나커피_완성.ai, 비엔나커피_완성.png

01 비엔나커피.ai 파일을 실행합니다.

02 [Selection Tool(선택 도구)]로 사진을 클릭하고 Cmd/Ctrl+② 를 눌러 사진을 아트보드에 고정시킵니다.

03 [Ellipse Tool(원형 도구)]을 클릭한 후 [Fill(칠)]을 None(없음), [Stroke(획)]은 3pt로 조정하고 색상을 FFFFFF로 변경합니다. 커피잔의 모양에 맞게 원 오브젝트를 그립니다.

04 [Pen Tool(펜 도구)]을 선택하고 커피잔의 모양을 따라 그립니다.

05 같은 방법으로 [Ellipse Tool]로 커피잔 받침을 그린 후 [Pen Tool]로 티백, 티스푼, 손잡이를 그립니다. 티스푼은 보이지 않는 부분은 상상하여 동그란 부분까지 같이 그립니다.

06 [Smooth Tool(매끄럽게 도구)]을 선택합니다. [Smooth Tool]은 패스의 모양을 정돈할 수 있는 도구로 [Pen Tool]로 그린 패스를 자연스럽게 만들 수 있습니다.

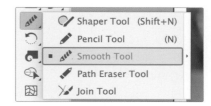

07 [Smooth Tool]로 패스 위를 드래그하여 다듬어줍니다.

08 손잡이의 곡선은 패스를 따라 드래그하는 것이 아니라 뾰족한 지점의 반대 방향으로 드래그하면 부드럽게 다듬을 수 있습니다.

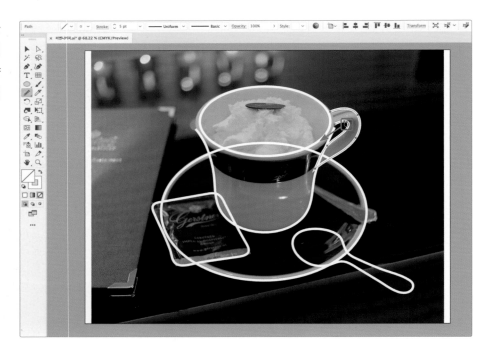

09 모든 패스를 다듬었다면 [Selection Tool]로 커피잔의 원 패스를 선택한 후 [Swap Fill and Stroke(칠과 선 교체)]를 클릭합니다.

10 원의 [Fill] 색상을 CD522B로 변경합니다.

11 같은 방법으로 커피잔의 [Fill] 색상을 DF9D4A로 변경합니다.

12 티백과 손잡이의 [Fill] 색상은 CD5B57로 변경합니다.

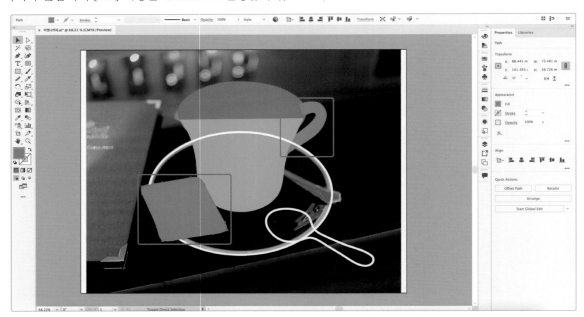

13 커피잔 받침의 [Fill] 색상은 498CC2로 변경합니다.

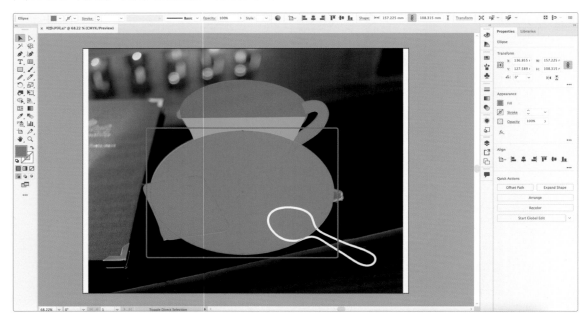

14 티스푼의 [Fill] 색상을 89AA93으로 변경합니다. [Properties(속성)] 패널의 [Transform(변형)]에서 [Flip Vertically(세로로 뒤집기)]를 클릭하여 모양을 반전시킵니다.

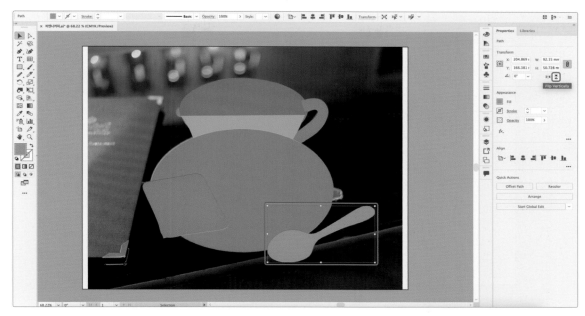

15 모든 색을 채웠다면 Cmd/Ctrl+Shift+2를 클릭하여 잠금을 해제합니다. [Selection Tool]로 배경 사진 클릭하고 Delete를 눌러 삭제합니다.

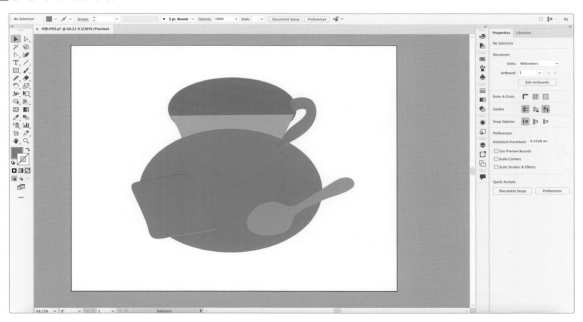

16 [Selection Tool]로 손잡이를 선택한 후 마우스 오른쪽 버튼을 클릭합니다. [Arrange(정돈)] - [Bring to Front(맨 앞으로 가져오기)]를 클릭하여 오브젝트의 순서를 맨 앞으로 변경합니다.

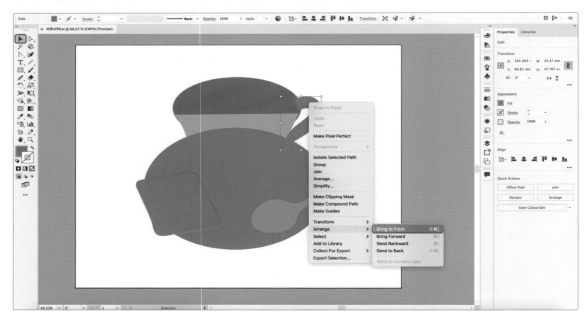

17 커피잔 전체를 모두 선택한 후 [Bring to Front]의 단축키인 Cmd/Ctrl+Shift+]를 눌러 순서를 변경합니다. [Selection Tool]로 오브젝트의 위치를 정돈합니다.

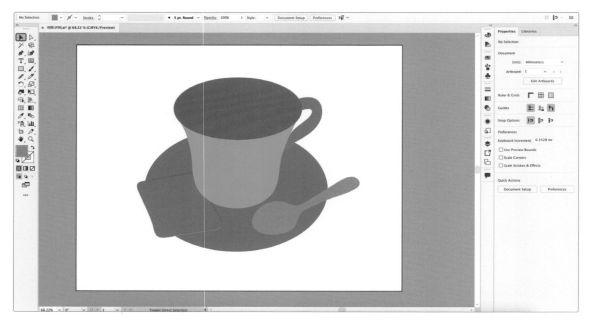

18 [Rectangle Tool(사각형 도구)]로 아트보드 크기의 오브젝트를 만들고 [Fill] 색상을 EDE7DD로 변경합니다.

19 오브젝트를 선택하고 Cmd/Ctrl+Shift+[를 눌러 맨 뒤로 순서를 변경합니다. 완성된 이미지를 확인합니다.

Chapter

05

문자

텍스트를 입력하고 스타일을 적용하여 다양하게 변형해봅니다. 기초적인 텍스트 입력 방식을 배운 후 패스와 도형의 모양에 맞춰 텍스트를 입력하는 방식을 배워봅니다.

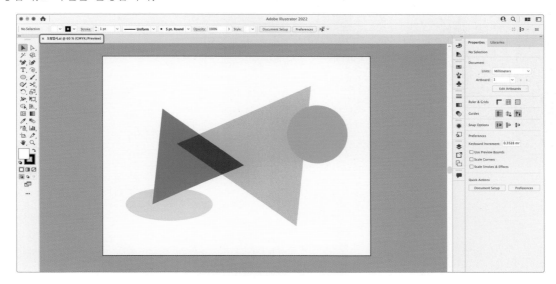

[Type Tool]로 텍스트 입력하기

01

[Type Tool]로 텍스트를 입력하고 [Character] 패널에서 텍스트의 속성을 변경하는 방법을 배워봅니다.

예제 파일 도형엽서.ai   완성 파일 도형엽서_완성.ai, 도형엽서_완성.png

01 도형엽서.ai 파일을 실행합니다.

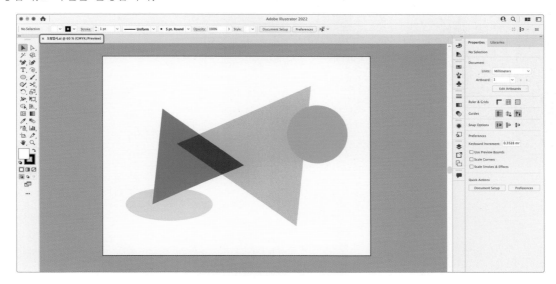

02 [Toolbar(도구 모음)]에서 [Type Tool(문자 도구)]을 선택하고 아트보드를 클릭하면 해당 지점에 텍스트를 입력할 수 있습니다. 먼저 'mountain'을 입력합니다.

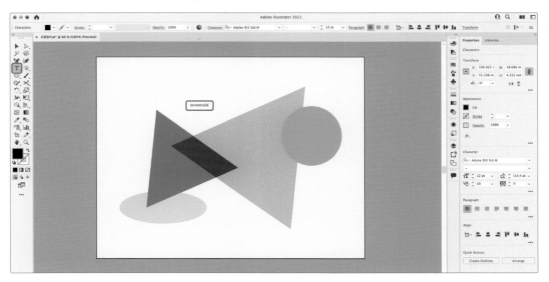

03 [Selection Tool(선택 도구)]로 텍스트를 클릭하면 [Control Panel(제어판)] 혹은 [Properties(속성)] 패널의 [Character(문자)]에서 속성을 변경할 수 있습니다. [Font(글꼴)]는 Futura Medium, [Size(크기)]는 150pt로 변경합니다. ㏂를 −50으로 변경하여 자간을 좁힙니다.

POINT

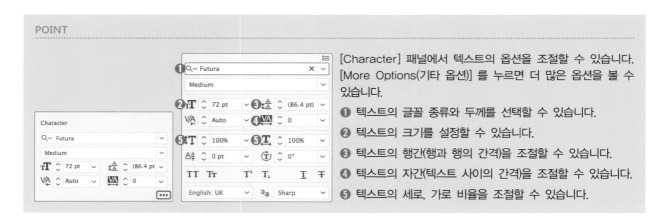

[Character] 패널에서 텍스트의 옵션을 조절할 수 있습니다. [More Options(기타 옵션)] 를 누르면 더 많은 옵션을 볼 수 있습니다.

❶ 텍스트의 글꼴 종류와 두께를 선택할 수 있습니다.

❷ 텍스트의 크기를 설정할 수 있습니다.

❸ 텍스트의 행간(행과 행의 간격)을 조절할 수 있습니다.

❹ 텍스트의 자간(텍스트 사이의 간격)을 조절할 수 있습니다.

❺ 텍스트의 세로, 가로 비율을 조절할 수 있습니다.

04 [Paragraph(단락)] 패널에서 [Align Center(가운데 정렬)]를 클릭하여 텍스트를 중앙으로 정렬합니다. [Align(정렬)] 패널에서 [Horizontal Align Center(가로 가운데 정렬)], [Vertical Align Center(세로 가운데 정렬)]를 클릭하여 텍스트를 아트보드 정중앙으로 배치합니다.

05 바운딩 박스 밖의 ↱를 드래그하여 텍스트의 각도를 변경합니다.

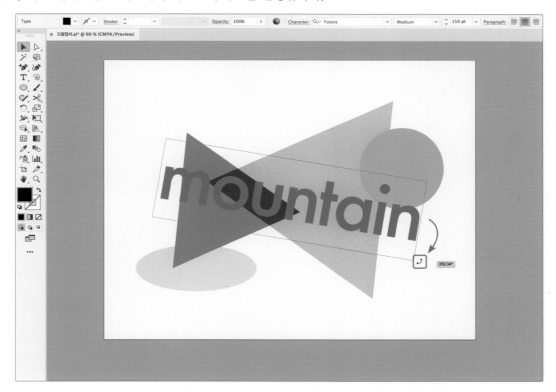

06 텍스트를 선택한 채로 [Appearance(모양)] – [Fill(칠)]을 클릭한 후 색상을 White로 변경합니다.

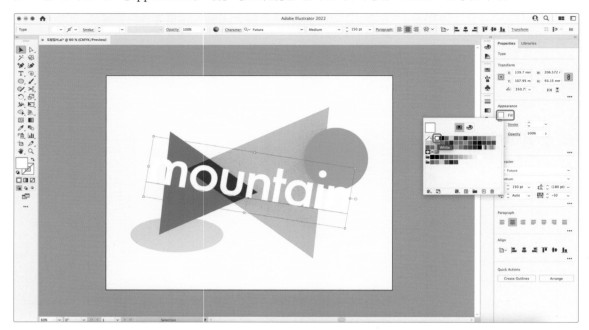

07 [Stroke(획)]를 3pt 로 변경하고 [Fill] 색상을 C=90, M=30, Y=95, K=30으로 변경합니다.

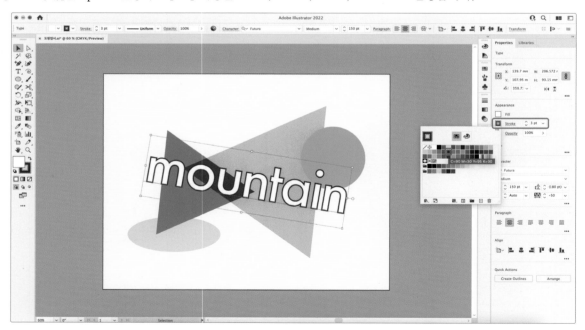

08 'mountain' 텍스트를 두 번 복제한 후 위아래로 배치합니다.

09 'mountain' 텍스트 3개를 선택한 후 마우스 오른쪽 버튼 - [Create Outline(윤곽선 만들기)]을 누릅니다.

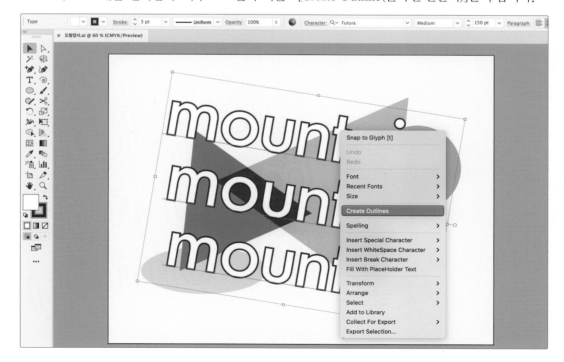

Create Outline

[Create Outline]은 텍스트를 오브젝트로 바꾸는 작업입니다. 적용한 텍스트의 디자인을 그대로 유지하고 싶을 때 사용하는 기능으로 인쇄용 파일을 만들때 주로 사용합니다. [Create Outline]을 적용한 후에는 텍스트 수정이 불가하니 유의해야 합니다.

10 [Selection Tool]로 텍스트를 선택해보면 텍스트 하나하나가 오브젝트화된 것을 확인할 수 있습니다.

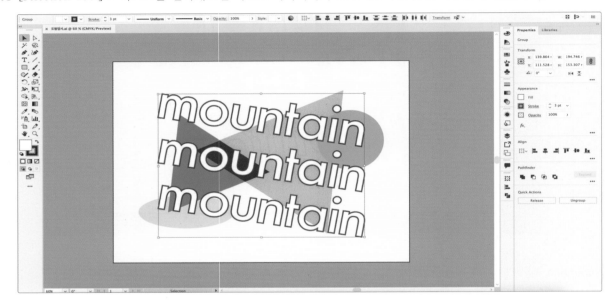

11 완성된 이미지를 확인합니다.

[Type Tool]로 도형 안에 텍스트를 넣거나 패스 위에 텍스트를 작성해봅니다. 해당 방식으로 작성한 텍스트는 일반 텍스트와 마찬가지로 [Character]를 변경하여 활용할 수 있습니다.

예제파일 도형텍스트.ai **완성파일** 도형텍스트_완성.ai, 도형텍스트_완성.png

01 도형텍스트.ai 파일을 실행합니다.

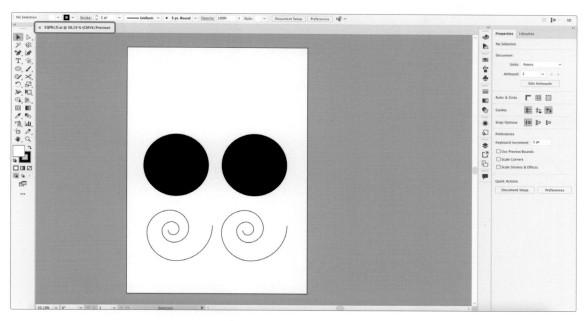

02 [Toolbar(도구 모음)]에서 [Type Tool(문자 도구)]을 선택하고 아트보드를 대각선으로 드래그하여 텍스트 사각형을 그립니다. 사각형 내부에 임의로 텍스트가 채워집니다.

03 Cmd/Ctrl+A를 눌러 전체 텍스트를 선택한 후 Cmd/Ctrl+C, Cmd/Ctrl+V를 눌러 복사 후 붙여넣습니다. 텍스트 사각형에 비해 텍스트의 양이 많으면 일부 텍스트는 생략됩니다. 텍스트가 생략된 경우 사각형 아래에 ⊞이 나타납니다.

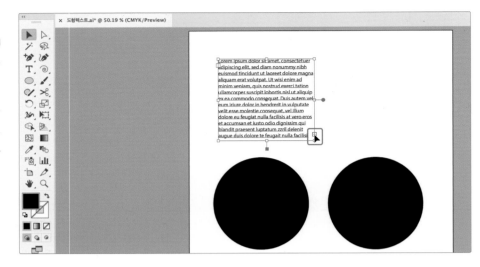

04 [Selection Tool(선택 도구)]로 ⊞를 더블클릭하면 마우스 커서가 🔲으로 변경됩니다.

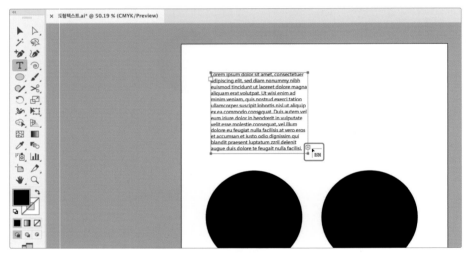

05 변경된 마우스 커서🔲를 다른 위치에서 한 번 클릭하면 생략된 텍스트를 담은 사각형 영역이 만들어집니다.

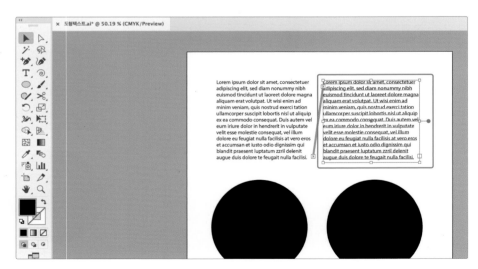

06 [Type Tool]로 텍스트 사각형 내부를 클릭하면 내용을 수정할 수 있으며, 2개의 텍스트 사각형은 연결되어있어 내용을 이어서 작성할 수 있습니다. 2개 텍스트 사각형 내의 모든 텍스트를 삭제하고 '가나다라마바사..' 텍스트를 입력합니다.

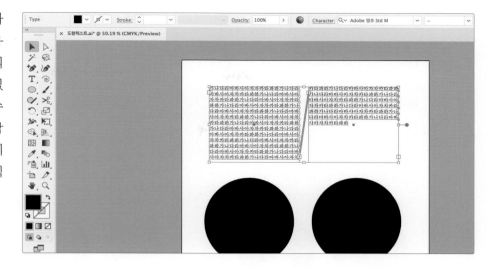

07 첫 번째 텍스트 사각형의 크기를 줄이면 줄어든 만큼 텍스트 내용이 두 번째 사각형으로 이동합니다.

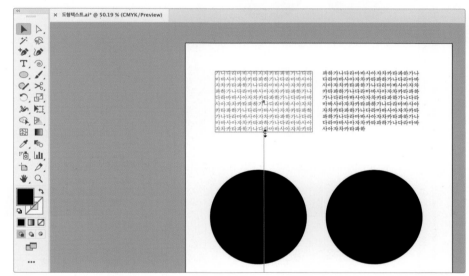

08 [Type Tool]은 오브젝트에 사용하면 오브젝트 내부 면적에 텍스트를 입력할 수 있으며, 패스에 사용하면 패스를 따라 텍스트를 입력할 수 있습니다. [Type Tool]을 선택하고 첫 번째 원의 테두리에 마우스를 올립니다. 커서가 ⓘ으로 변경될 때 클릭하면 원 안에 텍스트가 입력됩니다.

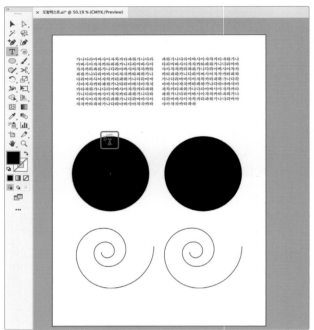
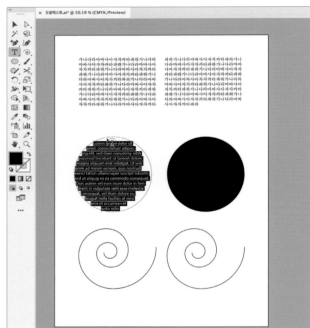

09 첫 번째 나선의 테두리에 마우스를 올립니다. 커서가 ⒤으로 변경될 때 클릭하면 나선을 따라 텍스트가 입력됩니다.

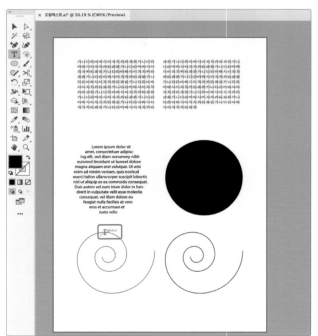
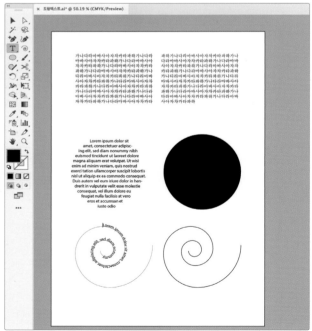

10 원 안에 텍스트를 넣는 것이 아니라, 원의 패스를 따라 텍스트를 넣기 위해서는 [Type on a Path Tool(패스 상의 문자 도구)]를 사용합니다. [Type on a Path Tool]을 선택합니다.

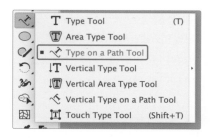

11 두 번째 원에 마우스를 올리면 마우스 커서가 $\mathcal{I}$로 변경됩니다. 클릭하면 패스 모양에 따라 텍스트를 작성할 수 있습니다.

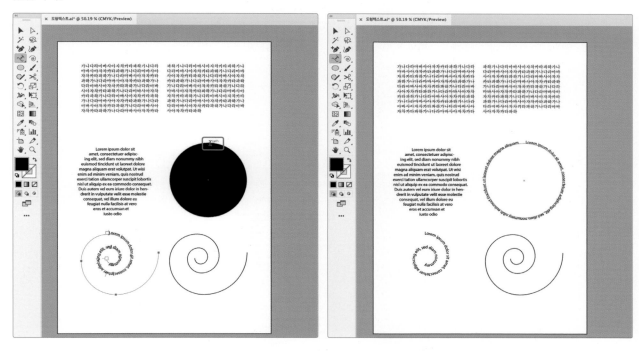

12 패스를 따라 텍스트를 넣는 것이 아니라, 패스 안에 텍스트를 넣기 위해서는 [Area Type Tool(영역 문자 도구)]을 사용합니다. [Area Type Tool]을 선택합니다.

13 두 번째 나선에 마우스를 올리면 마우스 커서가 ⓘ로 변경됩니다. 클릭하면 나선 안에 텍스트를 입력할 수 있습니다.

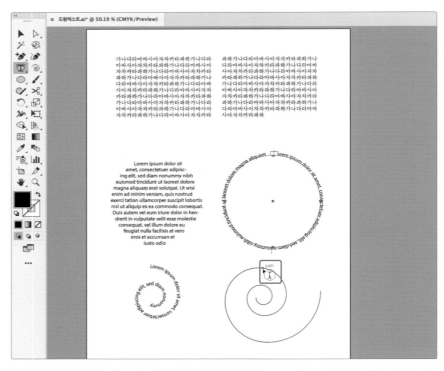

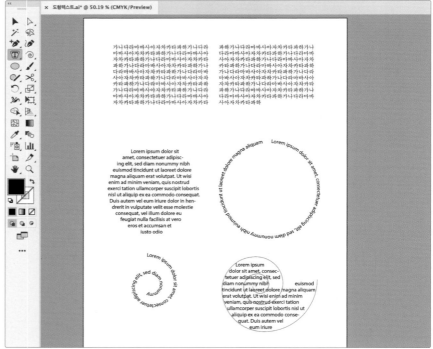

14 [Properties(속성)] 패널에서 텍스트 속성을 자유롭게 변경한 후 이미지를 완성합니다.

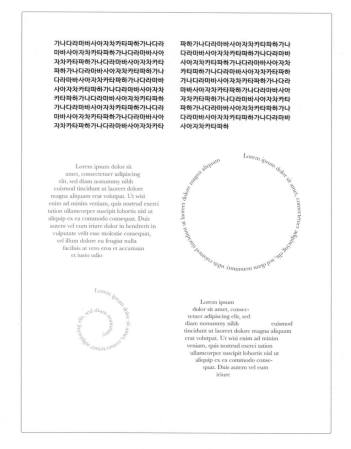

PART
03

일러스트레이터 응용하기

드로잉하기

브러쉬 도구의 종류와 활용법을 배워봅니다. 브러쉬 도구로 드로잉을 실습해 보고, 텍스처를 더해 일러스트레이터에서 회화 느낌을 주는 이미지를 만들어 봅니다.

01 [Paintbrush Tool]과 [Brush Libraries Menu]

[Paintbrush Tool]로 부드러운 선을 그리고 다양한 스타일을 입힐 수 있습니다. [Paintbrush Tool]을 사용하는 법과 [Brush] 패널에 있는 브러쉬 종류를 이해합니다.

예제 파일 브러시.ai **완성 파일** 브러시_완성.ai

01 [Toolbar(도구 모음)]에서 [Paintbrush Tool(페인트브러쉬 도구)]를 선택하고 아트보드 위에 선을 그립니다. [Paintbrush Tool]로 선을 그리면 자연스러운 곡선이 완성됩니다.

02 [Paintbrush Tool]로 그린 선은 패스(Path)화됩니다. 마찬가지로 [Selection Tool(선택 도구)]로 크기나 위치를 조절하고 [Direct Selection Tool(직접 선택 도구)]로 앵커를 추가, 삭제, 수정할 수 있습니다.

03 [Window(윈도우)] – [Brushes(브러쉬)]를 선택하면 활성화된 [Brushes] 패널에 바로 활용 가능한 브러쉬 목록이 나타납니다. 종류별로 산포 브러쉬, 붓글씨 브러쉬, 아트 브러쉬, 강모 브러쉬, 패턴 브러쉬가 있습니다.

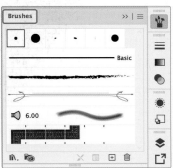

04 브러쉬.ai 파일을 실행합니다. [Paintbrush Tool]로 그린 8개의 선이 있습니다.

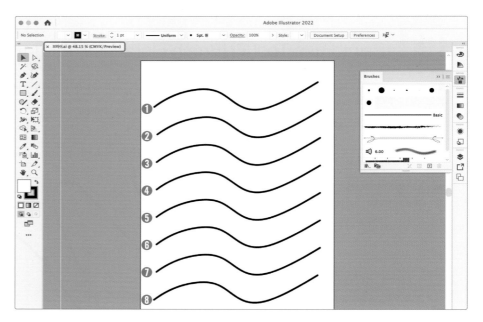

05 [Selection Tool]로 선 ❷ 를 선택한 후 [Brushes] 패널에서 [Brush Libraries Menu(브러쉬 라이브러리 메뉴)] – [Bristle Brush(강모 브러쉬)] – [Bristle Brush Library(강모 브러쉬 라이브러리)]를 클릭합니다.

06 [Bristle Brush Library]에서 6mm의 [Round Fan(둥근 팬)]에 해당하는 강모 브러쉬를 선택하면 두 번째 선의 스타일이 바뀌는 것을 확인할 수 있습니다.

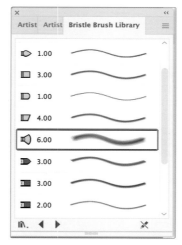

07 [Brushes] 패널의 하단 또는 [Properties] 패널에서 [Options of Selected Object(선택한 오브젝트의 옵션)]에 해당하는 아이콘을 찾아 클릭합니다.

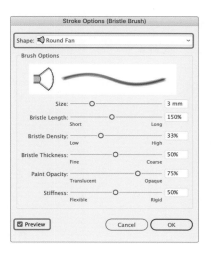

08 [Stroke Options(선 옵션)] 창에서 [Shape(모양)]을 변경하거나 [Brush Options(브러시 옵션)]에서 강모의 길이, 밀도, 두께 등을 조절할 수 있습니다. 창 하단의 [Preview(미리보기)]에 체크하는 것을 추천합니다.

09 나머지 6개의 선들도 [Brush Libraries Menu]를 이용해 스타일을 변경해봅니다.

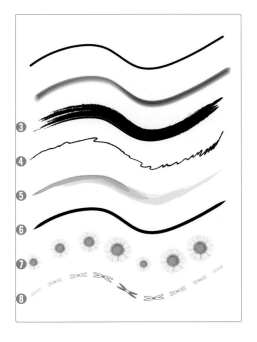

❸ [Vectors Pack(벡터 팩)]−[Hand Drawn brushes vector pack(손으로 그린 브러쉬 벡터 팩)]−[Hand Drawn brushes vector pack 02(손으로 그린 브러쉬 벡터 팩02)]

❹ [Artistic(예술)]−[Artistic_ChalkCharcoalPencil(예술_분필목탄연필)]− [Chalk_Scribble(분필−스크리블)]

❺ [Artistic]−[Artistic_Watercolor(예술_수채화)]−[Watercolor_Wet(수채화− 축축하게)]

❻ [Artistic]−[Artistic_Ink(예술_잉크)]−[Tapered Stroke(가늘어지는 선)]

❼ [Image Brush(이미지 브러시)]−[Image Brush Library(이미지 브러시 라이브러리)]−[Daisy_Scatter(산포−데이지)]

❽ [Decorative(장식)]−[Decorative_Text Dividers(장식_텍스트 분할자)]− [Text Dividers 8(텍스트 분할자 8)]

이외에도 [Brush Libraries Menu]에 있는 브러쉬 종류를 탐색하며 [Paintbrush Tool] 사용에 익숙해지는 것이 좋습니다.

02 [Paintbrush Tool]의 활용과 [Grain] 텍스처 효과 입히기

[Paintbrush Tool]과 [Brush] 패널을 활용해 그림의 디테일을 살리고 텍스처 효과 중 [Grain]을 적용하여 오브젝트의 표면을 표현합니다.

예제 파일 텍스처.ai **완성 파일** 텍스처_완성.ai, 텍스처_완성.png

01 텍스처.ai 파일을 실행합니다.

02 [Selection Tool(선택 도구)]로 나뭇잎에 해당하는 오브젝트를 모두 선택합니다.

03 [Effect(효과)] – [Texture(텍스처)] – [Grain(그레인)]을 선택합니다.

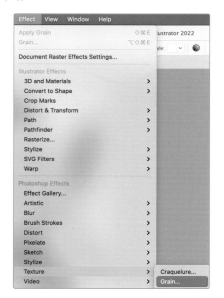

04 [Grain] 창에서 [Intensity(강도)]를 30, [Contrast(대비)]를 50으로 조정하고 [OK(확인)]를 누릅니다.

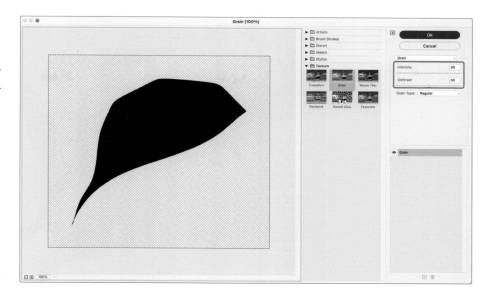

05 나뭇잎에 [Grain]이 적용된 결과를 확인합니다.

06 오렌지를 선택한 후 Cmd
/ Ctrl + C, Cmd / Ctrl + V 로
복사하여 붙여넣습니다.

07 복사한 오렌지 오브
젝트의 [Fill(칠)] 유형을
[Gradient(그레이디언트)]
로 변경합니다. [Freeform
Gradient(자유형 그레이디언
트)]를 선택 두 개의 색상 정
리점 중 아래쪽 정리점을 짙
은 색상으로 변경하여 음영
을 표현합니다.

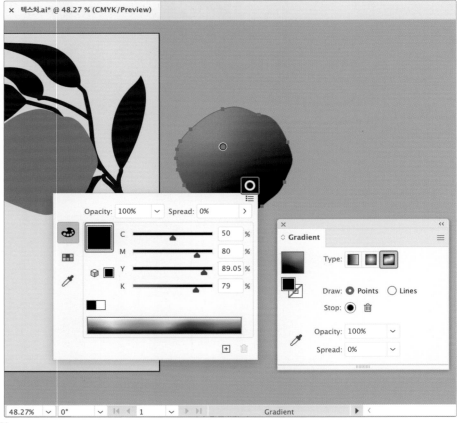

08 복사한 오렌지 오브젝트를 선택한 후 [Effect] – [Texture] – [Grain]을 선택합니다. [Grain] 창에서 [Intensity]를 30, [Contrast]를 70으로 조정하고 [OK]를 누릅니다.

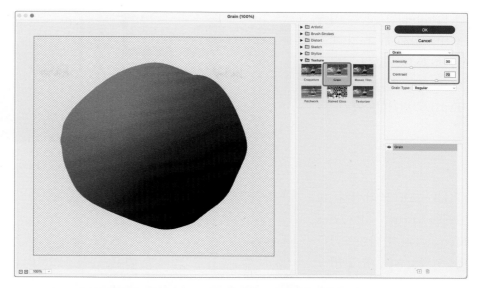

09 [Gradient] 효과가 적용된 오브젝트를 확인하고 [Opacity(불투명도)]를 50%로 조절합니다.

10 불투명도를 조절한 오브젝트를 아트보드의 오렌지 위에 얹어 오렌지의 자연스러운 표면을 완성합니다.

11 [Toolbar(도구모음)]에서 [Paintbrush Tool(페인트브러쉬 도구)]을 선택하고 [Stroke(선)]의 색상을 7E967E로 변경합니다.

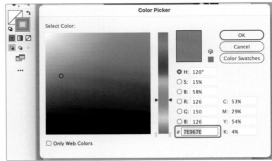

12 [Brush(브러쉬)] 패널에서 [Brush Libraries Menu(브러쉬 라이브러리 메뉴) – [Bristle Brush(강모 브러쉬)] – [Bristle Brush Library(강모 브러쉬 라이브러리)]를 클릭합니다. [Size(크기)]가 1.00mm인 [Dome(돔)]을 선택합니다.

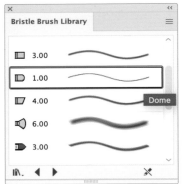

13 브러쉬 설정을 마치면 [Paintbrush Tool]로 나뭇잎의 맥을 그립니다.

14 브러쉬를 [Charcoal-Feather(목탄-패더)]로 설정하고 [Stroke]의 색상을 282520으로 변경합니다.

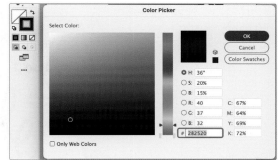

15 브러쉬로 오렌지의 꼭지를 그립니다.

16 브러쉬의 옵션은 상단 [Control Panel(제어판)]에서도 변경 가능합니다. 브러쉬 종류를 [5pt. Oval(5pt. 타원)]으로 변경합니다.

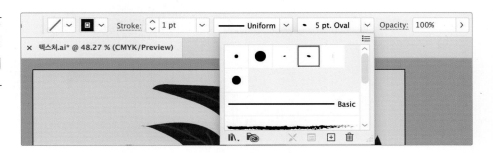

17 아트보드 하단에 브러쉬로 작은 줄기와 잎을 그립니다.

18 완성된 그림을 확인합니다.

이미지 활용하기

일러스트레이터 파일에 이미지를 포함시키고 벡터화 및 확장을 통해 이미지를 활용해봅니다. 클리핑 마스크로 이미지 및 오브젝트를 지우지 않고 원하는 영역만큼만 보이도록 적용해봅니다.

01 [Embed]로 이미지 포함하기

이미지를 활용하여 작업하기 위해 이미지를 불러오고 파일에 [Embed] 하는 과정을 배워봅니다.

예제 파일 이미지포함.ai, 남산.jpg **완성 파일** 이미지포함_완성.ai, 이미지포함_완성.png

01 이미지포함.ai 파일을 실행합니다.

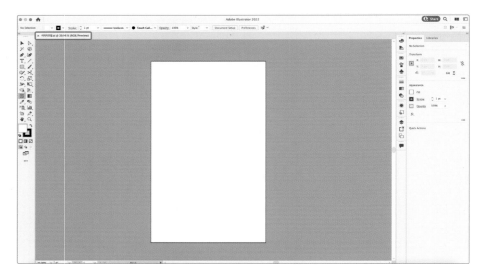

02 남산.jpg 파일을 아트보드로 드래그 앤 드롭하면 이미지가 링크된 상태로 나타납니다. 링크된 이미지를 일러스트레이터 외부에서 수정할 경우, 수정 사항이 일러스트레이터 속 이미지에도 자동으로 반영됩니다. 하지만 링크된 이미지를 외부에서 삭제되거나 이미지의 폴더 위치를 변경하면 일러스트레이터에서 해당 이미지를 유실된 것으로 처리하여 더 이상 편집할 수 없습니다.

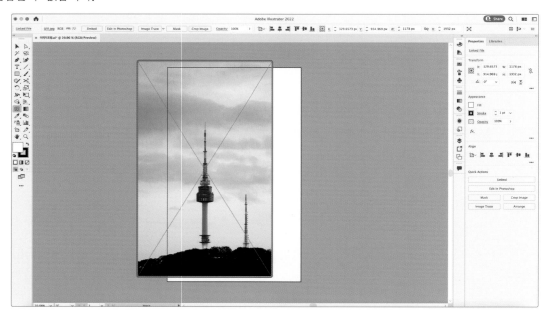

03 안전한 파일 저장을 위해 [Control Panel(제어판)]에서 [Embed(포함)]를 클릭합니다. 이미지의 X 표시가 사라지며 이미지가 포함됩니다. 이미지가 ai 파일에 포함되면 일러스트레이터 외부에서 파일을 변경하거나 삭제해도 파일이 이미 포함된 상태이기 때문에 영향을 주지 않습니다.

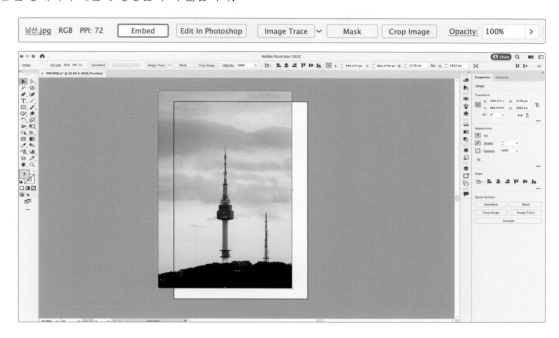

04 이미지를 선택한 상태에서 [Control Panel]의 [Horizontal Align Center(가로 가운데 정렬)], [Vertical Align Center(세로 가운데 정렬)]를 클릭합니다. 이미지가 아트보드의 정중앙으로 정렬된 것을 확인할 수 있습니다.

02 [Image Trace]로 이미지 변형하기

[Image Trace]를 사용하여 기존 JPEG, PNG와 같은 형식의 이미지를 벡터 아트웍으로 변환합니다.

예제 파일 이미지변형.ai 완성 파일 이미지변형_완성.ai, 이미지변형_완성.png

01 이미지변형.ai 파일을 실행합니다.

02 [Control Panel(제어 패널)]에서 [Image Trace(이미지 추적)] 오른쪽의 ✔을 클릭하면 [Image Trace] 옵션을 확인할 수 있습니다.

03 [Image Trace] 기능을 활용하면 각 옵션에 따라 기본 래스터 이미지(PNG, JPEG 등)를 다른 설정의 벡터 아트웍으로 변환할 수 있습니다.

- [Default]([초기값]): 일러스트레이터에서는 기본적으로 이미지를 흑백 추적 결과로 반환합니다.

- [High Fidelity Photo(충실도가 높은 사진)]: 충실도가 높은 사실적 아트웍을 생성합니다.

- [Low Fidelity Photo(충실도가 낮은 색상)]: 단순한 사실적 아트웍을 생성합니다.

- [3 Colors(3 색상)]: 3가지 색상으로 이루어진 아트웍으로 벡터화합니다.

- [6 Colors(6 색상)]: 6가지 색상으로 이루어진 아트웍으로 벡터화합니다.

- [16 Colors(16 색상)]: 16가지 색상으로 이루어진 아트웍으로 벡터화합니다.

• [Shades of Gray(회색 음영)]: 회색 음영으로 아트웍을 추적합니다.

• [Black and White Logo(흑백 로고)]: 흑백 아트웍으로 이미지를 단순화합니다.

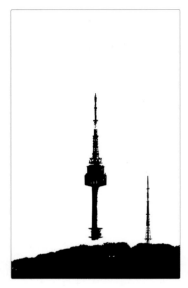

• [Sketched Art(스케치 아트)]: 그림으로 스케치한 것처럼 이미지가 변경됩니다.

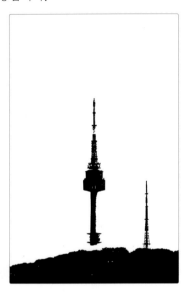

• [Silhouettes(윤곽)]: 검은색 윤곽선으로 이미지를 단순화합니다.

• [Line Art(라인 아트)]: 윤곽선으로 이미지를 단순화합니다.

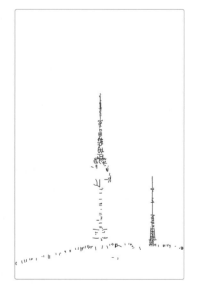

• [Technical Drawing(기술 도면)]: 세밀한 윤곽선으로 아트웍을 생성합니다.

04 [Image Trace]에서 [6 Colors]를 선택하여 이미지를 벡터화합니다. 완성된 이미지를 확인합니다.

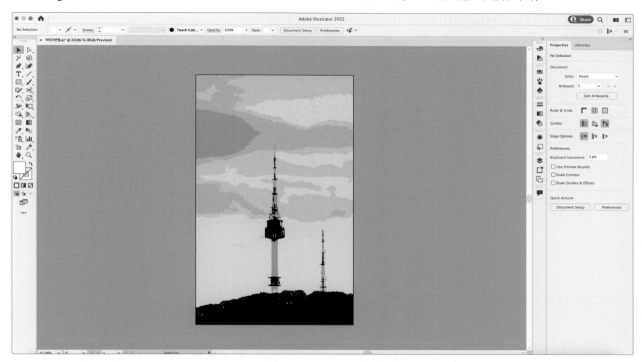

03 [Expand]로 이미지 패스화/벡터화하기

벡터화한 이미지를 [Expand]로 확장하여 오브젝트를 수정할 수 있습니다.

예제 파일 이미지응용.ai   완성 파일 이미지응용_완성.ai, 이미지응용_완성.png

01 이미지응용.ai 파일을 실행시킵니다.

02 이미지를 선택한 후 [Control Panel(제어판)]에서 [Expand(확장)]를 클릭하여 이미지를 확장합니다. 벡터화된 이미지의 오브젝트들이 그룹으로 묶여있습니다.

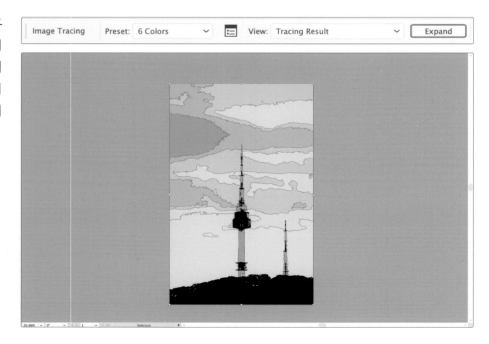

03 Cmd/Ctrl+Shift+G를 눌러 그룹화를 해제합니다. 벡터화된 오브젝트를 하나씩 선택할 수 있습니다.

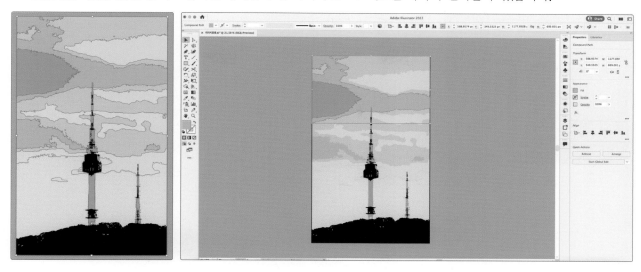

04 색상을 변경하고자 하는 오브젝트를 선택합니다. [Select(선택)] - [Same(동일하게)] - [Fill Color(칠 색상)] 메뉴에서 선택한 부분과 동일한 칠 색상을 가진 오브젝트들을 자동으로 선택할 수 있습니다.

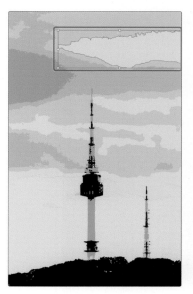

05 [Fill and Stroke(칠과 선)]를 더블클릭하여 [Color Picker(색상 피커)]를 활성화합니다. 오브젝트의 색상을 E0DAD1로 변경합니다.

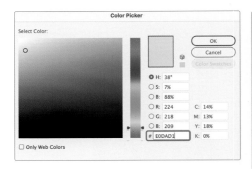

06 동일한 방법으로 다른 오브젝트들의 색상도 변경하여 이미지를 완성합니다.

04 [Clipping Mask]로 이미지 활용하기

[Clipping Mask]를 이용하면 이미지 중 원하는 부분만 보여줄 수 있습니다. 도형 혹은 글자와 같은 오브젝트에 패턴을 입히는 등 다양하게 활용할 수 있습니다.

예제 파일 클리핑마스크.ai, 배경화면.png **완성 파일** 클리핑마스크_완성.ai, 클리핑마스크_완성.png

01 클리핑마스크.ai 파일을 실행합니다.

02 배경화면.png를 아트보드로 드래그 앤 드롭하여 불러옵니다. [Control Panel(제어판)]에서 [Embed(포함하기)]를 클릭하면 이미지가 포함됩니다.

03 배경화면 이미지의 크기를 사진 속 모니터 크기에 가깝게 조절합니다.

04 배경화면.png 파일을 클릭한 채로 Cmd/Ctrl+[를 눌러 사진이 흰 사각형 오브젝트보다 뒤에 있도록 순서를 변경합니다.

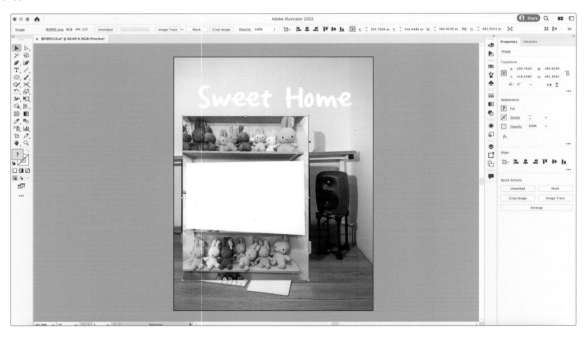

05 Shift를 누른 채로 배경화면.png 파일과 사각형 오브젝트를 클릭하여 두 오브젝트를 동시에 선택합니다. 마우스 오른쪽 버튼을 클릭하고 [Make Clipping Mask(클리핑 마스크 만들기)]를 선택합니다.

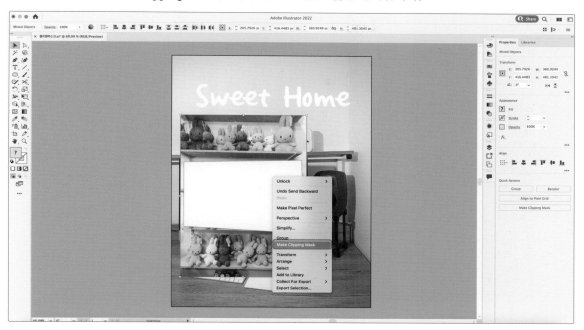

06 클리핑 마스크가 적용되어 기존 흰색 사각형 오브젝트의 크기만큼 이미지가 보이는 것을 확인할 수 있습니다.

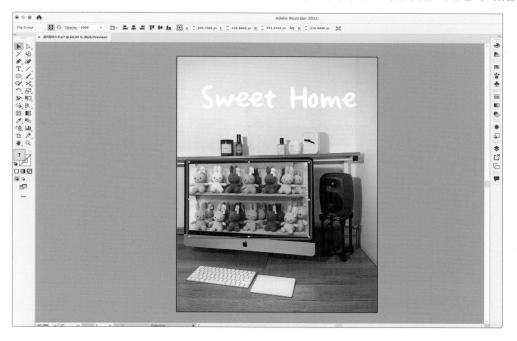

07 클리핑 마스크가 적용된 이미지를 더블클릭하면 클리핑 마스크를 편집할 수 있습니다. 내부 이미지를 클릭 후 드래그하여 표시되는 부분을 이동 및 확대할 수 있습니다.

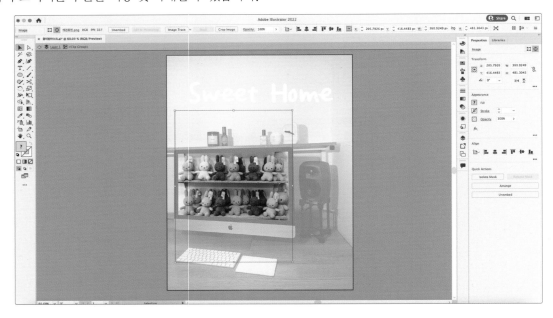

08 원하는 부분으로 사진을 이동한 후 캔버스를 더블클릭하여 격리 모드를 벗어납니다.

POINT

[Isolation Mode(격리 모드)]는 특정 오브젝트만 활성화할 때 나타나는 기능입니다. 그룹화된 오브젝트를 클릭하고 특정 오브젝트를 더블클릭하거나, 클리핑마스크가 적용된 오브젝트를 더블클릭하면 격리 모드가 실행됩니다. 이후 빈 공간이나 캔버스를 더블클릭하면 격리 모드를 벗어날 수 있습니다.

09 [Rectangle Tool(사각형 도구)]을 선택한 후 아트보드를 드래그하여 'Sweet Home' 텍스트보다 큰 크기의 사각형 오브젝트를 생성합니다.

10 [Mesh Tool(망 도구)]을 선택한 후 사각형 오브젝트 내부의 왼쪽 위 모서리와 오른쪽 아래 모서리를 클릭하면 4개의 앵커가 생성됩니다.

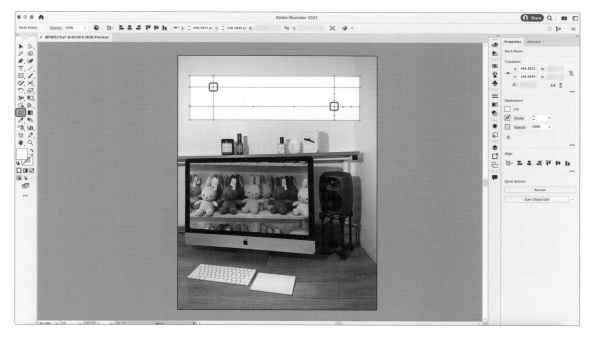

11 앵커 4개의 [Fill(칠)] 색상을 FF8767, FE6297, FFB266, FF4A39 로 변경하여 그라데이션을 생성합니다.

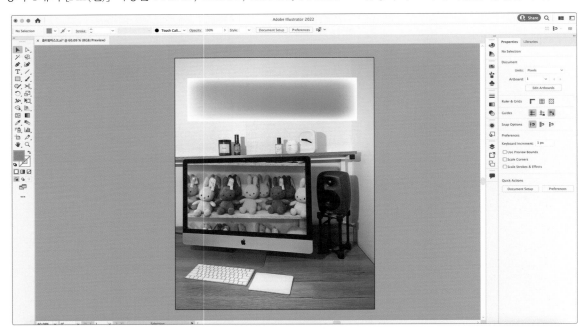

12 사각형 오브젝트를 클릭한 후 Cmd/Ctrl+[]를 눌러 사각형이 텍스트보다 뒤에 배치되도록 순서를 변경합니다.

13 텍스트와 사각형 오브젝트를 모두 선택하여 마우스 오른쪽 버튼을 클릭합니다. [Make Clipping Mask]를 클릭하면 클리핑 마스크가 적용되어 텍스트 모양대로 그라데이션이 보이는 것을 확인할 수 있습니다.

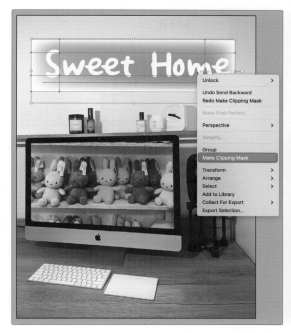 

14 완성된 이미지를 확인합니다.

PART
04

적재적소에 활용하는 실전 예제

01 그래픽 포스터

[Clipping Mask]와 도형, 텍스트를 활용하여 그래픽 포스터를 만들어봅니다.

예제 파일 hand1.jpg, hand2.jpg, **완성 파일** 그래픽포스터_완성.ai, 그래픽포스터_완성.png

01 [New File(새 파일)] – [Art & Illustration(아트 및 일러스트레이션)] – [Poster(포스터)]를 선택합니다. 제목을 입력하고 [Orientation(방향)]을 세로로 설정한 후 [Create(만들기)]를 누릅니다.

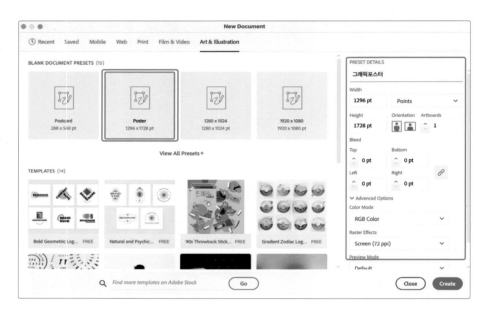

02 [Poster] 템플릿에 맞는 아트보드가 생성됩니다.

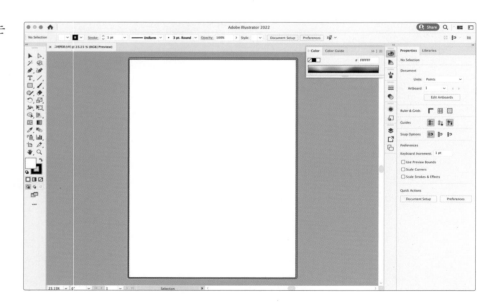

03 hand1.jpg, hand2.jpg 파일을 아트보드에 불러옵니다.

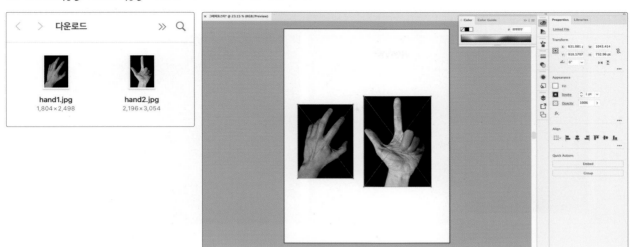

04 이미지 두 개를 모두 선택하고 [Embed(포함)]를 눌러 이미지를 파일에 포함시킵니다.

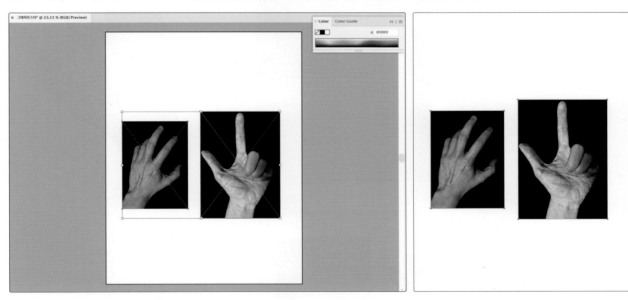

05 [Toolbar(도구 모음)]에서 [Curvature Tool(곡률 도구)]를 선택하고 [Stroke(선)] 색상을 FFFFFF로 설정합니다.

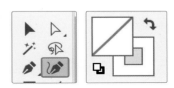

06 [Curvature Tool(곡률 도구)]로 손 테두리에 맞춰 곡선을 그립니다. 곡선을 그린 후 Ⓥ를 눌러 [Selection Tool(선택
도구)]로 변경합니다.

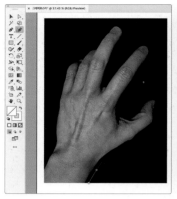 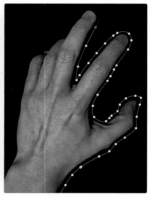 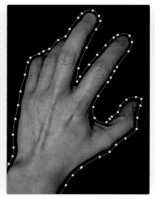 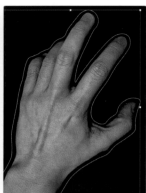

07 [Curvature Tool]로 그린
곡선과 이미지를 모두 선택
한 후 마우스 오른쪽 버튼을
클릭합니다. [Make Clipping
Mask(클리핑 마스크 만들
기)]를 선택하면 곡선 모양에
맞춰 이미지가 잘립니다.

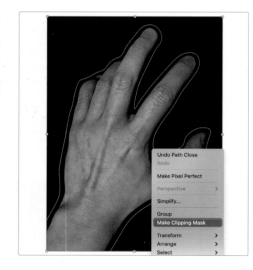 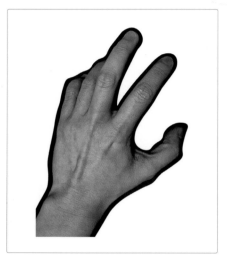

08 나머지 이미지도
[Curvature Tool]로 곡선을
만든 후 [Clipping Mask]를
실행합니다. 완성된 두 개의
손 이미지는 캔버스 영역으
로 이동합니다.

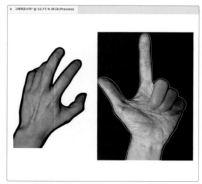 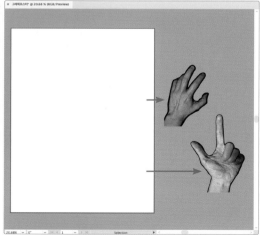

09 [Type Tool(문자 도구)]을 선택한 후 'LIFE IS SHORT DON'T HESITATE'를 작성합니다.

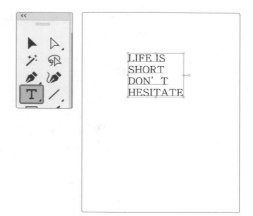

10 [Character(문자)] 패널에서 [Font(글꼴)]를 Anton Regular, [Size(크기)]를 320pt로 변경한 후, [Paragraph(단락)] 패널에서 [Align Center(가운데 정렬)]를 선택합니다.

11 텍스트의 [Fill(칠)] 색상을 E03C0A로 변경합니다.

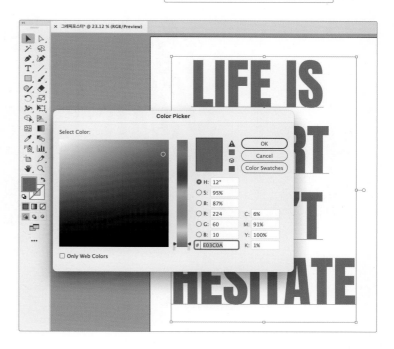

12 텍스트에 변형 효과를 적용하면 텍스트 전체의 형태를 변경할 수 있습니다. [Effect(효과)] - [Warp(변형)] - [Flag(깃발)]을 선택합니다.

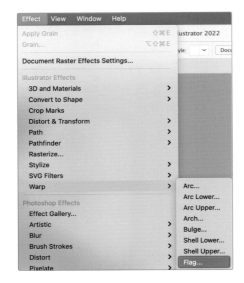

13 [Warp Options(변형 옵션)] 창에서 50%로 설정되어있는 [Bend(구부리기)]를 20%로 변경하고 [OK(확인)]를 누릅니다.

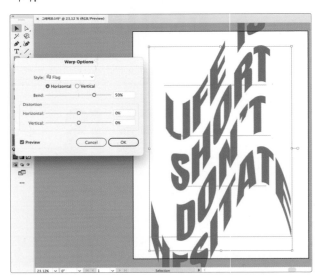 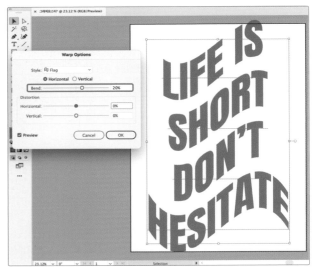

14 텍스트를 선택한 상태에서 [Object(오브젝트)] – [Expand Appearances(모양 확장)]을 클릭하면 텍스트가 도형화됩니다. 그 결과, 텍스트가 하나의 도형처럼 선택되는 것을 확인할 수 있습니다.

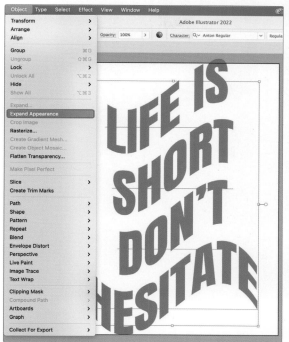

15 [Rectangle Tool(사각형 도구)]로 아트보드 크기에 맞는 사각형을 그린 후 [Fill] 색상을 0F0F0F로 변경합니다.

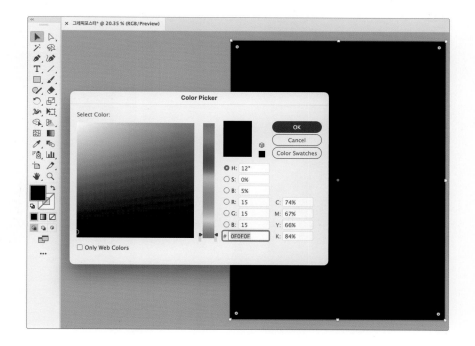

16 검정색 사각형은 포스터의 배경으로 사용합니다. Cmd/Ctrl+Shift+[를 눌러 사각형을 맨 뒤로 보냅니다.

17 [Ellipse Tool(원형 도구)]로 큰 원 한 개와 작은 원 한 개를 그린 후 [Fill] 색상을 DEED15로 변경합니다. Cmd/Ctrl+Shift+]를 눌러 텍스트가 맨 앞에 오도록 합니다.

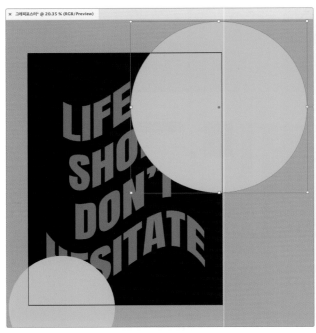

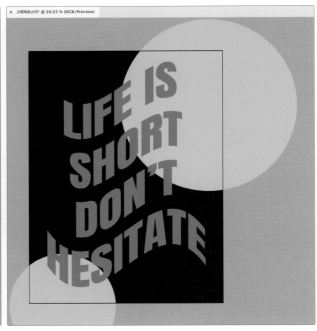

18 클리핑 마스크로 만들어둔 손 이미지를 아트보드에 배치하고 맨 앞으로 가져옵니다.

19 오른쪽 아래에 배치한 손을 선택한 후 [Properties(속성)] 패널의 [Transform(변형)] 패널에서 [Flip Horizontally(가로로 뒤집기)] 버튼을 누릅니다. 자유롭게 크기를 조절하고 오른쪽 아래 모서리에 맞춰 배치합니다.

20 왼쪽 위에 배치한 손 이미지를 회전시
킨 후 텍스트 위에 배치합니다.

21 아트보드 크기의 사각형을 그린 후 사각형과 아트보드에 있는 모든 오브젝트를 선택합니다. 마우스 오른쪽 버튼을
클릭하여 [Make Clipping Mask]를 누릅니다.

22 완성된 그래픽 포스터를 확인합니다.

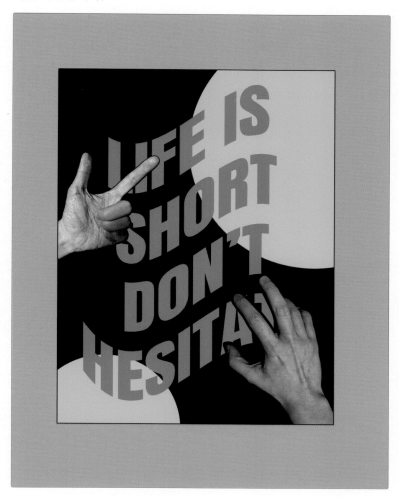

02 명함

인쇄 목적으로 작업 할 때 사용하는 도련 개념을 이해하고, 도형과 텍스트를 활용하여 간단하게 명함을 제작해봅니다.

완성 파일 명함_완성.ai, 명함_완성-01.png, 명함_완성-02.png

01 [New file(새 파일)]을 눌러 파일 이름을 설정한 후 [Width(폭)]는 90mm, [Height(높이)]는 50mm로 지정합니다. [Artboards(아트보드)]를 2로 변경하고 인쇄용 명함을 만들기 위해 [Bleed(도련)]를 모두 2mm로 지정합니다. [Color Mode(색상 모드)]가 [CMYK Color(CMYK 색상)]로 되어있는지 확인한 후 [Create(만들기)]를 눌러 새 파일을 생성합니다.

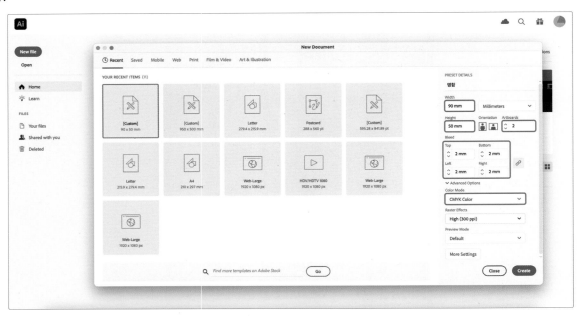

POINT

[Bleed]는 인쇄나 제본 후 작업물이 잘리는 것을 고려하여 여분으로 만들어두는 공간입니다. 재단 작업이 진행될 때 정확하게 잘리지 않거나 틀어지는 등 오차가 발생할 수 있기 때문입니다. [Bleed]는 일반적으로 아트보드 기준 2~4mm 정도로 설정하여 사용합니다.

02 2개의 아트보드가 생성됩니다. 캔버스 영역에 있는 테두리의 빨간 선이 도련을 의미합니다.

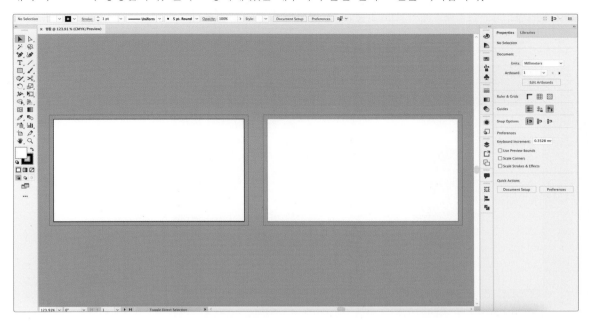

03 Cmd/Ctrl+R을 눌러 눈금자를 활성화합니다. [Toolbar(도구 모음)]에서 [Selection Tool(선택 도구)]을 선택하고 눈금자를 클릭 후 아트보드로 드래그하여 안내선을 생성합니다. 안내선을 아트보드의 가로 중앙, 세로 중앙으로 옮기고 가로와 세로 테두리 2mm 간격에도 생성합니다. 모든 안내선을 선택하고 Cmd/Ctrl+2를 눌러 고정시킵니다.

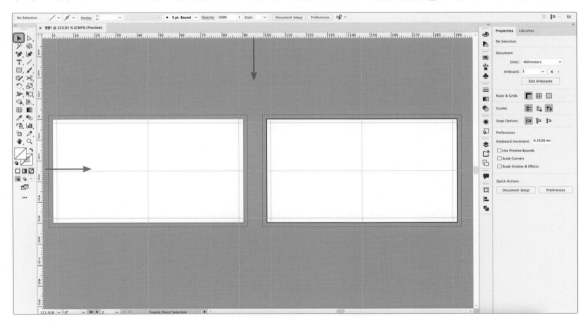

04 [Fill(칠)] 색상을 D4D35C로 설정한 후 [Ellipse Tool(원형 도구)]로 2개의 원을 겹쳐서 그립니다. 2개의 원을 선택한 후 [Pathfinder(패스파인더)] 패널에서 [Unite(통합)]를 클릭하면 하나로 합쳐집니다.

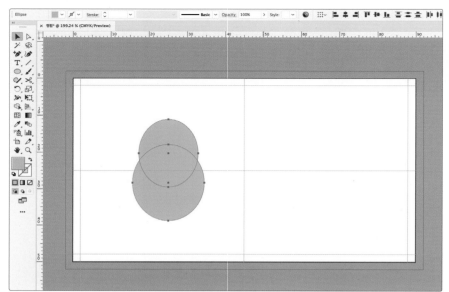

05 [Direct Selection Tool(직접 선택 도구)]을 선택한 후 동그라미가 겹쳐진 부분에 마우스를 올립니다. 커서가 모양으로 변하면 오른쪽으로 드래그하여 모서리가 둥글게 변하면서 자연스러운 곡선이 형성됩니다.

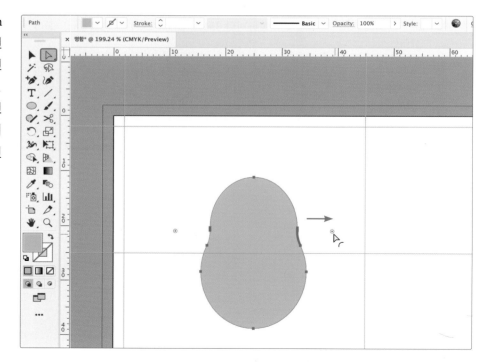

06 [Selection Tool]로 오브젝트를 선택하고 Cmd/Ctrl+C, Cmd/Ctrl+F를 눌러 오브젝트를 복제합니다. 복제한 오브 젝트의 크기를 작게 조절합니다. 같은 방식을 한번 더 실행하면 총 3개의 오브젝트가 생성됩니다.

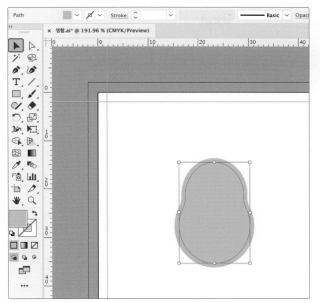 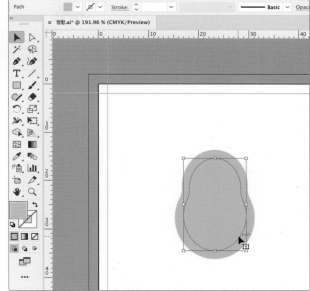

07 가장 뒤에 있는 오브젝 트의 [Fill] 색상을 3F2917로 변경하고 중간에 있는 오 브젝트의 [Fill] 색상을 B4B741로 변경합니다.

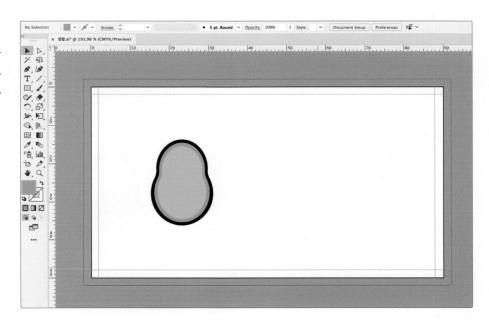

08 오브젝트 안에 [Ellipse Tool]로 타원을 만들고 [Fill] 색상을 7F4F2D으로 변경합니다.

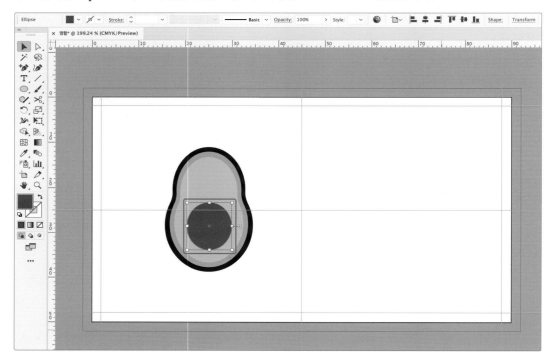

09 [Ellipse Tool]로 타원을 하나 더 만든 후 앞서 만든 타원과 겹치도록 배치합니다. 2개의 타원을 모두 선택한 후 [Pathfinder(패스파인더)] 패널의 [Divide(나누기)]를 눌러 도형을 분리합니다. Cmd /Ctrl+Shift+G를 눌러 그룹을 해제합니다.

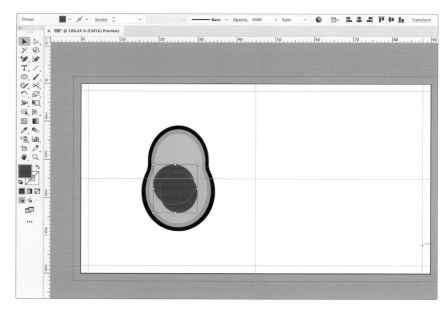

10 원이 겹치지 않는 부분의 오브젝트는 Delete를 눌러 삭제하고, 초승달 모양의 오브젝트 [Fill] 색상을 603B23로 변경합니다.

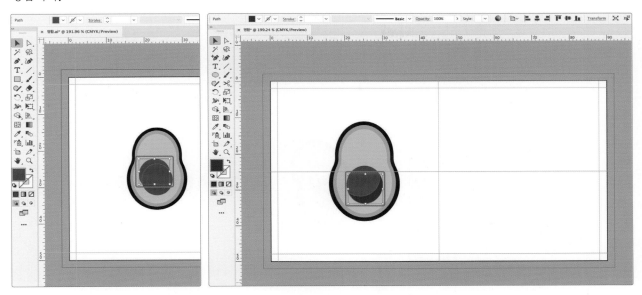

11 아보카도 오브젝트 전체를 선택하고 Ctrl+G를 눌러 그룹화합니다. 이후 [Selection Tool]로 회전하여 사진과 같이 배치합니다.

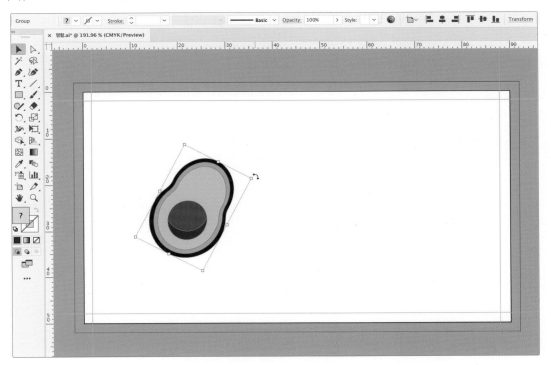

12 [Type Tool(문자 도구)]로 'AVOCADESIGN'을 입력합니다. [Fill] 색상은 B4B741으로 바꾸고 [Font(글꼴)]는 Aemstel, [Size(크기)]는 15pt로 설정합니다.

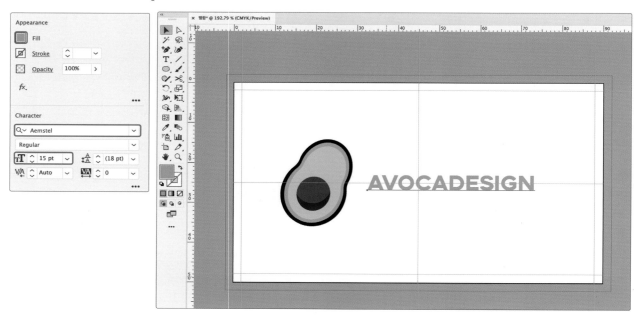

13 아보카도 오브젝트와 'AVOCADESIGN' 텍스트를 모두 선택한 후 Cmd/Ctrl+G를 눌러 그룹화합니다. 그룹화한 오브젝트를 선택한 채로 [Align(정렬)] 패널에서 [Align To Artboard(대지에 정렬)]를 누르고, [Horizontal Align Center(가로 가운데 정렬)], [Vertical Align Center(세로 가운데 정렬)]를 클릭하여 아트보드 정중앙으로 정렬합니다. 이후 Cmd/Ctrl+Shift+G를 눌러 그룹화를 해제합니다.

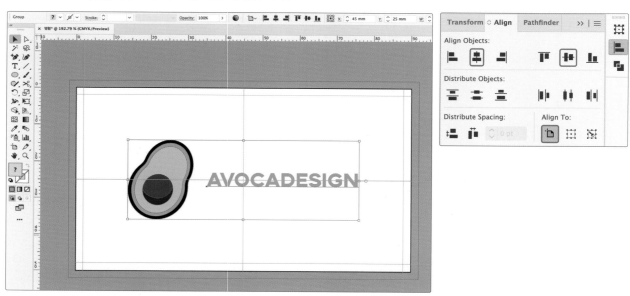

14 아보카도 오브젝트를 복제해서 두 번째 아트보드에 배치합니다.

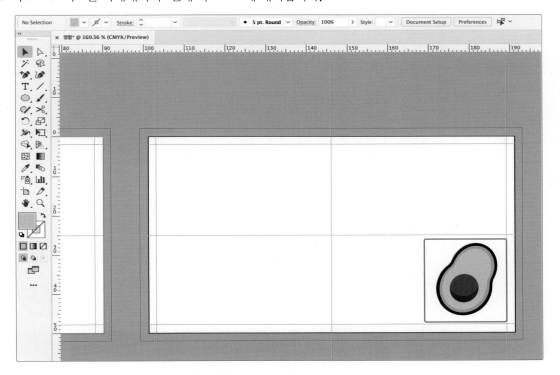

15 [Type Tool]로 명함에 들어갈 이름, 직업, 주소, 휴대폰 번호, 이메일, 웹사이트 정보를 입력합니다. [Character(문자)] 패널에서 [Font]는 본고딕 Bold와 Regular로, [Size]는 각각 16pt, 12pt, 7pt, 7pt, 7pt로 변경합니다. 텍스트를 모두 선택하고 [Paragraph(단락)] 패널에서 [Align Left(왼쪽 정렬)]를 눌러 정렬을 변경합니다.

16 '김아라', '브랜드 디자이너', '서울특별시…', 'Mobile/Email/Website' 텍스트를 선택한 후 '김아라' 텍스트를 한번 더 클릭합니다. [Align] 패널에서 [Horizontal Align Left(가로 왼쪽 정렬)]를 클릭하여 '김아라'를 기준으로 다른 텍스트를 정렬합니다.

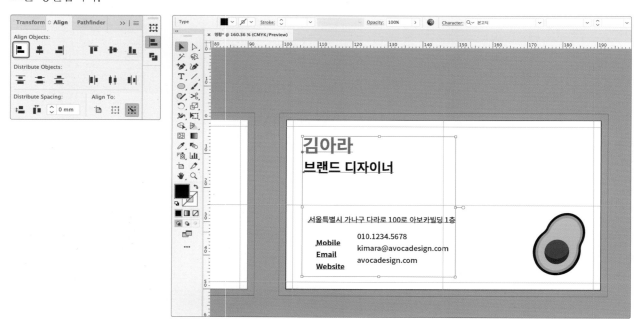

17 정렬되지 않은 텍스트도 사진과 같이 배치합니다. 이후 '브랜드 디자이너'와 'Mobile/Email/Website' 텍스트의 색상을 B4B741로 변경합니다.

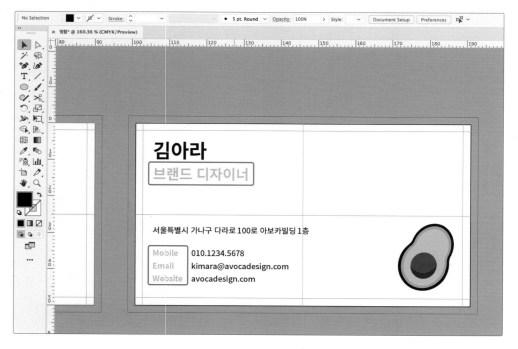

18 수정할 내용이 없다면 첫 번째 아트보드와 두 번째 아트보드에서 [Type Tool]로 만든 텍스트를 모두 선택합니다. 마우스 오른쪽 버튼을 클릭하고 [Create Outlines(윤곽선 만들기)]를 선택하여 텍스트 윤곽선을 만듭니다.

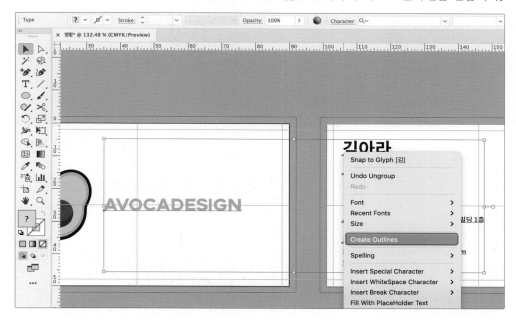

19 텍스트 윤곽선이 생기며 텍스트가 오브젝트로 변경됩니다.

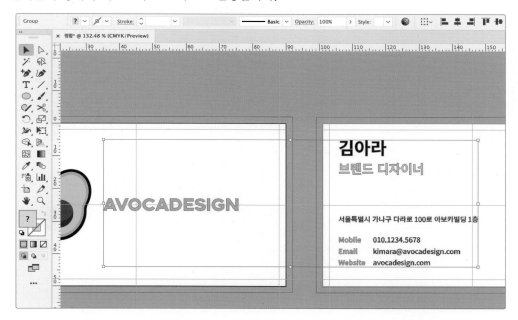

20 [Rectangle Tool(사각형 도구)]로 도련 영역까지 확장한 사각형을 만들고 아트보드에 배치합니다.

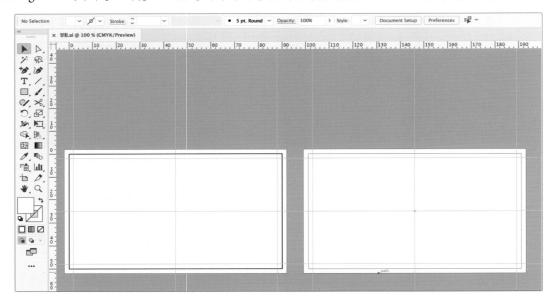

21 Cmd/Ctrl+Shift+[ ]를 눌러 사각형을 아트보드 가장 뒤로 배치합니다. 아트보드 하단에서 배율을 100%로 수정하여 실제 크기를 확인합니다. 수정이 필요하다면 [Selection Tool]로 크기와 위치를 조정합니다.

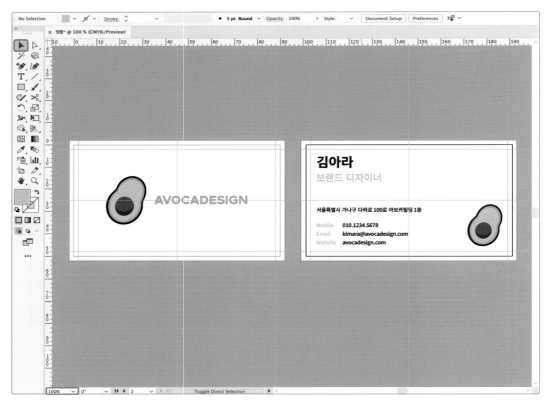

22 Cmd/Ctrl+Shift+2를 눌러 고정시켰던 안내선의 잠금을 해제한 후 Delete를 눌러 안내선을 삭제합니다.

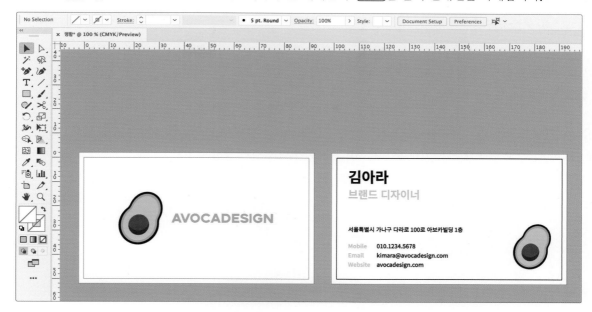

23 완성된 명함 이미지를 확인합니다.

03 카드뉴스

도형, 격자 도구 및 텍스트를 활용하여 간단한 카드뉴스를 제작해봅니다.

[예제 파일] 카드뉴스_완성.ai, 카드뉴스_완성.png

01 [New File(새 파일)]을 클릭한 후 [Width(폭)]와 [Height(높이)]는 1000px, [Color Mode(색상 모드)]는 'RGB Color(RGB 색상)'로 설정합니다. [Create(만들기)]를 누르면 새 파일이 생성됩니다.

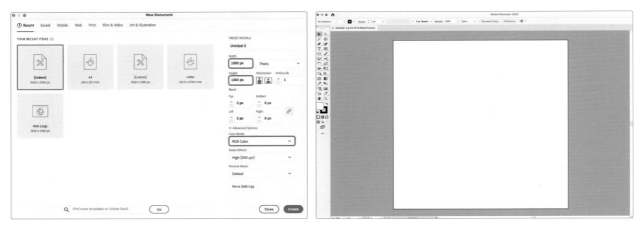

02 [Rectangle Tool(사각형 도구)]을 클릭한 후 아트보드 크기와 동일한 사각형을 생성합니다.

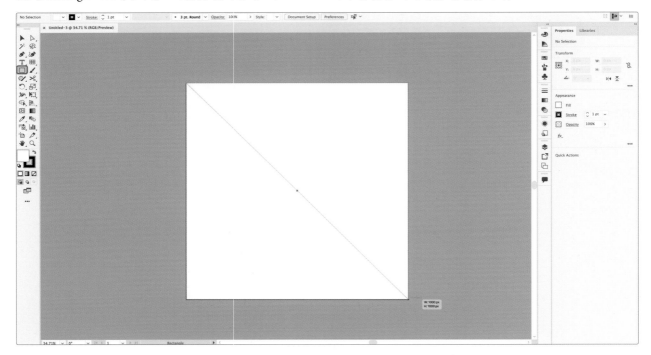

03 사각형의 [Fill(칠)] 색상을 58709F로 변경합니다.

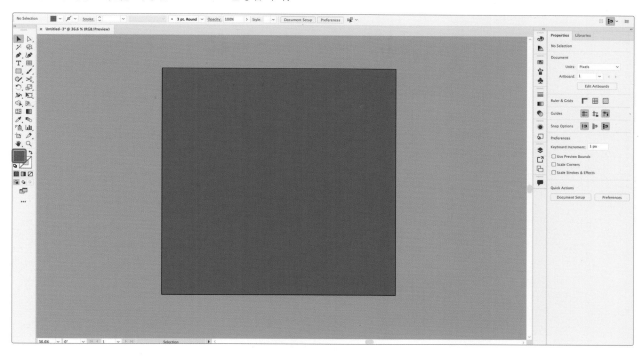

04 [Selection Tool(선택 도구)]로 사각형 오브젝트를 선택한 후 [Properties(속성)] 패널에서 [Fill]을 클릭합니다. 하단의 [New Swatch(새 견본)] 버튼을 클릭하여 현재 색상을 'blue'라는 이름으로 저장합니다.

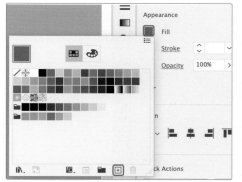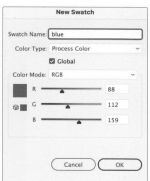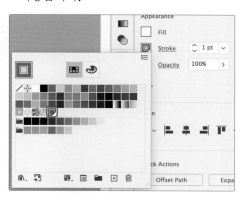

05 [Rectangle Tool]로 정사각형 오브젝트를 그리고 [Fill] 색상을 FFFFFF로 변경합니다.

06 [Properties]패널의 [Align(정렬)] – [Align To Artboard(대지에 정렬)]를 선택하고 [Horizontal Align Center(가로 가운데 정렬)], [Vertical Align Center(세로 가운데 정렬)]를 클릭하여 해당 오브젝트를 아트보드 기준으로 정렬합니다.

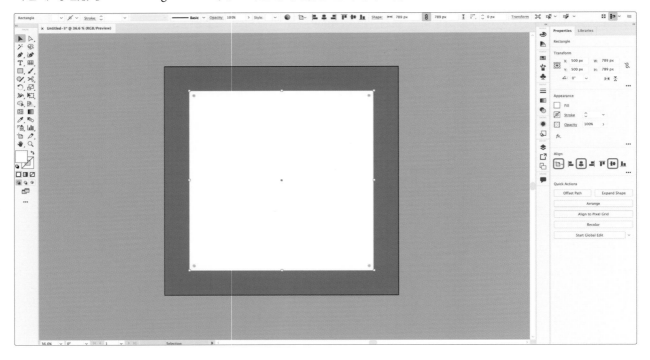

07 [Rectangle Tool]로 흰색 정사각형 오브젝트와 동일한 폭을 가진 직사각형 오브젝트를 그리고 흰색 정사각형 오브젝트의 상단을 기준으로 정렬합니다. [Fill] 색상은 EAB1B4, [Stroke(선)]는 앞서 저장한 'blue'로 색상을 변경합니다.

08 새로 그린 직사각형의 [Fill] 색상을 'pink'로 저장합니다.

09 'pink' 색상의 직사각형 오브젝트를 복사하여 정사각형 오브젝트 하단을 기준으로 정렬합니다.

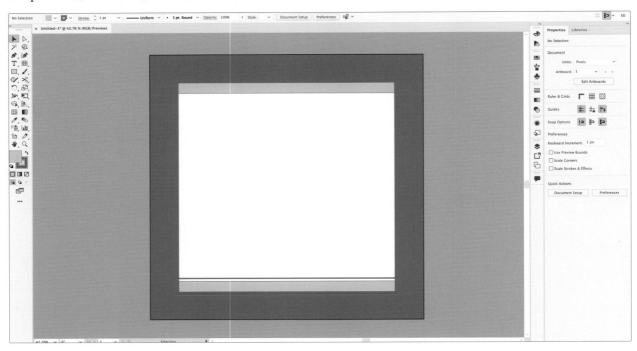

10 [Rectangle Tool]로 새로운 직사각형 오브젝트를 생성 후 정사각형 오브젝트의 우측을 기준으로 정렬합니다. [Fill] 색상은 D8C7C9로 변경합니다. [Stroke]는 'blue' 색상으로 설정합니다.

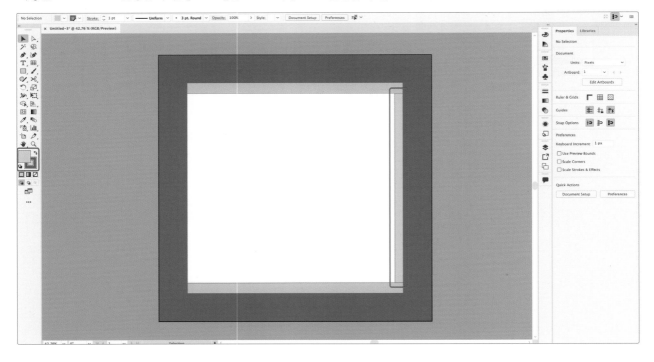

11 짧은 직사각형 오브젝트를 하나 더 생성 후 [Fill] 색상을 A88C90로 변경합니다. 직전에 생성한 오브젝트의 우측, 상단에 맞춰 정렬합니다.

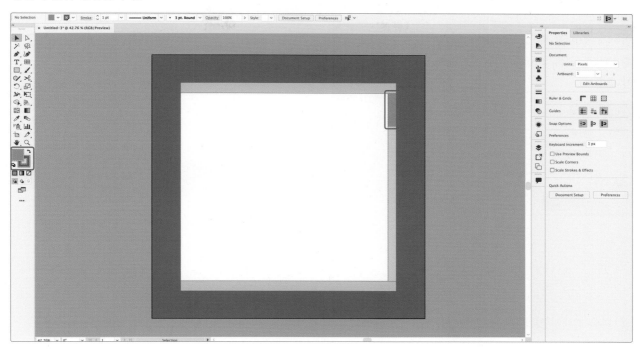

12 [Rectangular Grid Tool(사각형 격자도구)]로 흰색 공간 크기의 표를 그립니다. 마우스를 떼지 않은 상태에서 ↑, ↓를 클릭하여 행과 열 개수를 30개 이상으로 수정합니다.

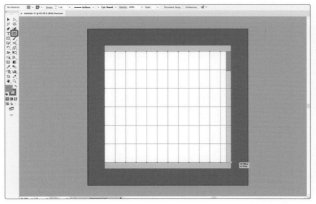
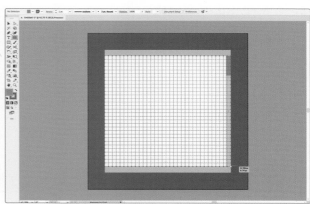

13 앞서 저장해둔 'blue'색상을 선택하여 색상을 변경합니다. 그리드를 연하게 표현하기 위하여 을 클릭한 후 [T(색조)]를 28%로 수정합니다.

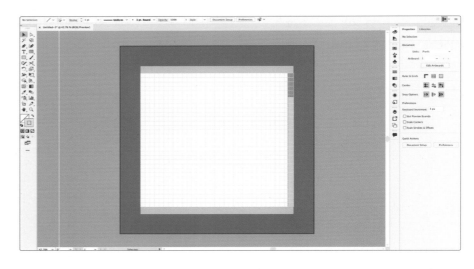

14 표를 선택한 상태에서 Cmd/Ctrl+[ ]를 클릭하여 오른쪽 스크롤바 오브젝트보다 뒤쪽으로 순서를 수정합니다.

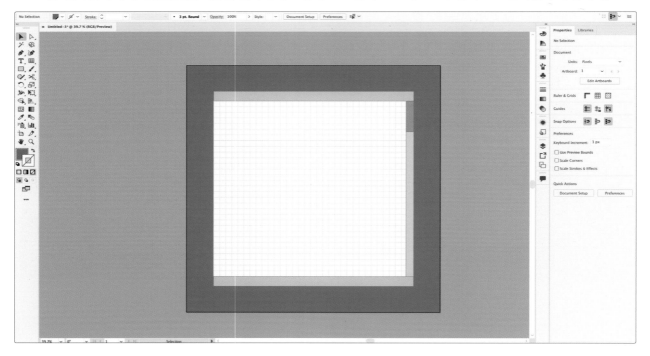

15 [Ellipse Tool(원형 도구)]을 선택한 후 상단 바 오브젝트에 들어갈 수 있는 크기의 원을 3개 생성합니다. 모두 [Properties] 패널의 [Fill]에서 'blue' 색상으로 변경합니다.

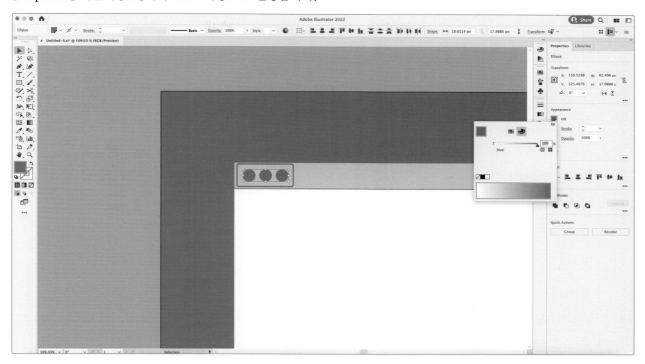

16 두번째 원은 [T]를 50%, 세번째 원은 25%로 변경합니다.

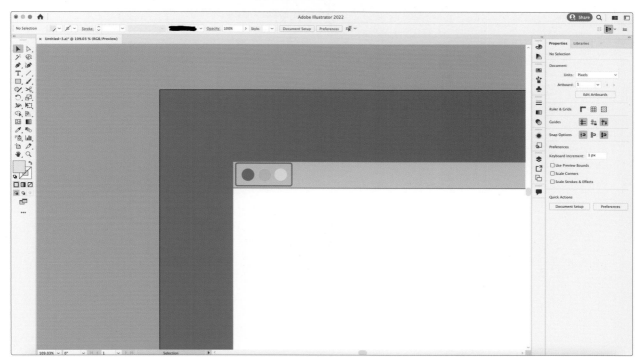

17 [Type Tool(문자 도구)]로 'Ai' 텍스트를 작성한 후 상단 바 오브젝트 내부에 배치합니다. 이때 [Font(글꼴)]는 Myriad Pro, [Size(크기)]는 28.65pt로 설정합니다.

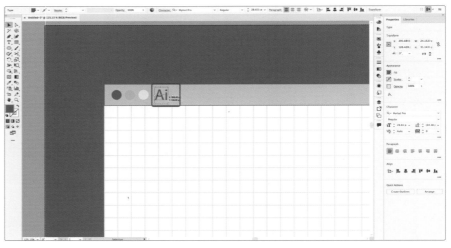

18 다시 한 번 [Type Tool]로 제목을 작성합니다. 내용은 '기초 일러부터 굿즈 제작까지!', [Font]는 더페이스샵 잉크립 퀴드체, [Size]는 68.41pt로 설정합니다.

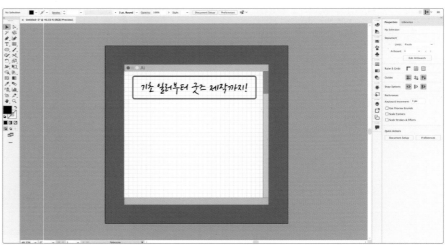

19 [Paintbrush Tool(페인트브러쉬 도구)]을 선택한 후 [Control Panel(제어판)]에서 [Brush Definition(브러쉬 정의)] 화살표를 클릭하여 창을 활성화합니다. [Brush Libraries Menu(브러쉬 라이브러리 메뉴)] - [Artistic(예술)] - [Artistic_Paintbrush(예술_페인트브러쉬)]에서 [Paintbrush - Wide(페인트브러쉬 - 넓음)]을 선택합니다.

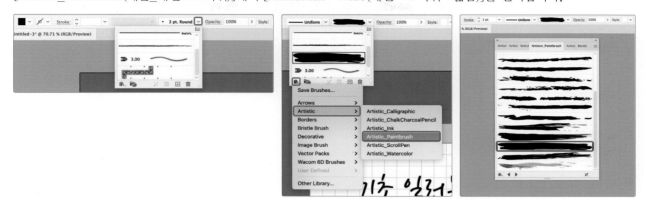

20 원하는 범위만큼 클릭 후 드래그하면 선택한 브러시를 활용하여 그릴 수 있습니다. '기초 일러' 부분에 드래그하여 브러시로 그립니다. Cmd/Ctrl+Shift+[ ]를 클릭하여 브러시를 텍스트 아래로 이동합니다.

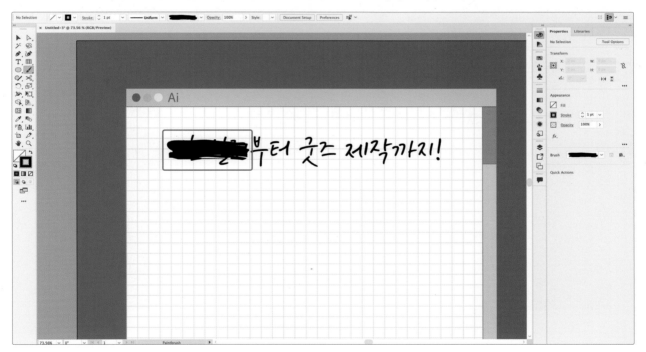

21 브러쉬로 그린 오브젝트를 클릭한 후 [Properties] 패널의 [Stroke]에서 'pink'로 색상을 변경합니다.

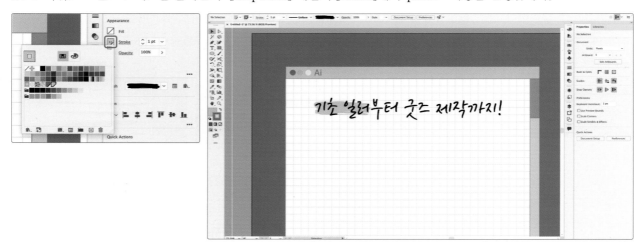

22 브러시 오브젝트를 복제하여 '굿즈 제작' 위치로 이동한 후 길이를 조절합니다.

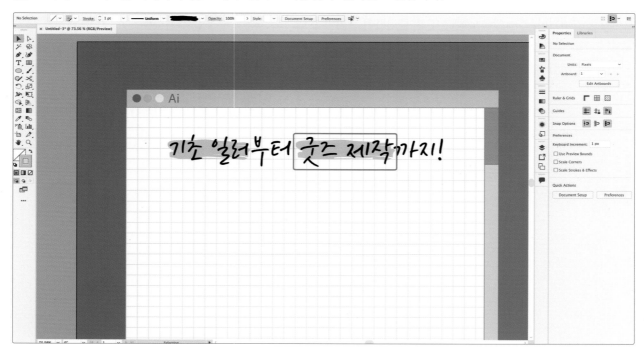

23 [Rectangle Tool]로 내부에 직사각형 오브젝트를 생성합니다. [Fill]은 'blue' 색상으로 변경합니다.

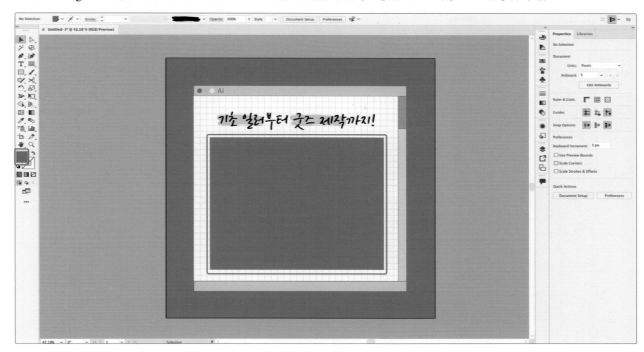

24 [Type Tool]로 오브젝트 내부에 설명을 작성합니다. 내용은 '나만의 굿즈를 만들어 보고 싶다면, 하루 안에 일러스트레이터를 배우고 싶다면, 이론 듣는 것이 지루하다면!', [Font]는 나눔스퀘어 Regular, [Size]는 22.69pt로 설정합니다.

25 [Rectangle Tool]로 [Fill] 색상이 FFFFFF인 직사각형을 생성합니다.

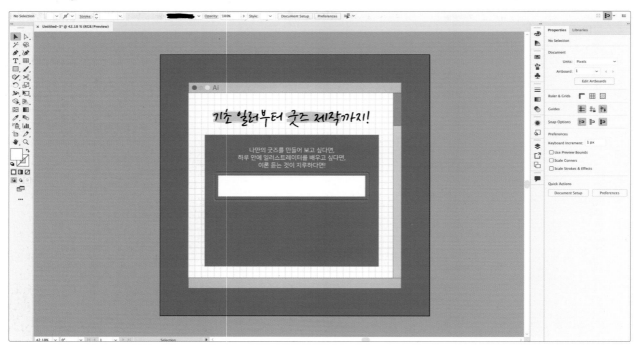

26 [Type Tool]로 '일러스트레이터 원데이 클래스'를 작성하고 [Font]는 나눔스퀘어 Bold, [Size]는 33.79pt로 변경한 후 직사각형 오브젝트 내부로 이동합니다.

27 마지막 세부 내용은 '[일러스트 강의 및 실습 120분+굿즈 제작 꿀팁 30분]'로 작성합니다. [Font]는 나눔스퀘어 Regular, [Size]는 21.23pt로 적용합니다.

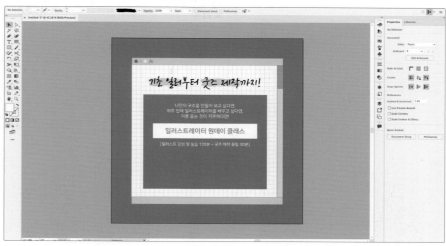

28 작성한 텍스트를 동시에 선택한 후 직사각형 오브젝트 중앙으로 정렬합니다.

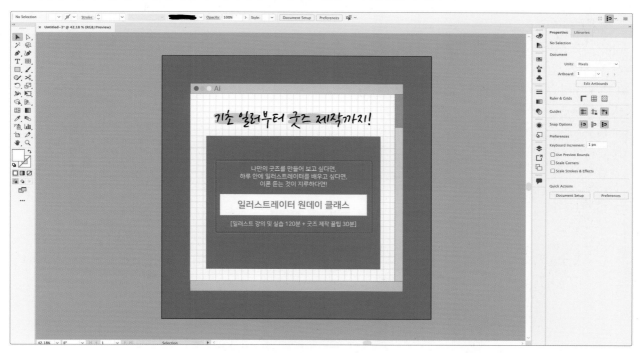

29 Opt/Alt 를 누른 채 모서리 조절점을 드래그하면 방사형으로 크기를 조절할 수 있습니다. 배경 직사각형 오브젝트의 높이를 작게 조절합니다.

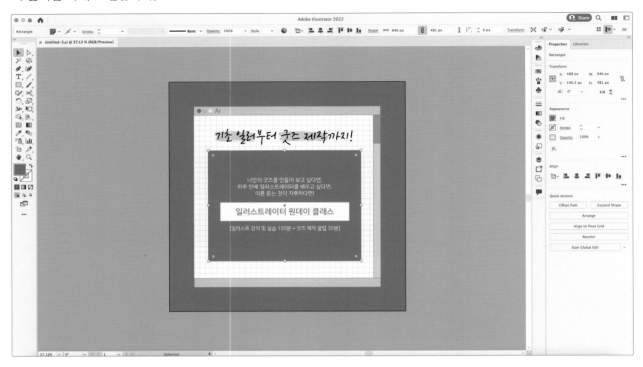

30 전체 배경 정사각형 오브젝트를 선택하고 Cmd/Ctrl + 2 로 배경을 고정합니다.

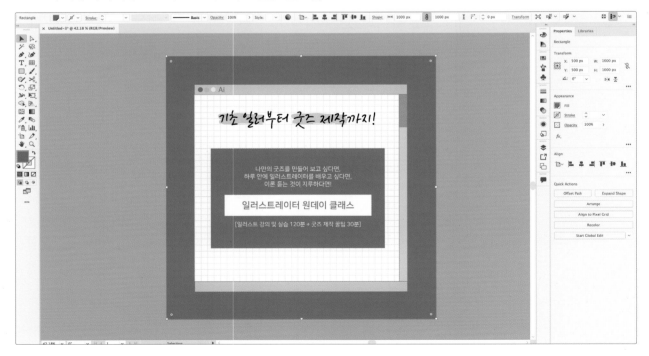

31 나머지 오브젝트와 텍스트를 모두 드래그하여 선택한 후 Cmd/Ctrl+G로 그룹화합니다.

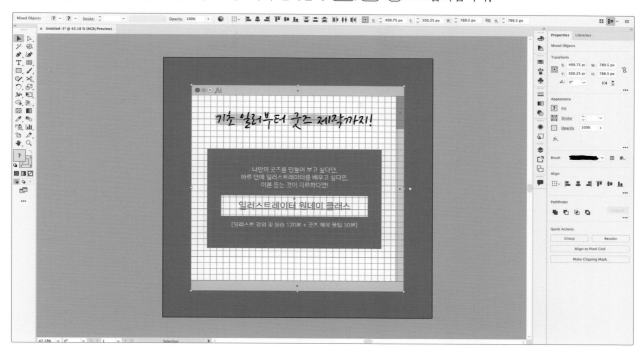

32 [Effect(효과)]에서 Illustrator 효과 중 [Stylize(스타일화)] – [Drop Shadow(그림자 만들기)]를 선택한 후 [Mode(모드)]는 'Multiply(곱하기)', [Opacity(불투명도)]는 20%, [X Offset(X 옵셋)], [Y Offset(Y 옵셋)]은 7px, [Blur(흐림 효과)]는 5.6693px로 설정한 후 [OK]를 클릭합니다.

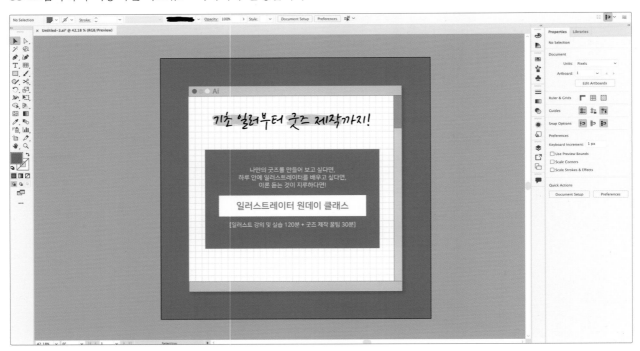

찾아보기